Bebês Saudáveis Dormem Bem

Pais saudáveis também

Tizzie Hall

EDITORA FUNDAMENTO

2014, Editora Fundamento Educacional Ltda.

Editor e edição de texto: Editora Fundamento
Editoração eletrônica: Willian Bill
CTP e impressão: Benvenho & Cia. Ltda.
Tradução: Maria de Lourdes Inda Botelho
Revisão técnica: Marco Fabio Prata Lima

Fotografia de capa: Getty Images

Dados Internacionais de Catalogação na Publicação (CIP)
(Maria Isabel Schiavon Kinasz)

Hall, Tizzie
H179 Bebês saudáveis dormem bem – Pais saudáveis também / Tizzie Hall ; [versão brasileira da editora]. – São Paulo, SP : Editora Fundamento Educacional Ltda., 2014.

Título original: Save Our Sleep.

1. Lactentes – Cuidado e tratamento. 2. Psicologia da primeira infância. 3. Distúrbios do sono I. Título

CDD-144.422
CDU-159.922.7

Índices para catálogo sistemático:
1. Psicologia do desenvolvimento
2. Psicologia da saúde

Fundação Biblioteca Nacional

Depósito legal na Biblioteca Nacional, conforme Decreto nº 1.825, de dezembro de 1907.

Impresso no Brasil

Telefone: (41) 3015 9700
E-mail: info@editorafundamento.com.br
Site: www.editorafundamento.com.br

Este livro foi impresso em papel pólen soft 80 g/m² e a capa em papel-cartão 250 g/m²

Bebês Saudáveis Dormem Bem

Pais saudáveis também

Este livro é dedicado à memória de meu irmãozinho Richard, cuja vida curta teve um grande efeito sobre a forma como eu tenho vivido a minha.

Para Richard: haverá sempre um lugar especial no meu coração para você.

SUMÁRIO

NOTA DA AUTORA

Desde a mais tenra infância, tudo que eu sempre quis foi ter um bebê para brincar de mamãe. Aos 7 anos, fiquei radiante com o nascimento de meu irmão Richard, mas, com apenas 9 semanas, ele faleceu de repente no berço, doença também conhecida como síndrome da morte súbita infantil. Dali em diante, virei a irmã mais velha de todos os bebês que consegui encontrar. Quando os pais vinham à escola buscar seus filhos, corria na direção daqueles que estivessem com um bebê e pedia para segurá-lo no colo. Aos domingos, em vez de ficar com minha família no nosso banco da igreja, eu sentava num outro banco, acalentando algum bebê. Olhando para trás, creio que aqueles pais me permitiam interagir com seus bebês porque compreendiam a profundeza do impacto que a morte de Richard provocara em mim.

Aos 9 anos, dei-me conta de que era capaz de ajudar os pais a entenderem a mensagem contida no choro de seus bebês. Por algum tempo, vinha levando sozinha o bebê do vizinho, Peter, para uma caminhada, e, um dia, a mãe dele decidiu nos acompanhar. Após andarmos por cerca de cinco minutos, Peter começou a chorar, e a mãe imediatamente parou para pegá-lo no colo. Foi quando a aconselhei: "Não o pegue, este é o choro de sono dele". Ela me olhou espantada. Expliquei que ele sempre chorava naquele ponto da caminhada, mas que eu nunca interferia porque minha mãe havia me instruído a não pôr o bebê no colo até que chegássemos ao parque onde brincávamos. Quando chegássemos, Peter já estaria em sono profundo. A mãe dele concordou em não o segurar no colo até o final de nosso caminho, possivelmente para provar que eu estava errada. No entanto, Peter caiu no sono, exatamente como eu previra.

Logo, todas as mães da vizinhança passaram a me chamar quando não conseguiam acalmar ou confortar seus bebês chorões. Muito rapidamente, aprendi a interpretar a linguagem corporal e o choro dos bebês e tornei-me conhecida como a intérprete local de bebês. No decorrer dos anos, fui rotulada com todos os tipos de apelido: treinadora de bebês, encantadora de bebês, milagreira e até bruxa! Apesar deste último rótulo, insisto que isso não envolve varinha de condão nem bruxaria.

Depois de concluir a escola na Irlanda, mudei-me para a Inglaterra para continuar meus estudos. Enquanto estudava, trabalhei em regime de meio período como babá, o que me permitiu continuar praticando e refinando minhas habilidades. Minha reputação como encantadora de bebês espalhou-se, e, mais uma vez, não demorou muito para que eu começasse a receber chamados de pais desesperados em busca de ajuda no trato com bebês a qualquer hora do dia ou da noite. Sempre, e muitas vezes em questão de horas, consegui resolver problemas tais como bebês que não dormiam a noite inteira, não queriam tomar a mamadeira ou recusavam-se a abrir mão de suas chupetas. Em 2002, mudei-me para a Austrália e logo descobri que a necessidade de ajuda era maior nesse lado do globo.

Com o passar do tempo, centenas de pais têm me repetido duas coisas: a primeira, “Você deveria escrever um livro” e a segunda, “Você deveria fazer um clone de si mesma para que mais pais pudessem ser ajudados”. Um livro pareceu-me uma opção mais fácil.

Este livro não é um tratado médico nem científico, mas uma coletânea de soluções e dicas tentadas e testadas nos meus muitos anos de experiência com bebês e crianças pequenas. Seu principal objetivo é ajudar os pais a entender e a evitar problemas de sono com bebês pequenos e crianças menores. Alguns pais talvez só descubram este livro após já terem passado noites insones, mas não se preocupem, nunca é tarde para aprender. Meu conselho é que extraiam deste livro o que melhor se adaptar a sua vida e a suas crenças.

Minha expectativa é que este livro dê aos pais confiança para assumirem o controle dos padrões comportamentais de seus bebês e, como bônus, sobre mais tempo para eu me dedicar a meu marido, Nathan, e a nossa família.

No decorrer do livro, registro casos reais de clientes para ajudar a resolver os problemas que vocês possam encontrar. Embora todos os nomes tenham sido trocados, tenho certeza de que alguns clientes vão se reconhecer nesses casos. Agradeço por me permitirem usá-los.

Gostaria de agradecer muitíssimo a todas as famílias que compartilharam seus bebês comigo; à Kirstie Crosser, pelo tempo e energia despendidos para colaborar com *Bebês saudáveis dormem bem – Pais saudáveis também*; ao Alex Craig, por publicar meu primeiro livro; e a todos da EburyPublishing, por toda a ajuda e apoio. Aos pais que estão conhecendo agora o *Bebês saudáveis dormem bem – Pais saudáveis também*, minhas boas-vindas. Espero que este livro traga a vocês mais alegria e felicidade no convívio com seus bebês.

1

COMEÇANDO

Todos precisam dormir, sejam recém-nascidos com poucas semanas ou adultos. Mas, enquanto os adultos estão bastante acostumados a ir para a cama e dormir a noite inteira, com crianças isso pode ser um pouco mais complicado. Neste capítulo, trato dos diferentes fatores que podem afetar o sono do seu bebê e de como qualquer coisa, desde as rotinas até a forma como reagimos, pode fazer a diferença entre um bebê que tem uma noite de sono ininterrupta e aquele que se revira na cama, insone e inquieto.

A maior parte das pessoas não tem consciência da forma como dorme. Não deitamos na cama e dormimos a noite inteira sem acordar. A maioria dos adultos desperta no mínimo 12 vezes durante a noite. Dormimos em ciclos, alternando o sono leve e o profundo. Entre um estágio e outro, despertamos por um breve período sem acordar totalmente, podendo nos revirar na cama de um lado para outro, na tentativa de retornar a nossa posição original de sono. No geral, voltamos a dormir imediatamente e não nos lembramos desses acontecimentos pela manhã. Compreender a forma como dormimos nos ajudará a entender como seu bebê dorme.

PRIVAÇÃO DO SONO

Não conseguir dormir o suficiente é um grande problema para o corpo e a mente, tanto que a privação do sono já foi usada como uma forma de tortura durante as guerras mundiais. Se você nunca cuidou de um bebê insone, fica difícil tentar imaginar como é isso.

A privação do sono pode causar:

- depressão;
- ataques de raiva;

- culpa;
- variações de humor;
- cansaço;
- irritabilidade;
- descuidos;
- dificuldade de concentração;
- demora nas reações;
- elevação nos níveis de estresse.

Espero que este livro ajude os pais a evitar essa forma lenta de tortura!

Nas primeiras oito semanas de vida do bebê, você consegue se aguentar com muito pouco sono, mas, quando noites não dormidas se arrastam durante meses, às vezes até anos, os resultados podem ser debilitantes.

As mães devem começar do jeito certo, o que significa seguir a velha e boa regra de passar a maior parte dos dez primeiros dias pós-parto na cama, vestidas com seu penhoar, e não arrumando e limpando, nem verificando o que deixou de ser feito na sua ausência. Desligue o telefone ao menos uma vez por dia e tire uma soneca ininterrupta de uma hora ou mais. A agitação em excesso fará com que fique mais e mais cansada, o que pode até prejudicar o suprimento de leite. Não se preocupe se, em torno do quarto dia, você começar a chorar. Isso é o que chamam de depressão pós-parto, decorrente tanto do cansaço como das mudanças hormonais fora de seu controle.

Se, a princípio, você se sente cansada demais para realizar todas as tarefas diárias normais, a tendência é que, à medida que as semanas passem, essas tarefas se acumulem. O que eram algumas pequenas tarefas transformam-se em centenas de pequenos serviços, tudo se amontoando numa grande pilha que você não consegue tirar da sua frente. O que tenho detectado em muitas de minhas clientes é uma espantosa sensação de culpa. Sentem-se culpadas pelas tarefas não cumpridas e porque não conseguem fazer o jantar para o parceiro quando ele volta para casa do trabalho. A privação do sono provoca nas mães tal exaustão que elas se sentem incapazes até de atender o bebê, que chora, ou trocar a fralda dele, aumentando ainda mais sua culpa. E, quando finalmente conseguem cair no sono, sua mente superativada pode lhes pregar peças, acordando-as em meio a estranhos sonhos que as impedem de voltar a dormir.

Essa falta de sono e energia provoca em muitas mães uma sensação de fracasso irremediável. Acham que estão decepcionando o parceiro, que também não consegue ter uma boa noite de sono para poder trabalhar no dia seguinte. Muitos desses parceiros me confessam como eles próprios também se sentem incomodados por não estarem fazendo mais para ajudar, por terem de trabalhar diariamente, deixando a parceira sozinha e abatida.

Com todas essas pressões, não é de admirar que o relacionamento entre marido e mulher seja abalado. Casais que me dizem nunca haver brigado antes do nascimento do bebê agora discutem o tempo inteiro pelas mínimas coisas, como o que comer no jantar ou quem usou o carro pela última vez. Além disso, não têm mais vida sexual porque estão demasiadamente cansados.

Depois de uns poucos dias sem dormir, o corpo passa por mudanças semelhantes às de um envelhecimento acelerado, apresentando sintomas como perda de memória, problemas de metabolismo e fraco desempenho físico. Se a privação do sono perdurar durante um longo período, aumentam os riscos de problemas mais sérios.

DEIXE OS BEBÊS DORMIREM EM PAZ (MAS NÃO POR MUITO TEMPO)

Nos primeiros dias, os recém-nascidos podem dormir de dezesseis a vinte horas por dia. O sexo da criança ou o fato de ser amamentado ou mamar na mamadeira não fazem diferença no que concerne às horas de sono. É muito importante alimentar seu bebê com frequência nesses dias. Como alguns recém-nascidos não têm energia para acordar e chorar por comida, recomendo que aqueles que estão sendo amamentados mamem em intervalos de três horas durante o dia e de cinco horas durante a noite. Já os bebês alimentados com mamadeira devem mamar a cada quatro horas durante o dia e a cada seis horas à noite.

É importante desenvolver algum tipo de rotina de sono e alimentação já na segunda semana. Há anos, os profissionais de saúde vêm debatendo os prós e os contras da adoção dessa rotina, entretanto todos concordam que crianças pequenas e bebês se sentem mais seguros e protegidos quando sabem o que vai acontecer e quando.

O motivo pelo qual recomendo que se inicie o estabelecimento de uma rotina quando o bebê tiver cerca de duas semanas é assegurar que ele esteja dormindo corretamente antes de começar a dormir em ciclos de sono diurnos. Do contrário, podem ocorrer cochilos. As duas regras mais importantes quando se trata de bebês e seu sono são:

- sempre coloque o bebê para dormir ou tirar um cochilo no mesmo lugar onde pretende acordá-lo;
- tente ensinar o bebê a se estabilizar sozinho o mais cedo possível. Isso significa dormir sem ajuda como embalo, palmadinhas nas costas, amamentação ou até uso de chupeta.

A IMPORTÂNCIA DA ROTINA

As rotinas são muito importantes e constituem uma grande ajuda para os pais aprenderem a interpretar os diferentes choros do bebê. Quando seguimos uma rotina, começamos a distinguir entre os choros de fome, de cansaço ou de tédio, prestando atenção na rotina e detectando o que deve vir depois. Se estiver na hora da comida, começamos a reconhecer que esse é um choro de fome. Se estiver na hora de dormir, detectamos que esse é um choro de cansaço. Esses choros, de fato, soam diferentes.

A princípio, a ideia de uma rotina pode ser bastante assustadora. Se eu precisar passar o dia todo olhando para o relógio, como vou relaxar ou dar andamento às tarefas diárias? O que fazer se tenho uma criança mais velha que precisa frequentar a escola diariamente? Não se preocupe, isso não é impossível. Como os bebês não são iguais, nem a vida de todas as pessoas é a mesma, às vezes as rotinas precisam ser ajustadas cuidadosamente para se adaptarem às circunstâncias.

O retorno que recebo dos pais é que as rotinas facilitam a vida deles. Por exemplo, planejar uma consulta médica fica mais fácil porque você sabe o que o bebê estará fazendo num determinado horário do dia. Se tem filhos mais velhos, eles também serão beneficiados pela rotina do bebê, pois você estará mais apta a planejar atividades com eles. A melhor coisa decorrente dessas rotinas é que você saberá que, à noite, terá tempo para si mesma e para seu parceiro. O sentimento geral entre os pais não adeptos de uma rotina diária é que, frequentemente, as noites são a pior parte do dia.

Minhas rotinas também ajudam os bebês a se sentirem seguros e protegidos. O bebê perceberá que suas necessidades estão sendo atendidas e que ele não precisa chorar, o que contribui para seu contentamento e bem-estar.

Quando iniciar uma rotina

Segundo minha experiência, os bebês só começam a despertar entre os ciclos de sono (o processo de alternância entre o sono leve e o profundo) quando atingem o peso de 6 quilos, o que acontece em torno de 8 a 16 semanas de vida. Isso significa que você pode ajudar um recém-nascido a dormir, que ele permanecerá adormecido por um longo período. Já quando um bebê mais velho começa a acordar entre os ciclos de sono, ele pode passar a tirar cochilos durante o dia. Então, quando atingir o peso de 8 quilos, o que geralmente acontece em torno dos 5 aos 7 meses, ele começará a acordar entre os ciclos de sono noturno. É por isso que recomendo que os pais comecem a estabelecer uma rotina tão cedo, pois ensinar o bebê a voltar a dormir entre os ciclos impede a ocorrência de problemas de sono.

Você vai notar que eu aconselho rotinas ligeiramente diferentes para os bebês até 2 meses alimentados com mamadeira e para os amamentados no peito. Isso porque as rotinas de aleitamento antes dos 2 meses baseiam-se nas necessidades da mãe, e não nas do bebê, já que a mãe nutriz precisa alimentar o bebê com maior frequência nas primeiras oito semanas para acumular um bom suprimento de leite.

A REGRA DE OURO DO ÔNIBUS DAS SETE HORAS

É comum que os pais se queixem de que seus filhos dormem profundamente a noite inteira, mas acordam exigindo atenção ao romper do dia. Assim, como obter uma manhã perfeita na qual seu bebê durma até as 7 horas?

A chave do sucesso é colocar o bebê ou criança maior para dormir às 19 horas. Se você o puser para dormir antes ou depois desse horário, invariavelmente ele vai acordar antes de ter dormido o suficiente. É aí que nos encontramos, mais uma vez, falando sobre ciclos de sono.

Por exemplo, Lily tem 8 meses. Eu a coloco na cama às 18h55 e, às 19 horas, ela está profundamente adormecida. Lily dorme um ciclo de sono de 40 minutos, portanto um ciclo curto até as 19h40, quando, com um pouco de agitação, mergulha num longo ciclo de 80 minutos. Mas lá pelas 21 horas, após esse longo ciclo, ela se espreguiça, boceja, abre os olhos e dá uma olhada em volta. Verifica que nada mudou e, então, resolve mergulhar num outro ciclo de sono de 40 minutos, seguido, mais uma vez, por um longo período de 80 minutos. Isso nos leva às 23 horas, quando, de novo, ela acorda por um breve período e entra em outro ciclo, o que se repete no decorrer da noite, com Lily acordando a cada duas horas, à 1 hora, às 3 horas, às 5 horas e, finalmente, às 7 horas, um horário perfeito para iniciar o dia.

Porém, veja o que acontece se colocamos Lily na cama cerca de meia hora mais tarde, às 19h35, para que caia no sono às 19h40. De novo, ela dorme em ciclos curtos e longos de 40 e 80 minutos até as 5h40. Nesse horário, pode haver luz vinda de fora, os passarinhos estarão cantando, e Lily decide aproveitar ao máximo esse novo dia. Instintivamente, começa a chorar, chamando a mamãe ou o papai para vir pegá-la. Apesar de não ter dormido o suficiente, conseguiu acordar num momento em que será impossível fazê-la dormir novamente.

Por isso, é tão importante não perder o ônibus das 7 horas.

COMO REAGIR

É comum que, quando acordados às 5 horas pelo choro do bebê, os pais cometam o erro de tratar a situação de forma diferente do que se o despertar ocorresse à 1 hora, concluindo que seu bebê já dormiu demais e não é o momento de tentar reacomodá-lo. Assim, a única opção é todos levantarem. Infelizmente, essa atitude não apenas ensina o bebê a continuar acordando às 5 horas como também possibilita que ele venha a ter dificuldade para voltar a dormir se acordar às 3 horas. Essa distinção de tratamento deixará seu bebê muito perturbado e confuso, pois não entenderá a diferença entre as 3 horas e as 5 horas.

Acredito que bebês, crianças pequenas e mesmo crianças maiores que acordam às 5 horas e não são conduzidos ao sono novamente não estão dormindo o número de horas suficiente. O resultado é que eles se mostram muito cansados e hiperativos, e a única maneira de sair disso é tentar aquietá-los, não importando quanto tempo isso demore. Essa sugestão costuma deixar os pais de cabelo em pé, pensando que isso tomará várias horas, o que, de início, pode realmente acontecer. Porém você precisa ser forte e persistir mais tempo que seu bebê. Se a solução fosse tão simples quanto o levar para a cama mais cedo e acordar com o bebê às 5 horas, antecipando o começo do dia, então eu recomendaria esse procedimento. Mas usualmente o problema é mais complexo, já que sempre tende a apresentar efeitos secundários. Uma coisa que pode acontecer é o bebê ficar confuso com as mensagens contraditórias e começar a testar os limites estabelecidos para outras dormidas no decorrer do dia, o que pode afetar a forma como troca de ciclo de sono durante a noite.

Acordar cedo demais é um problema comum, e treinar seu bebê para voltar a dormir às 5 horas provavelmente é mais importante do que se ater à rotina adotada no restante do dia. Na realidade, se você não estabilizar o bebê, pode desistir da rotina para o resto do dia, já que essa foi alterada mesmo antes de começar!

A história de Toby

Os pais de Toby começaram a adotar minha rotina quando ele tinha 14 meses. Acordando às 5 horas e dando uma dormida de mais ou menos uma hora durante o dia, Toby caía no sono durante a amamentação em torno das 21 horas. Como vinha acordando mais ou menos de hora em hora, das 23 às 5 horas, esse não era um quadro muito satisfatório para os pais. Alison, a mãe, chegava a levantar até sete vezes por noite e só conseguia fazer o filho voltar a dormir com a ajuda do peito.

Frustrada, cansada e começando a se ressentir com Toby, Alison experimentou minhas dicas por sugestão do seu médico. Depois de apenas duas noites adotando meus conselhos sobre rotina e acomodação, Toby começou a dormir ininterruptamente das 19h20 até as 5 horas, complementando com mais duas horas diurnas de sono. Tudo parecia ótimo, e Alison estava encantada por ter voltado à existência "normal" de uma mãe recente.

Porém, passados dois meses, as coisas começaram a ruir de novo, e Alison entrou em contato comigo. Quando eu soube dos detalhes, descobri que ela estava tão contente com as melhorias de Toby que, quando ele acordava às 5 horas, levava-o para sua cama, onde ambos voltavam a dormir por mais de uma hora. Então, numa manhã, Toby acordou às 3 em vez de às 5 horas. Sem olhar para o relógio, Alison reagiu como sempre, levando-o para a cama com ela.

A partir daí, Toby começou a acordar cada vez mais cedo até desatar a chorar alto à 1 hora e não voltar a dormir. Infelizmente, nessa situação temos de começar tudo de novo, mas, desta vez, Toby teria que aprender a se acalmar sozinho às 5 horas, em vez de ser levado para a cama da mamãe.

Na primeira noite de vigência desse novo plano, Toby acordou à 1 hora, e Alison deixou que ele se aquietasse sozinho. Depois de vinte minutos, ele voltou a dormir. Acordou novamente às 3 horas, retornando ao sono dentro de três minutos. Mas, quando acordou às 5 horas, só voltou a dormir às 7h50. Instruí Alison a acordá-lo dez minutos depois de ele ter caído no sono, e assim ela o fez. Na segunda noite, Toby dormiu sem interrupções até as 5 horas e depois gritou até as 6 horas, quando dormiu novamente até as 6h50. Na terceira noite, Alison acordou às 7h10 e pulou da cama assustada, temendo que houvesse algo de errado com Toby, mas ficou encantada ao encontrá-lo ainda profundamente adormecido. Tendo aprendido a se reacomodar quando acorda, desde então, Toby tem apresentado poucos problemas para voltar a dormir.

Pegar o ônibus das sete horas foi um dos principais truques que descobri para ajudar seu bebê a dormir profundamente até as 7 horas. Mas, se você continuar a colocá-lo na cama às 19 horas, e ele ainda persistir em acordar cedo, então sugiro que consulte a seção Despertar Prematuro na página 199, onde descrevo outros motivos pelos quais os bebês podem estar acordando prematuramente.

ONDE O BEBÊ DEVE DORMIR

Quando me perguntam onde os membros da família devem dormir quando da chegada de um novo bebê, respondo que é preciso examinar cada caso individualmente, já que cada família e cada ambiente doméstico são únicos.

Apesar da diversidade de opiniões sobre o assunto, acredito que o local ideal para o bebê dormir seja aquele onde você se sinta mais tranquila para descansar. Se para você é melhor que o bebê durma no seu quarto, então o coloque lá. Se você é do tipo que acorda com qualquer ruído e sente que dormiria melhor com o bebê num quarto separado, coloque-o num outro quarto. Mas, independentemente do local onde o bebê venha a dormir no início, recomendo que o transfira aos 5 meses para o local definitivo em que ele irá dormir a maior parte de sua infância. O motivo para isso é que a maioria dos bebês só desenvolve ciclos noturnos de sono após os 5 meses. Se seu bebê estiver dormindo na sua cama ou no seu quarto enquanto ainda estiver aprendendo a passar de um ciclo de sono para o próximo, será uma transição difícil para ele mudar de quarto e reaprender essa habilidade no novo ambiente. Portanto, se pretende mudar seu bebê de quarto, faça-o antes que ele complete 5 meses.

Quando a família já tem um ou mais filhos e há um novo bebê a caminho, recomendo que todas as mudanças necessárias sejam feitas antes da chegada do novo bebê. Há dois motivos para tanto: primeiro, quando transferimos uma criança para dormir sozinha em outro quarto ou com um irmão, é muito provável que demonstre um comportamento instável nas primeiras noites. Ela pode demorar a pegar no sono e, consequentemente, acordar mais cedo, a última coisa de que você precisará quando já estiver física e emocionalmente estressada com o novo bebê. O segundo motivo é que não é bom as crianças mais velhas pensarem que o novo bebê está expulsando-as de seus quartos.

Dica – É perigoso colocar uma pele de carneiro debaixo da roupa de cama, pois isso aumenta o risco de morte no berço.

O quarto do bebê

Em minha opinião, a decoração do quarto não influi no sono do bebê, porém há coisas que devo frisar. Como seu bebê crescerá muito rapidamente e logo começará a andar à procura de novas aventuras, evite colocar o berço na proximidade de cortinas ou das cordas da veneziana e mantenha-o longe de coisas que ele possa alcançar, como prateleiras, interruptores de luz ou os objetos sobre o trocador.

Cesto tipo moisés ou berço

Atualmente, há todo tipo de opções de cama para bebês, mas, inicialmente, prefiro os cestinhos tipo moisés. Quando o bebê chegar em casa, você poderá colocar o cesto dentro do berço por alguns dias até que ele se acostume à nova cama. Os berços com balanço são bonitinhos, contudo são, também, uma tentação para embalar o bebê, o que logo pode se transformar num auxílio para induzir ao sono. Não sou muito adepta de redes porque, a certa altura, será preciso transferir o bebê da rede para um berço grande.

Pode-se, ainda, colocar o bebê diretamente no berço. Se você estiver carregando seu filhinho com um porta-bebê (também chamado de faixa canguru), como recomendo, ele ficará contente em dormir num berço grande. Mas, se optar por não usar a faixa, o berço continuará sendo a melhor escolha porque, ao acordar, o bebê não vai se encostar nas laterais do berço, como pode ocorrer com um moisés. Esteja atenta a minha recomendação de enfaixar o bebê desde o nascimento até que ele seja capaz de rolar mesmo enfaixado. Para saber por que recomendo o uso de faixas, consulte as páginas 78 a 80.

Independentemente da sua escolha, vai precisar de ao menos três faixas de algodão bem apertadas (ficará surpresa quão frequentemente precisam ser trocadas) e, também, de algumas mudas de lençoizinhos para o carrinho e ao menos 12 fraldas de algodão bem fininho para limpar o bebê quando este regurgitar.

Ao comprar o berço, observe cuidadosamente a distância entre a parte de cima do colchão e o topo da guarda, pois, antes que se dê conta, seu bebê estará ficando de pé sozinho, e logo você poderá se arrepender dessa escolha quando ele começar a tentar pular a grade. Os berços são ajustáveis, e você deve pedir à loja que o ajuste o mais baixo possível. Como os vários modelos apresentam muitas diferenças entre si, compare-os antes de fazer sua opção. Prefira berços que tenham aberturas em toda sua volta (ou seja, que sejam ripados), pois estes facilitam a circulação do ar ao máximo. Não recomendo berços com guarda e cabeceira de madeira inteiriça – uma nova pesquisa tem demonstrado que a restrição ao fluxo de ar pode contribuir para a síndrome da morte súbita.

Venezianas *blackout*

Não acho necessário escurecer o quarto a ponto de o bebê não conseguir enxergar nada. Sei que alguns especialistas acreditam que a claridade é a maior causa do despertar prematuro, mas, se um bebê não consegue dormir com claridade, como dormirá quando estiver fora de casa, dentro do carro ou no carrinho? Porém, se você tentou todas as minhas sugestões sem obter sucesso, talvez valha a pena fazer uma experiência com venezianas *blackout*.

Luzes noturnas

Não considero necessário colocar luzes noturnas no quarto do bebê. Os bebês nascem destemidos, e, se você mantiver sempre uma luz noturna no quarto deles, poderá passar a impressão de que existe algo de errado com o escuro.

Além disso, na escuridão, a glândula pineal do cérebro produz uma substância chamada melatonina, um sedativo natural que desacelera automaticamente o corpo, preparando-o para o sono. Assim, se houver uma luz noturna no quarto do bebê, esta pode interferir na produção do hormônio e, consequentemente, no sono.

Móbiles e música

Na hora de dormir, não é necessário retirar móbiles e outros brinquedos da vista do bebê. Um móbile sobre o berço é perfeitamente aceitável até que ele atinja uma idade em que seja capaz de se levantar e agarrá-lo, quando, então, deverá ser removido.

Música é muito bom para o bebê, mas deve ser desligada na hora de dormir. Se seu bebê acostumar-se a dormir ouvindo música, poderá ficar dependente dessa ajuda toda vez em que for para cama e sempre que passar de um ciclo de sono para o próximo. Como nem sempre será possível ter música, como quando estiver na casa de amigos ou parentes ou num avião, a ausência dela poderá tornar sua vida muito difícil.

Dica – Ao acomodar o bebê para dormir, você pode usar a luz do seu celular como uma fonte de claridade.

Temperatura ambiente

Nos primeiros dias da chegada do bebê em casa, é conveniente manter a casa mais aquecida do que o usual, mas não tão quente quanto no hospital. Se sua casa tem aquecimento central, recomendo ajustá-lo em 20°C. Esta é uma temperatura confortável para amamentar, trocar fraldas e dar banho no bebê. Uma vez que ele esteja acostumado ao novo ambiente, ajuste a temperatura para aquela na qual a família se sente confortável.

Alguns profissionais de saúde recomendam uma temperatura entre 16°C e 20°C, mas descobri que temperaturas inferiores a 20°C são muito frias para um bebê dormir bem, podendo provocar cochilos e despertar noturno. (Para obter mais informações, consulte a página 202.)

O excesso de calor ou de frio pode aumentar o risco de morte no berço. Se quiser uma orientação sobre o sono mais atualizada, visite meu site na web.

Durante o dia, sempre visto o bebê em camadas de roupa e coloco uma a mais do que eu mesma estou usando. Esta geralmente é a melhor orientação. Se você for a algum lugar e sentir calor, retire uma camada de roupa do bebê, e, se sentir um friozinho, ponha uma camada extra de roupa nele. Quando ele começar a engatinhar e, depois, a andar, poderá ficar mais aquecido do que você. Nesse estágio, ajuste as camadas de roupa de acordo com as necessidades individuais do seu filho.

Sim, deve-se evitar que o bebê fique aquecido demais ou passe frio, porém isso só causará danos se você exagerar na dose, permitindo que seu bebê congele de frio ou fique suado de tanto calor. Ao verificar a temperatura do bebê, não julgue pelas mãos nem pelos pés, porque é normal que esses estejam mais frios que o resto do corpo. Teste a temperatura sentindo a nuca ou a barriga do bebê. Se quiser aquecer as mãos e os pés dele, use luvinhas e meias, em vez de colocar mais cobertores.

Percebo que muitos bebês passam frio à noite. Nesse caso, é preciso colocar uma bolsa de água quente ou adicionar mais camadas de roupa de cama e aumentar um pouco a temperatura do quarto. Com isso, o bebê dormirá a noite inteira. Muitos bebês acordam às 4 horas sentindo muito frio, uma vez que essa é a hora mais fria da noite. Mas, nesse momento, mesmo que você acrescente mais cobertas, geralmente terá sido tarde demais, pois o bebê estará acordado e dificilmente voltará a dormir.

A melhor e mais econômica forma de aquecer o quarto do bebê é usando um aquecedor a óleo elétrico de coluna com controle de temperatura por termostato. Lembre-se de que seu bebê estará mais frio do que você à noite. Isso acontece em parte porque ele é muito pequeno, em parte porque não se movimenta muito à noite, não gerando calor como faz um adulto. Um bom hábito é colocar um cobertor de algodão extra à noite, depois daquela mamada quando o bebê já está adormecido ou, então, antes de você ir dormir.

Até 8 semanas de vida, os bebês têm problemas para regular a temperatura do corpo, portanto um saco de dormir é um investimento essencial, além de roupas de cama e cobertores de algodão, para garantir que o bebê esteja suficientemente aquecido para se acomodar e dormir bem. À medida que os bebês vão crescendo, o saco de dormir também ajuda a mantê-los deitados de costas, a posição segura para dormir recomendada pela Fundação para Estudo das Mortes Infantis (FSID – Foundation for the Studyof Infant Deaths). Além disso, o saco de dormir impede que ele chute as roupas de cama para fora. Para obter dicas sobre a compra de um saco de dormir, consulte a página 284.

Dicas

- Se o bebê acordar e gemer, estiver com as costas suadas ou com as roupas úmidas, será sinal de que está superaquecido.
- Se ele ficar se agitando por todo o berço, não parar quieto, rolar sobre o estômago, cochilar durante o dia ou acordar às 4 ou às 5 horas, será sinal de que está sentindo muito frio.

Roupas, mantas e porta-bebês

Macaquinhos com ou sem pernas

Essas são as únicas roupas de que você precisa nas primeiras semanas. Serão necessárias 12 peças de cada. Tente comprá-las em pacotes de duas ou três para economizar e prefira tecidos 100% algodão. Gosto de macaquinhos com abotoamento no gancho (cavalo) porque ajudam a proteger os rins da friagem. Em dias muito quentes, vista seu bebê apenas com um macaquinho sem pernas, de mangas curtas, e uma fralda.

Macaquinhos e *bundlers* (macaquinhos longos e abertos embaixo, tipo camisola) facilitam o ato de vestir o bebê. Opte por roupas com uma abertura ampla e abotoamento no cavalo (gancho) para facilitar a troca de fraldas. Conjuntos de duas peças podem parecer bonitinhos, mas a parte de cima costuma subir, o que os torna desconfortáveis. Também notei que os bebês não se sentem à vontade com roupas acinturadas. Eles dormem melhor com pijaminhas tipo macaquinho do que com duas peças. O bebê só deve usar conjuntos de duas peças para dormir depois de um ano e meio. Não vista o bebê com roupas de dormir com capuz, pois, além de o capuz fazer volume, tornando-se incômodo, pode elevar o risco de morte súbita. Roupas com pezinhos são práticas, já que dispensam sapatinhos, botinhas ou meias, que podem se soltar do pé. Os macaquinhos com abotoamento nas costas são um problema para os bebês, porque você precisa deitá-los de bruços para abotoar, e isso os irrita.

Cardigãs, casaquinhos e roupas para neve

Se seu bebê nascer no inverno, precisará de dois ou três cardigãs, de preferência de lã ou algodão, e, dependendo do lugar onde você mora, também vai precisar de uma roupa para neve (preferencialmente uma peça que possa ser lavada na máquina). Todo bebê precisa de um casaquinho leve, mesmo no verão, que sirva para sair em dias de temperatura mais amena. Servirá também em dias mais frios para sair de carro com o bebê. Não use casaquinhos mais pesados no carro, a fim de não aquecer demais o bebê.

Meias e sapatinhos

Aquecem os pezinhos do bebê no inverno se ele estiver vestindo um macaquinho sem pés.

Chapéu e boné

Para sair e andar por aí no verão, coloque no bebê um chapeuzinho de algodão de aba larga. No inverno, opte por um chapéu de tecido macio e quente que cubra as orelhas. Não deixe o bebê dormir de chapéu nem de boné, pois isso pode aquecê-lo demais, aumentando o risco de morte súbita.

Bundlers

Bundlers são semelhantes aos macaquinhos, com a diferença que têm abertura na parte de baixo, o que facilita a troca de fraldas à noite. Macaquinhos sem abertura (*babygross*) são ótimos para bebês recém-nascidos, pois dispensam o uso de outras roupas.

Mantas e porta-bebês

Os recém-nascidos, na maioria, adoram ser enfaixados. Mantas de algodão finíssimo são ideais para o verão porque, além de dar segurança ao bebê, são arejadas.

IRMÃOS

Se houver risco de parto prematuro, pode acontecer de você precisar ser internada num hospital por algum tempo até que passe o perigo. Numa ocasião como essa, ao sair de casa para o hospital, tome cuidado ao informar o fato a seus filhos mais velhos. Seja o mais sincera possível, dando explicações breves e respostas verdadeiras às perguntas.

Quando voltar para casa ainda sem o bebê, será difícil explicar às crianças que ele ainda não chegou. E, quando você for internada de novo, dessa vez para ter o bebê, seus filhos mais velhos poderão ter medo de que você fique no hospital a mesma quantidade de tempo.

Nem sempre é aconselhável que as crianças mais velhas visitem a mãe no hospital todas as noites. Se uma criança pequena for visitar a mãe e acabar chorando e tendo acessos de raiva quando tentarem levá-la embora, é melhor ela não passar por isso todas as noites. Caso seu filho já fale, espere que ele peça para ver a mãe ou, então, pergunte se ele gostaria de ir.

Quando trouxer o novo bebê para casa, será conveniente ter alguém com você para ajudar a olhar o recém-nascido enquanto dedica um tempinho para beijar e acarinhar as crianças mais velhas. É sempre bom restringir um pouco sua atenção ao bebê no primeiro dia e tentar dar muita atenção a seus filhos mais velhos. Há pessoas que acreditam que você deva dividir seu tempo entre o novo bebê e as crianças mais velhas, mas, para mim, isso é um pouco injusto, uma vez que o novo bebê teve toda a sua atenção enquanto vocês dois estavam no hospital.

Esteja atenta a que os visitantes não corram para ver o novo bebê, ignorando as crianças mais velhas. Uma boa ideia é o novo bebê "oferecer" um presente às crianças. Se os avós trouxerem um presente para o bebê, peça a eles que tragam algo mais simples para os maiores.

CONVERSANDO COM O BEBÊ

Em minha opinião, você deve conversar com o bebê como se fosse um adulto desde o primeiro dia. Comece dizendo o que vai fazer em vez de simplesmente fazer. Por exemplo, antes de levantar as perninhas dele para trocar a fralda, explique o porquê. Isso ajuda o bebê a se sentir mais no controle, dando-lhe uma sensação de segurança.

Segundo pesquisas mais recentes, conversar com o bebê constrói circuitos neurais no seu cérebro, ajudando-o a aprender a falar mais precocemente. Nas primeiras semanas, ele apenas a escutará. Depois dos três primeiros meses, o bebê estará "conversando" com você. Naturalmente, você não vai entender o que ele estará tentando dizer, mas aqueles sons ininteligíveis são conversas para o bebê. Se disser alguma coisa para ele e esperar uma resposta, ele emitirá sons de balbucio. Tente não falar demais – pare de falar e escute o que ele está tentando dizer.

À medida que seu bebê for crescendo, comece a pedir a cooperação dele durante o banho ou na troca de fraldas. Por exemplo, diga-lhe: "Pode levantar o bumbum?" Mesmo sabendo que ele consegue fazer isso, é bom envolver o bebê nesses atos, pois, assim, ele desenvolverá melhor a linguagem.

Informe ao bebê quando sair do quarto e quando irá voltar. Talvez ele proteste, mas acabará entendendo que você regressará em breve.

Outra forma de conversar com o bebê é imitar os barulhinhos que ele faz, mantendo uma "conversa" em que vocês dois se alternam na emissão de sons. E nunca é cedo demais para ler livros para ele, descrevendo fotos, cores, formatos, números e letras. Cante-lhe músicas e canções de ninar, brinque de esconde-esconde, bata palmas, faça caretas. Sente-se de frente a um espelho com o bebê no colo e cole um adesivo no rostinho dele. Se ele estender a mão para o espelho na tentativa de retirar o adesivo, isso significa que não está consciente do seu reflexo no espelho, mas, caso ele retire o adesivo do rosto, é um indicativo de que ele percebeu o reflexo no espelho.

PERGUNTAS COMUNS

Por que alguns bebês nascem amarelados? É frequente que recém-nascidos venham ao mundo com um pouco de icterícia, provocada pelo alto nível de bilirrubina no sangue. O amadurecimento do fígado do bebê fará com que isso desapareça dentro de poucas semanas.

Quanto peso o bebê perde após o nascimento? Até o décimo dia de vida, os recém-nascidos podem perder até 10% do seu peso.

Por que o umbigo do meu recém-nascido é grudento? Antes que a ponta do cordão umbilical caia (o que acontece depois de duas semanas), pode estar um pouco grudenta e manchar de sangue o cotonete que você usa para limpar em volta, mas não é nada para se preocupar. Erga o babadouro para expor o cordão ao ar e seque o umbigo. Se este estiver purgando ou a pele ao seu redor estiver avermelhada, consulte seu médico.

Como saber se meu bebê está com calor ou com frio? Como a maioria dos bebês tem pés e mãos frios porque seu sistema de circulação ainda não está totalmente desenvolvido, para sentir a temperatura dele coloque a mão na nuca ou no abdome por debaixo das roupas. Use camadas de roupas finas para poder ajustar facilmente a temperatura do bebê. Em geral, eles precisam de uma camada a mais de roupas do que nós.

Por que meu bebê parece estrábico? Recém-nascidos muitas vezes parecem vesgos quando estão aprendendo a focar o olhar. À medida que os músculos dos olhos fortalecem-se, isso deve desaparecer. Mas, se notar que o problema persiste depois dos 6 meses ou se houver um histórico familiar de estrabismo, consulte seu médico.

Quando posso levar meu bebê para uma saída ao ar livre? A menos que você tenha dado luz em casa, seu bebê fez a jornada para casa ao sair do hospital, portanto já teve seu primeiro teste ao ar livre. Não há problemas em levar seu recém-nascido para um passeio curto ou à casa de amigos. Basta certificar-se de que ele está vestido apropriadamente, colocando uma camada de roupa a mais do que você está usando.

É normal que meus cabelos estejam caindo em tufos? Sim. Durante a gravidez, as mulheres não perdem tantos cabelos quanto seria o usual; por isso, seus cabelos parecem mais espessos. Após o parto, os hormônios se estabilizam e a queda de cabelos volta ao normal. Às vezes, você perde os cabelos que deveria ter perdido se não tivesse ficado grávida, ou seja, os cabelos que deveria ter perdido nas 40 semanas de gravidez.

Se colocar o bebê num saco de dormir, devo usar cobertores também? Considero o saco de dormir como uma camada extra de roupa que mantém seu bebê aquecido e impede-o de rolar sobre o abdome e chutar os cobertores para fora. Portanto, o saco de dormir deve ser usado com cobertores de algodão. O número de cobertores deve ser ajustado de acordo com o lugar onde você mora e a intensidade de calor e de umidade do quarto do bebê.

2

NUTRIÇÃO NAS DUAS PRIMEIRAS SEMANAS

Alimentar o bebê quando ele pede ou alimentá-lo segundo uma rotina estabelecida? Esse debate persiste e continua acirrado. Mas a verdade é que os bebês sentem-se bem com uma rotina e com a segurança advinda do fato de terem suas necessidades atendidas de uma forma constante. Segundo minha experiência, bebês submetidos a uma rotina diária bem definida mostram-se mais satisfeitos, tendendo a se adaptar melhor à alimentação do que aqueles condicionados a chorar de fome, à espera de que seus pais atendam suas demandas.

ROTINA DE NUTRIÇÃO NAS DUAS PRIMEIRAS SEMANAS

Há anos que venho observando bebês e mães que amamentam na tentativa de descobrir por que os bebês adaptados a uma rotina dormem melhor. Um aspecto que levei em consideração foi se a qualidade do leite materno muda quando o bebê segue uma rotina. Como o leite de vaca é muito semelhante ao leite materno humano – motivo pelo qual bebemos leite de vaca e alimentamos nossos filhos com ele – decidi discutir essa questão com criadores de vacas leiteiras.

Esses criadores me explicaram que a ordenha das vacas segue uma rotina rígida. A maioria de suas vacas é ordenhada às 5 horas e às 15 horas diariamente. Quando perguntei por quê, eles me explicaram que a ordenha das vacas em horários estabelecidos regula o metabolismo de tal forma que elas sabem exatamente quando e quanto leite produzir.

Os bovinocultores dizem que, se adiantassem ou atrasassem a ordenha, o leite não teria a mesma alta qualidade, nem seria produzido na mesma quantidade. Não é muito difícil concluir que isso vale também para o suprimento de leite materno.

Quando uma mulher busca ajuda para resolver o problema do seu bebê insatisfeito e insone, é muito frequente chegar-se à conclusão de que o bebê está com fome. Nesses casos, a recomendação é que ela comece a introduzir alimentos sólidos ou leite em pó na alimentação do bebê, o que faz com que a mãe sinta que seu leite é "fraco", inadequado. Quando ela coloca seu bebê na mamadeira, não demora muito para que ele se mostre satisfeito, reforçando a percepção de que o problema era o leite dela. Mas o que tenho observado é que a introdução da mamadeira vem acompanhada de uma rotina de alimentação. Então, será que era o leite dela que não estava satisfazendo o bebê ou era o bebê que estava precisando de uma rotina? Se a mãe tivesse decidido estabelecer uma rotina antes de abrir mão da amamentação, será que teria um bebê satisfeito? Minha experiência leva-me a acreditar que sim.

Outra coisa a ser levada em consideração é que, se o bebê perceber que você está lhe oferecendo um lanchinho a cada duas horas, nunca sentirá a necessidade de encher a barriga. Quando o bebê é posto num regime de alimentação, habitua-se a mamar até se satisfazer quando lhe oferecem a mama ou a mamadeira, porque logo percebe que vai demorar algum tempo até que essa oferta seja feita de novo. Você vai descobrir, além disso, que ele mama por um tempo mais longo, ficando com a barriguinha cheia e dormindo melhor.

Tenha em mente *também* que alguns bebês pensam que o único propósito da vida da mãe é fazê-lo dormir. Se ele estiver cansado e acostumado a cair no sono toda vez em que é alimentado, poderá se recusar a mamar caso não queira dormir. Tenho observado esse problema frequentemente em bebês que não seguem uma rotina.

Mais uma vez, a escolha é sua. Se você acha fácil dar de mamar para o bebê sempre que ele exige e sabe interpretar seus choros, tudo está indo bem e deve continuar com o que está funcionado. Porém, se está preocupada porque seu bebê não está nem se alimentando nem dormindo bem e tudo o que faz é chorar, então recomendo que lhe estabeleça um regime de alimentação e sono, principalmente depois de desmamá-lo.

ALIMENTAÇÃO MEDIANTE DEMANDA NAS PRIMEIRAS DUAS SEMANAS

Atualmente, o conselho que se dá à maioria dos pais é que alimentem seu bebê quando ele pedir. Isso funciona muito bem para algumas mães e alguns bebês, mas é importante entender que alimentar o bebê quando ele pede não quer dizer alimentá-lo sempre que ele chorar, mas sim sempre que chorar de fome.

Se você seguir as rotinas aconselhadas, o bebê raramente terá motivos para chorar. E, quando chorar, preste atenção no tipo de choro, tentando interpretar o que está querendo dizer. O fator positivo das minhas rotinas é que, quando o bebê começa a chorar, você pode observar a rotina e saber o que vem a seguir, o que é de grande ajuda quando se está tentando aprender a distinguir se o choro é de cansaço ou de fome.

O choro mais importante a ser reconhecido é o emocional, pois é quando você precisa confortar o bebê e tentar descobrir a causa. Nos bebês com menos de 2 meses, uma das causas mais comuns é a fome. O choro emocional ou de fome é contínuo, sem pausas e sem alteração de registro nem de tom, algo como "uaá, uaá, uaá, uaá, uaá". Esse choro nunca deve ser ignorado, e a primeira coisa que eu tentaria seria alimentá-lo.

Já no choro de protesto, creio que não há problemas em ignorá-lo. Geralmente você vai ouvir esse tipo de choro quando o bebê estiver lutando contra o sono. É um choro entrecortado, e seu tom e registro vão subir e descer. As pausas irão ficando mais longas à medida que ele for caindo no sono. Se observar bem o bebê, vai verificar que ele fecha os olhos, tomba a cabeça e, depois, dá um salto, como se percebesse que está pegando no sono, e volta a chorar alto.

A maioria dos pais acaba aprendendo a interpretar os choros do bebê, mas, no caso dos primeiros filhos, isso é praticamente impossível nas duas primeiras semanas de vida do bebê. Para esse tipo de mãe, cada choro do bebê soa como se ele estivesse sendo torturado. E, se a única solução for alimentá-lo, isso pode provocar alguns problemas.

Alimentar o bebê quando ele chora – bom ou ruim?

Para estimular a produção de leite, é preciso colocar o bebê no peito para mamar frequentemente nos primeiros dias. Um possível problema em esperar que o bebê exija ser alimentado é que alguns simplesmente não têm energia para acordar e chorar. Outros são muito gulosos e, se puderem, permanecerão no peito, mamando dia e noite inteiros. Essa prática pode provocar ferimentos nos mamilos e até fissuras que podem sangrar, principalmente se a mãe estiver exausta demais para encaixar corretamente o bebê no peito. Além disso, quando a mãe passa o dia inteiro amamentando, não tem tempo para comer nem descansar. Esse não é um bom começo no estabelecimento da amamentação.

Se você adotar a mamadeira e tentar alimentar o bebê sempre que ele pedir, o resultado vai ser uma pia cheia de mamadeiras consumidas pela metade. Isso significa um enorme desperdício de tempo e dinheiro. Além disso, fazer muito mais do que você precisa, vai deixá-la cansada e sem tempo para lavar, limpar e esterilizar devidamente as mamadeiras. Com isso, o bebê pode contrair uma gastroenterocolite.

Ensinando maus hábitos

Se você alimentar o bebê sempre que ele chorar, corre o risco de ensinar a ele que a resposta para todos os seus problemas emocionais é comer, independentemente do fato de ele estar ou não com fome. Por exemplo, se um bebê estiver cansado e chorando porque não consegue dormir sozinho, alimentá-lo vai fazer com que ele pense que só pode dormir depois de comer. Se um bebê entediado e chorando for pego no colo e alimentado, começará a entender que, se estiver entediado, comer ajudará. Se um bebê que estiver chorando porque está com muito calor ou muito frio for alimentado, aprenderá que vai se sentir melhor se comer.

Quando seu filho estiver aprendendo a andar, a choradeira dele vai fazer com que você comece a substituir a mamadeira ou o peito por frutas e biscoitos, o que reforçará o sistema de alimentá-lo mediante demanda. Talvez essa seja uma das causas da obesidade infantil e de adolescentes e o motivo pelo qual algumas pessoas comem para resolver desequilíbrios emocionais.

Com isso, não quero dizer que a alimentação mediante demanda não funcione para todos. Afinal, os pais precisam fazer o que é melhor para eles e, se vocês forem um desses casais sortudos capazes de interpretar os choros do seu bebê, ótimo, continuem assim. Mas estejam cientes de que nem sempre é de fome que o bebê chora e de que, embora uma mamada possa acalmá-lo temporariamente, nem sempre resolve o problema.

LACTAÇÃO, MAMADEIRA OU AMBOS

No decorrer dos anos, tenho me deparado com muitos métodos diferentes para alimentar o novo bebê, e todos têm vantagens e desvantagens. O que notei foi que, seja o bebê alimentado no peito, seja na mamadeira, isso não faz diferença quanto ao momento em que ele começa a dormir a noite inteira, o que, para mim, quer dizer uma noite de sono das 19 horas às 7 da manhã, com uma mamada adicional em torno das 22 horas.

A decisão de como alimentar seu bebê deve ser sua e somente sua. Tente não ouvir todas as opiniões que lhe oferecerem. Se ainda não estiver certa da sua decisão quando chegar em casa com o bebê, então por que não tentar amamentá-lo no peito? Se isso não funcionar para você e para o bebê, é sempre possível mudar de opinião. Mas, uma vez que tenha começado a alimentar o bebê com mamadeira, será difícil reverter para o peito, porque, após algumas semanas, seu leite pode secar. Nesse caso, será preciso entrar em contato com uma enfermeira que trabalhe com aleitamento para obter conselhos sobre como aumentar a quantidade de seu leite.

Todos os anos, recebo centenas de *e-mails* e telefonemas de mães que vinham alimentando seus bebês somente no peito e, por motivos como retorno ao trabalho, doença ou simplesmente pela necessidade de ter uma noite de folga de vez em quando, precisaram passar para a mamadeira. Infelizmente, quando deixada para a última hora, a luta para fazer o bebê aceitar a mamadeira pode ser grande. Muitas mães gostariam de continuar a amamentar pela manhã e à noite, mas, quando finalmente o bebê aceita a mamadeira, elas ficam muito temerosas em reintroduzir o peito por medo de o bebê recusar a mamadeira novamente. A solução é dar uma mamadeira ao dia desde as primeiras semanas, em vez de desmamar o bebê do peito de vez aos 4 meses. Assim, ele poderá se adaptar a ambos os tipos de alimentação e continuar assim até os 2 anos.

Há outros benefícios em alimentar o bebê com uma mamadeira ao dia, seja ela de leite extraído do peito, seja ela com um preparado de leite em pó. Um deles é oferecer ao pai a oportunidade de dar essa mamadeira para o bebê, o que ajuda a criar um elo entre eles. Se a mamadeira for dada à noite, a mãe poderá ter várias horas de sono ininterruptas. E, se for restrita a apenas uma num período de vinte e quatro horas, creio que não terá efeitos negativos sobre a habilidade de o bebê mamar no peito nem causará problemas de suprimento do leite materno.

COMO AMAMENTAR O BEBÊ

Há algumas orientações básicas na amamentação do bebê, seja no peito seja com mamadeira.

- Sente-se num lugar confortável e seguro, relaxe e aproveite. Evite alimentar o bebê na sua cama, mesmo nos primeiros dias no hospital, porque você corre o risco de adormecer e seu bebê sofrer algum acidente.
- Apoie o braço num travesseiro para não sentir tanto o peso do bebê durante o aleitamento. Isso também ajuda a posicionar o bebê corretamente.
- Tente evitar interrupções. Procure não atender ao telefone.
- Se já tem um filho mais velho, procure distraí-lo com algo especial para esse momento, oferecendo brinquedos ou um DVD. Isso vai evitar que ele fique com ciúmes por você estar passando mais tempo com o irmão.

AMAMENTAÇÃO NO PEITO

Todos os especialistas concordam que essa é a melhor e mais natural forma de alimentar seu bebê. Eis os motivos.

- O leito materno é fresco, limpo e na temperatura perfeita para o bebê ingerir.
- O leite materno equilibra perfeitamente os nutrientes e anticorpos dos quais seu bebê precisa para crescer, desenvolver-se e proteger-se contra doenças.
- O leite materno é também conhecido por fomentar o desenvolvimento do cérebro.

- O leite materno é de fácil digestão para o bebê, e, por isso, bebês alimentados no peito raramente têm prisão de ventre.
- Bebês alimentados somente no peito até 6 meses correm menos risco de sofrer de problemas como asma, eczema, alergias e intolerância alimentar.
- O bebê alimentado no peito também tem menos probabilidade de desenvolver doença celíaca (alergia ao glúten) e diabetes do tipo 1. Pesquisas atuais sugerem que a amamentação no peito pode reduzir a incidência de doenças cardíacas na idade mais avançada.
- O melhor de tudo é que esse maravilhoso alimento é gratuito!

Há benefícios na amamentação para a mãe também.

- Os hormônios secretados durante a amamentação ajudam a mãe a manter-se calma e perder peso.
- Ajuda o útero a retornar ao tamanho normal e retarda o retorno de ciclos menstruais.
- Algumas pesquisas indicam que a alimentação no peito reduz o risco de desenvolvimento de câncer de mama na pré-menopausa, além de câncer do colo do útero ou nos ovários. Além disso, as mulheres lactantes têm menor probabilidade de desenvolver osteoporose e doenças cardíacas na idade mais avançada.

A amamentação é uma habilidade a ser aprendida tanto pela mãe quanto pelo bebê. Como acontece com o parto, é aconselhável informar-se o máximo possível sobre a amamentação antes da chegada do bebê. Com tempo, prática e apoio, a maioria das mulheres conseguirá amamentar com sucesso. Há muita gente para ajudar a estabelecer a amamentação materna e vários livros dedicados ao assunto. Após o parto, uma enfermeira vai incentivá-la a colocar o bebê no peito e orientá-la sobre as técnicas de posicionamento e encaixe da boca do bebê no mamilo.

O regime de alimentação a cada quatro horas

Quando minha mãe nasceu, a maioria das mulheres dava luz no hospital, às vezes, ficando internada durante duas semanas.

Naquela época, o aleitamento materno não era incentivado e, se você quisesse adotar essa prática, precisava seguir as mesmas orientações das mães que estavam alimentando seus bebês com mamadeira. O bebê era posto num rígido regime de alimentação a cada quatro horas. No caso da minha avó, era às 6 horas, às 10 horas, às 14 horas, às 18 horas e às 22 horas. À noite, era permitida apenas uma alimentação às 2 horas. Infelizmente, quando minha avó e outras mães da sua geração deixavam o hospital, o leite delas havia secado completamente. Acredito que foi esse o motivo de a maioria dos bebês nascidos nas décadas de 50, 60 e 70 ter sido alimentada na mamadeira.

O principal problema de alimentar um bebê no peito num regime de quatro em quatro horas é que somente seis mamadas por dia não estimulam suficientemente as mamas à produção de leite. Os bebês, na maioria, não têm energia suficiente para fazer longas mamadas, por isso precisam ser amamentados aos poucos e com frequência. Então, restringir as mamadas a seis num período de vinte e quatro horas pode não atender completamente as necessidades diárias.

Aleitamento antes que seu leite venha

O segredo para uma boa amamentação nas primeiras duas semanas é estimular as mamas frequentemente para que produzam leite suficiente para alimentar o bebê muitas vezes e um pouco de cada vez. As mamas não produzem leite imediatamente após o parto. Nos primeiros dias e antes do nascimento do bebê, elas *produzem* o colostro, um fluido amarelado e transparente muito benéfico para a criança, já que é repleto de anticorpos e células que produzem imunidade. Você vai sentir a chegada do leite quando suas mamas ficarem mais quentes, enrijecidas e cheias.

Aconselho minhas clientes cujos bebês nasceram a termo e com o devido peso (2,75 quilos ou mais) a oferecer mamadas de seis minutos de cada lado de três em três horas durante as primeiras vinte e quatro horas. No segundo dia, ofereça ao bebê nove minutos em cada mama a cada três horas e, no terceiro dia (se seu leite ainda não tiver descido), ofereça a mama durante doze minutos de cada lado a cada três horas. No quarto dia, se seu leite ainda não tiver descido, deixe o bebê mamar dezesseis minutos em cada mama. Até que seu leite desça, será preciso acordar o bebê no meio da noite para amamentá-lo.

Alimentar o bebê a cada três horas não apenas aumenta o suprimento de leite da mãe como também faz com que as mamas se acostumem à amamentação. Elas ficam mais ingurgitadas, evitando rachaduras, fissuras e sangramento, o que pode ser bastante dolorido.

Utilize o cronograma a seguir para amamentar nos primeiros dias. Depois de seu leite descer e até seu bebê completar duas semanas, use o cronograma da rotina de uma para duas semanas.

GUIA PARA AMAMENTAÇÃO ANTES QUE SEU LEITE DESÇA

	Mama Direita	**Mama Esquerda**
1° dia: amamente a cada três horas em ambas as mamas.	6 minutos	6 minutos
2° dia: amamente a cada três horas em ambas as mamas.	9 minutos	9 minutos
3° dia: amamente a cada três horas em ambas as mamas (se o leite ainda não tiver descido).	12 minutos	12 minutos
4° dia: amamente a cada três horas em ambas as mamas (se o leite ainda não tiver descido).	16 minutos	16 minutos

O reflexo da descida do leite

A descida do leite é um fenômeno normal da amamentação experimentado por todas as mães. Durante a descida, em resposta à sucção dos mamilos pelo bebê, os hormônios prolactina e ocitocina são lançados na circulação, fazendo com que o leite produzido nas glândulas mamárias seja liberado pelos ductos mamários.

A descida do leite não ocorre da mesma forma em todas as mulheres. Para algumas, o simples fato de olhar seu bebê ou ouvi-lo chorar já provoca a descida do leite. Para outras, é um pouco mais difícil, e elas precisam encontrar um local tranquilo para descontrair e permitir que a descida do leite aconteça. Dores, estresse e ansiedade podem interferir no reflexo da descida do leite, causando sua retenção dentro dos alvéolos mamários, o que pode aumentar a dor e a ansiedade. Algumas medidas como beber muita água, fazer massagens suaves e aplicar bolsas de água quente nas mamas ajudam na descida do leite. Se o problema não for solucionado, consulte seu médico.

Os efeitos colaterais normais da descida do leite são:

- sensação de formigamento;
- ligeiro dolorimento nas mamas;
- extravasamento de leite sem se estar amamentando o bebê;
- cólicas uterinas.

Aleitamento quando o leite descer

Você vai perceber que o leite está descendo quando as mamas começarem a ficar mais cheias e enrijecidas. E vai notar uma mudança na tonalidade do leite, que vai passar do colostro amarelado para uma cor leitosa ligeiramente azulada. Nessa fase, pode ocorrer um doloroso intumescimento das mamas, mas isso tem menos probabilidade de acontecer se você estiver seguindo minhas orientações.

A partir da descida do leite, que acontece geralmente entre o terceiro e o quinto dia, você deve oferecer uma mama ao bebê até que esta esteja completamente sem leite, antes de passar para a outra. Se você passar o bebê para a segunda mama muito depressa, ele pode não receber o leite do final da mamada, mais gorduroso e muito necessário, razão principal para alguns bebês nunca ficarem satisfeitos após mamar. Pode demorar até vinte e cinco minutos para o bebê esvaziar sua mama. É muito importante aleitar a cada três horas durante o dia nas duas primeiras semanas. Se alimentar o bebê com maior frequência, ele pode estar "merendando" e nunca chegar ao tão importante leite final.

Depois da descida do leite, você pode deixar o bebê dormir por até cinco horas seguidas à noite, nas primeiras duas semanas. Mas, vencidas as cinco horas, acorde-o para mamar, pois, se suas mamas ficarem muito tempo sem estimulação, isso pode afetar a produção de leite.

Dica – Conte o intervalo entre mamadas a partir do começo da mamada, e não do fim dela. Por exemplo, se começar a aleitar o bebê às 7 horas e ele terminar de mamar às 8 horas, comece a próxima mamada às 10 horas.

Como saber se a mama está sem leite

Nem sempre é possível ter certeza de que a mama está sem leite, mas há certos indícios que ajudam. Se você apertá-la delicadamente no início da mamada, vai perceber que ela está firme. Essa é uma mama cheia. À medida que a mamada progride, sua mama vai ficando mais amolecida e com menos leite e, quando estiver quase vazia, estará bem mole. Observe como o bebê mama: de início, ele vai sugar com mais força, quase sem fazer pausas. Quando atingir o ponto em que a mama está quase vazia, fará longas pausas enquanto suga.

Geralmente, cada mamada demora de quinze a vinte e cinco minutos, mas, se perceber que o bebê esvaziou uma mama antes desse tempo, pode passar para a outra.

Retirada do leite da mama

Depois de ler meus conselhos, a maioria dos pais decide que o bebê vai ser alimentado no peito e também vai receber uma mamadeira de leite retirado da mama por dia ou toda vez em que acharem conveniente não amamentar. Infelizmente, depois do nascimento do bebê, isso nem *sempre* acontece. No momento em que você consegue se adaptar à sequência de amamentar, trocar fralda, acomodar para dormir e talvez fazer uma rápida pausa para um banho, não sobra tempo para a retirada do leite. Mas nunca é demais enfatizar a importância da retirada do leite durante as primeiras semanas, se estiver tentando estabelecer uma rotina de aleitamento.

O motivo para isso é que o leite materno é produzido com base na lei da oferta e da procura. A princípio, suas mamas vão produzir muito mais leite do que seu bebê precisa, mas, depois de alguns dias, começarão a se ajustar e a produzir somente a quantidade que ele estiver ingerindo. Isso é bom no início; entretanto, quando seu bebê tiver um pico de crescimento nas primeiras semanas, talvez você não tenha leite suficiente para saciá-lo. O resultado é a necessidade de aleitá-lo com mais frequência, o que vai tirar sua rotina dos trilhos. Outro efeito colateral é que você vai acabar alimentando o bebê num horário muito próximo ao da hora de dormir, e ele poderá usar essa mamada como uma ajuda para adormecer.

As mães que seguem meus conselhos e retiram o leite extra nos primeiros dias descobrem que, quando o bebê passar por um surto de crescimento, não vão precisar alterar sua rotina. Retirar o leite materno extra nos primeiros dias é um fator chave para ter um bom suprimento de leite, a fim de se manter firme na rotina. O fator positivo em retirar seu leite numa rotina é que você não deve ter problemas para extraí-lo, já que terá muito leite nos horários por mim sugeridos.

O melhor momento para retirar o excesso de leite é logo pela manhã, porque suas mamas usualmente estarão mais cheias. Para algumas mães, é mais fácil retirar o leite antes de o bebê acordar de manhã, já outras preferem amamentar o bebê em uma mama enquanto retiram o leite da outra. Retirar o leite antes de uma mamada também concede mais tempo para que ele se acumule para a próxima mamada.

Nas primeiras semanas, sugiro retirar leite em outras ocasiões do dia além de logo pela manhã (os horários serão explicados posteriormente). Retirar o leite de manhã pode demorar cerca de vinte minutos e, à noite, até trinta e cinco minutos. Para facilitar a retirada do leite, procure relaxar. Às vezes, é preciso lançar mão de alguns artifícios para incentivar a descida do leite à noite, como um banho quente ou uma massagem muito suave antes de começar. Com a prática, a retirada do leite torna-se mais fácil.

Como extrair o leite

Incentivo todas as minhas clientes a extrair o leite logo pela manhã e também em outros momentos do dia. Há dois motivos para isso: primeiro, esse leite pode ser consumido numa mamadeira mais tarde, no mesmo no dia, e parte dele pode ser congelada e armazenada para ser ingerida quando o bebê tiver um surto de crescimento; segundo, suas mamas estão mais cheias pela manhã. Para a retirada do leite, recomendo o uso de uma bomba elétrica, pois a bomba manual é muito lenta. As bombas elétricas podem ser alugadas.

Na extração do leite, a primeira coisa a fazer é encontrar um local confortável onde sentar e relaxar. Como a descida do leite precisa ser estimulada, gaste um tempinho massageando as mamas muito delicadamente, pressionando a partir da base em direção aos mamilos. Após alguns minutos, comece a espremer a aréola usando o polegar e o terceiro dedo, apertando e soltando até o leite começar a gotejar. A partir daí, use uma bomba elétrica para extraí-lo. É possível, também, partir diretamente para a bomba sem estimular as mamas, mas isso vai fazer com que o leite demore mais a fluir.

Se você não tiver leite excedente para extrair

Algumas mães só produzem o leite suficiente para seu bebê. Se for esse o seu caso, não entre em pânico. O que precisa é estar atenta nas primeiras sete semanas para que o bebê não passe fome se tiver um surto de crescimento. Se achar que ele fica com fome entre as mamadas e não tiver leite excedente retirado do peito, ofereça uma mamada extra durante alguns dias com intervalo de duas horas e meia entre elas, orientando-se pelas minhas rotinas até a oitava semana. Na oitava semana, pode seguir minhas rotinas à risca, porque não é mais necessário retirar leite excedente para fazê-las funcionar.

Armazenamento de leite materno

O leite materno extraído pode ser armazenado à temperatura ambiente em recipientes esterilizados e tampados ou numa embalagem para *freezer* durante quatro horas, mas é melhor estocar na geladeira ou no *freezer*. Na geladeira, o leite pode ficar estocado por três a cinco dias, colocado no fundo da geladeira, onde normalmente é mais frio. No compartimento do *freezer* da geladeira, o leite pode ser estocado por até duas semanas; num *freezer* com porta separada, pode ficar por até três meses; e, num *freezer* que atinja a temperatura de ao menos 18°C, por até seis meses.

Depois de retirar o leito materno do *freezer*, descongele-o na geladeira e use-o em até vinte e quatro horas. Se o leite for descongelado à temperatura ambiente, deve ser consumido dentro de quatro horas. Nunca congele novamente o leite excedente. Se tiver pressa para usar o leite materno, coloque-o numa vasilha ou saco em um pouco de água aquecida (mas não fervente) e use-o imediatamente.

Se o bebê não mamar todo o leite retirado do peito, fresco ou congelado, e acondicionado em mamadeiras, nunca o reutilize. Se não tem certeza da quantidade que seu bebê vai mamar, comece com uma quantidade menor e, se for preciso, complemente com leite armazenado no congelador ou no *freezer*.

ALIMENTAÇÃO COM MAMADEIRA

Como acontece com a amamentação no peito, alimentar o bebê com mamadeira é uma habilidade a ser aprendida tanto pela mãe como pelo bebê. A coisa não é assim tão simples. Não basta comprar algumas mamadeiras, enchê-las de leite materno ou leite em pó e alimentar o bebê quando ele parecer estar com fome. Infelizmente, não existe muita ajuda nem aconselhamento disponíveis para ensinar os pais como alimentar o bebê com mamadeira.

Antes de começar a alimentar o bebê com mamadeira, é preciso responder a algumas perguntas.

- Que mamadeiras e bicos são melhores para o bebê?
- Você vai encher a mamadeira com leite materno extraído, leite em pó ou a combinação de ambos?
- Qual o melhor leite em pó para o bebê?

Mamadeiras e bicos

A escolha da mamadeira correta é muito importante para a satisfação do bebê. Sugiro a compra de dois tipos de mamadeira para começar: uma mais curta e larga com um gargalo amplo (por exemplo, da marca Avent) e outra mais alta e estreita com bico ortodôntico e mais achatado.

Algumas pessoas preferem mamadeiras de gargalo largo porque acham que estas facilitam a alimentação por mamadeira. A maioria das mamadeiras vaza, mas, na minha experiência, esse vazamento funciona, pois reduz a quantidade de ar ingerida pelo bebê.

Há bicos de todos os formatos e tamanhos, com fluxo lento, médio e rápido. Alguns bicos são graduáveis e servem para qualquer idade. A forma de graduar o bico é apontá-lo na direção do nariz do bebê.

Não subestime a importância da escolha da mamadeira e do bico corretos, pois alguns bebês poderão passar por uma experiência difícil se a mamadeira for inadequada para eles.

Dica – Ao comprar a mamadeira do bebê, verifique o tamanho do bico. A maioria das mamadeiras vem com bicos de tamanho médio. Por isso, você precisará também de um bico para recém-nascidos de fluxo lento.

O caso de Alannah

Quando fui visitar o bebê Alannah, ela não parava de chorar havia seis semanas, desde seu nascimento. Seus pais estavam doentes de preocupação porque não conseguiam descobrir o que havia de errado com ela. Eles tinham três filhos mais velhos, que, embora tenham tido seus momentos quando bebês, nunca choraram por mais de vinte minutos na mesma idade. Alannah parecia chorar dezoito horas por dia. No restante do tempo, dormia, mas nunca mais de vinte minutos de cada vez. O casal, Cathy e Baz, estava extremamente cansado e logo me falou das horríveis semanas que vinham enfrentando.

Cathy havia começado a alimentar Alannah no peito e, após uma semana de choro constante, recebeu a visita de um consultor em lactação que não conseguiu encontrar o problema. Então, Alannah foi colocada na mamadeira, presumindo-se que o problema fosse fome. Como não ocorreu nenhuma mudança após mais uma semana, a menina começou a apresentar refluxos e a tomar medicamentos. Isso também não ajudou, e a conclusão foi: "Talvez Alannah tenha alergia, vamos tentar outro leite em pó". Assim, quando cheguei, ela estava tomando um leite em pó prescrito pelo médico e remédios para o refluxo. Estava também sendo tratada por um pediatra especializado em refluxo infantil, mas só o que ele conseguiu foi prescrever outros remédios e outro leite em pó.

Tomei Alannah nos braços, senti suas costas e apertei delicadamente a caixa torácica, descobrindo que ela estava cheia de gases. Sentei-me com ela por cerca de uma hora, consegui tirar grande parte do ar e depois decidi alimentá-la. Quando tentei alimentar Alannah com a mamadeira que eles estavam usando, mostrei a Cathy e a Baz que o queixo da menina era o problema, pois estava ligeiramente inclinado para trás. Portanto, encaixar sua boca naquela mamadeira não ia funcionar. Expliquei a eles que Alannah teria tido o mesmo problema se mamasse na mama, e que, caso eles tivessem feito uma pequena pausa de alguns minutos para retirar o ar, ela teria sido capaz de dar sugadas mais longas, ficando mais satisfeita e não chorando o tempo inteiro.

Trocamos a mamadeira por uma mais alta e estreita, com um bico ortodôntico achatado que reduziu a quantidade de ar que ela estava engolindo. Alannah ingeriu a mamadeira inteira, caiu no sono e passou os próximos dias alimentando-se e dormindo, acordando poucas vezes.

Antes de começar a dar a mamadeira para o bebê, certifique-se de que o anel rosqueado no topo da mamadeira que segura o bico no lugar não está apertado demais, pois, se estiver, o leite não fluirá com facilidade, e logo o bebê poderá cansar de sugar. Para oferecer a mamadeira, segure o bebê numa posição ligeiramente mais ereta do que aquela para mamar no peito. Isso o ajudará a não se engasgar com o leite se este estiver fluindo depressa demais e também a dar vazão ao ar enquanto mama. Sempre preste atenção para ver se o bico está cheio de leite, de forma que o bebê não engula muito ar.

Bebês recém-nascidos devem mamar por cerca de quarenta minutos a uma hora, para uma mamada completa, incluindo o tempo para retirada do ar. Aconselho a retirar o ar do bebê a cada 30 mililitros ingeridos e, se constatar que o bebê não apresenta sinais de desconforto, à noite aumente a quantidade de leite antes de começar a retirar o ar. (Isso está explicado em mais detalhes no próximo capítulo, sobre armazenamento de ar e cólica.) O bebê deve sugar o leite a um ritmo lento e constante. Para tanto, teste vários bicos até encontrar aquele cujo fluxo se adapte a ele. Os bebês sentem grande prazer em sugar; no entanto, se o ritmo da mamada for muito rápido, ele pode começar a chorar, não porque está com fome, mas porque quer continuar a sugar. Assim, não use um bico que acelere a mamada para fazer com que o ato da alimentação dure menos tempo. Quando seu bebê atingir 10 semanas, a mamada poderá demorar apenas trinta minutos e, quando chegar aos 6 meses, apenas vinte minutos.

Como aquecer a mamadeira

Como aquecer o leite do peito

Para aquecer o leite extraído do peito, coloque a mamadeira numa embalagem de leite em água aquecida – não em água fervente, porque o leite pode talhar ou o saco de leite pode derreter. Nunca aqueça nem descongele o leite retirado da mama no forno de micro-ondas, pois, como menciono na próxima página, o leite pode aquecer de forma desigual, o que modifica suas propriedades imunológicas e nutrientes.

Como aquecer o leite em pó

Não há contraindicações em alimentar o bebê com um leite preparado a partir do leite em pó frio, retirado diretamente da geladeira. Se fizer isso desde o início, o bebê não saberá a diferença. Entretanto, sempre aqueço o leite porque acredito que os bebês prefiram assim, embora, num verão muito quente, talvez uma mamadeira fria seja mais saborosa.

O leite em pó pode ser aquecido de duas maneiras.

- Colocando a mamadeira de pé em uma vasilha com água aquecida, mas não fervente.
- Utilizando um aquecedor de mamadeira controlado por termostato.

Não recomendo o uso de forno de micro-ondas para aquecer o leite extraído do peito nem o leite preparado a partir de leite em pó, pois esse tipo de forno aquece o leite de forma desigual, formando pontos mais quentes que provocam queimaduras no bebê. Acredita-se também que o micro-ondas modifique a qualidade do leite extraído do peito. Eu também me preocuparia com o que poderia acontecer com um leite preparado a partir do leite em pó. Em vez de aquecer o leite em pó já misturado com a água, minha sugestão é que você primeiramente aqueça a quantidade correta de água e depois adicione o leite em pó. Ao agitar a mamadeira com a água e o leite para misturar, os pontos quentes desaparecerão.

Uma medida muito importante é verificar a temperatura do leite antes de dá-lo ao bebê. Para tanto, pingue algumas gotas no pulso. O leite deve estar aquecido, mas não quente. Uma mamadeira superaquecida pode não somente queimar o bebê como também destruir alguns dos nutrientes do leite. É preferível amamentar o bebê com um leite ligeiramente frio do que com um quente demais.

Dica – Alguns bebês são exigentes e recusam-se a mamar se a temperatura do leite não estiver do seu agrado. Por isso, teste a temperatura até encontrar a ideal para seu bebê.

Alimentação com mamadeira de leite retirado do peito

Depois de dez semanas, você conseguirá seguir minhas rotinas sem fazer nenhuma retirada de leite. Se quiser dar a seu bebê uma mamadeira de leite extraído do peito, então sugiro retirar o leite na mesma mamada todos os dias para que suas mamas "saibam" quando o leite excedente é necessário. Isso pode ser feito nas mamadas das 7 horas e das 11 horas diariamente.

Embora produzam leite suficiente, algumas mães encontram dificuldade no ato da amamentação. Mães com esse problema costumam ser aconselhadas, por algum motivo, a alimentar o bebê com mamadeira. Caso o motivo seja o fato de estarem tomando algum medicamento passível de afetar o bebê, então faz sentido colocá-lo na mamadeira. Mas, se o leite da mãe for perfeitamente seguro, vale a pena tentar extraí-lo do peito e colocá-lo numa mamadeira para alimentar o bebê. Em casos como esse, as mães podem não dispor de tempo durante o dia para retirar leite para todas as mamadas. Como um pouco de leite do peito é melhor do que nenhum, elas podem oferecer ao bebê uma alimentação mista. Contudo, nunca misture o leite do peito com o leite preparado a partir do leite em pó na mesma mamadeira. Primeiramente, dê o leite do peito e, depois que o bebê esvaziar a mamadeira, coloque um pouco de leite preparado a partir de leite em pó para completar a mamada (ou então, use duas mamadeiras). Não há riscos em misturar o leite preparado a partir do leite em pó com o leite do peito, mas aí você estará desperdiçando o leite materno. Além disso, o gosto da mistura dos dois pode não ser muito bom.

Quando estiver habituando-se à amamentação nas dez primeiras semanas, é fundamental não passar períodos muito longos sem amamentar nem extrair leite do peito. Você notará nas minhas rotinas que eu sugiro dar ao bebê uma mamadeira de leite extraído do peito ao dia. Também indico quando é a próxima oportunidade para extrair o leite. Se você quiser dar ao bebê uma mamadeira de leite retirado do peito em outros horários além dos recomendados, então precisa seguir estas orientações.

- Desde o nascimento do bebê até que ele tenha 2 semanas e pese mais de 3 quilos, não passe mais de cinco horas sem amamentá-lo nem sem retirar leite do peito num período de vinte e quatro horas.
- De duas a quatro semanas, os intervalos entre mamadas ou retiradas do leite materno não podem ser superiores a seis horas num período de vinte e quatro horas.
- Da quarta até a décima semana, você pode descansar as mamas entre 22h30 e 7 horas, mas, durante o dia, não passe mais de seis horas sem amamentar ou retirar leite.

Alimentação de mamadeira com leite em pó

O leite materno é indubitavelmente o melhor leite para seu bebê. A segunda melhor coisa é o leite em pó. A maioria dos leites em pó tem como base o leite bovino, modificado para que tenha uma composição mais próxima ao leite materno. Outros têm como base o leite de soja ou o de cabra. Todos os leites em pó disponíveis no mercado devem atender aos padrões alimentares pertinentes. Eles atendem às recomendações de especialistas, e seus ingredientes, fabricação e rotulagem são regulamentados. A composição dos leites em pó infantis tem sido constantemente aprimorada graças aos avanços da tecnologia e da ciência da nutrição, portanto o leite em pó é realmente o alimento mais seguro para os bebês, depois do leite materno.

Escolher um leite em pó adequado para seu bebê pode ser confuso. Se você decidir alimentar o bebê com leite em pó quando ainda estiver no hospital, receberá conselhos sobre que leite em pó usar, como esterilizar as mamadeiras e como preparar a refeição. Caso decida pelo leite em pó num estágio mais avançado, deverá prestar atenção a alguns detalhes. Alguns leites em pó são indicados para o bebê desde o nascimento até que ele passear para o leite bovino, enquanto outros são indicados para alimentá-lo desde o nascimento até os 6 meses, quando, então, é introduzido um leite em pó fortificado.

TIPOS DE LEITE EM PÓ

Tipos de leite em pó	**Descrição**
Leite em pó baseado em leite bovino	Tem como ingrediente principal o soro ou o coágulo de leite bovino. (Essa informação é encontrada na lata.) Ambos os tipos são adequados para o bebê desde o nascimento. Os baseados em soro são preferíveis porque são mais parecidos com o leite materno. Alguns desses leites em pó contêm ácidos graxos ômega-3 e ômega-6, que ajudam no desenvolvimento do cérebro e da visão.
Leite em pó baseado em soja	Serve para bebês que sofrem de intolerância ou alergia à proteína do leite bovino. Às vezes, é dado a bebês que seguem uma dieta livre de lactose, mas existem outros leites em pó isentos de lactose disponíveis. É adequado também para bebês de até 12 meses como uma alternativa ao leite em pó baseado em leite bovino. Não é a mesma coisa que leite de soja.

Tipos de leite em pó	Descrição
Leite em pó baseado em leite de cabra	É adequado para bebês com menos de 1 ano de idade como alternativa aos leites em pó com base em leite bovino ou leite de soja. Todavia, com frequência, bebês alérgicos ou intolerantes aos leites em pó baseados em leite bovino têm a mesma reação aos leites em pó baseados em leite de cabra, já que as duas fórmulas são parecidas. O leite de cabra deve ser dado na forma de leite em pó, pois não é a mesma coisa que o leite natural de cabra.
Leite em pó com baixo teor ou isento de lactose	É indicado para bebês com intolerância à lactose. Antes de dar ao bebê esse tipo de leite, consulte um profissional de saúde.
Leite em pó engrossado	É indicado para bebês com refluxo gastroesofágico. É engrossado usualmente com um componente alimentar adequado para bebês, como a farinha de alfarroba. A necessidade do consumo do leite em pó engrossado deve ser revista regularmente por um profissional de saúde.
Leite em pó hipoalergênico	Indicado para bebês com intolerâncias ou alergias alimentares graves. Alguns podem ser comprados no comércio, enquanto outros, para casos mais graves, só estão disponíveis mediante prescrição médica.
Leite em pó fortificado	Indicado para bebês com mais de 6 meses. Contém altos níveis de ferro e cálcio e algumas proteínas.
Leite pronto para consumo	Está se tornando cada vez mais comum. Uma opção dispendiosa, mas vale o investimento se você dispuser de pouco tempo. Apresentado em embalagens para uma única refeição, pode ser conservado à

Tipos de leite em pó	Descrição
Leite pronto para consumo	temperatura ambiente até ser aberto para consumo. Constitui-se numa boa opção também quando você deixa seu bebê aos cuidados de outra pessoa.

Como preparar o leite em pó

Antigamente, recomendava-se que o leite em pó fosse preparado numa jarra, em quantidade suficiente para consumo num período de vinte e quatro horas. Mas, agora, esteja atenta para o fato que isso mudou. Pesquisas recentes têm mostrado que o leite em pó deve ser preparado em mamadeiras individuais momentos antes do consumo. Reserve uma parte da sua bancada de trabalho na cozinha para a preparação da mamadeira e mantenha essa área imaculadamente limpa.

- Primeiramente, lave as mãos com água quente e sabão.
- Esvazie e enxágue a chaleira antes de enchê-la com água fresca para a preparação da mamadeira.
- Encha a chaleira com água fria da torneira, tampe-a e deixe a água ferver. Despeje essa água numa jarra esterilizada e coloque-a sobre a bancada de trabalho para esfriar.
- Abasteça as mamadeiras com a quantidade correta de água fervida. Sempre prepare um pouco a mais daquilo que seu bebê costuma ingerir. Vede as mamadeiras ou a jarra antes de deixá-las esfriar.
- Deixe a água assentar e esfriar por no mínimo vinte minutos, até que fique quente sem estar fervente, pois a água fervente destrói alguns dos nutrientes do leite em pó. Se estiver com pressa, coloque a mamadeira fechada dentro de uma panela com água fria.
- Antes de acrescentar o leite em pó, verifique as instruções contidas na lata. Para alguns leites, a dose é de uma medida para cada 30 ml de água, enquanto para outros é de uma medida para 60 ml de água. Para obter a medida certa, nivele a superfície do leite em pó.
- Para dissolver o pó, tampe a mamadeira e agite bem, até dissolver todo o leite em pó.

- Se precisar aquecer o leite, coloque a mamadeira dentro de uma jarra com água quente, mas não fervente, ou, então, dentro de um aquecedor de mamadeira controlado por termostato.

Se você não tiver tempo para deixar esfriar a água fervida retirada da chaleira, ou se preferir não colocar a chaleira para ferver todas as vezes em que for preparar a mamadeira, mantenha uma jarra de água fervida à temperatura ambiente em cima da sua bancada de trabalho ou, então, na geladeira por um período máximo de vinte e quatro horas. Não se esqueça de que a jarra deve ser esvaziada, esterilizada e abastecida a cada vinte e quatro horas.

Qual a quantidade de leite ideal para o bebê?

A quantidade de leite varia de bebê para bebê. As orientações quanto às quantidades indicadas nas latas de leite em pó são muito diferentes da que se costuma dar a um bebê. É muito mais fácil subalimentar um bebê do que superalimentar. Assim, uma regra que funciona é preparar sempre um pouco a mais de leite em pó, pois, se seu bebê esvaziar a mamadeira, você pode oferecer uma porção adicional, a menos, é claro, que note que o bebê está vomitando muito leite após cada mamada. Nesse caso, reduza a quantidade de leite em 10 ml e veja se o vômito para. Se não parar, reduza em mais 10 ml na próxima mamada. (Veja também meu conselho sobre regurgitação nas páginas 65 e 66 e orientações sobre vômito e desidratação nas páginas 270 a 272.)

O guia a seguir é aproximado porque cada bebê é ligeiramente diferente. A quantidade do leite em pó de que seu bebê precisa geralmente é determinada pelo peso corporal. Para estabelecer esse número, multiplique o peso do bebê pela quantidade recomendada de leite para a faixa etária dele e depois divida pela quantidade de mamadas que estiver dando ao bebê num período de vinte e quatro horas. Por exemplo, se seu bebê tem 1 semana de vida e pesa 3,5 quilos, precisa de 3,5 quilos x 150 ml = 525 ml num período de vinte e quatro horas. Se ele estiver mamando oito vezes por dia, divida 525 ml por 8 = 65,60 ml por mamada. Consequentemente, seu bebê terá consumido aproximadamente 65 ml por refeição. Alguns bebês, porém, ingerem muito mais do que o recomendado, e outros, muito menos. Tente não se preocupar em demasia com a quantidade de leite que seu bebê está ingerindo. Se ele estiver molhando muitas fraldas, ganhando peso suficiente e seu profissional de saúde estiver contente, então você deve ficar contente também.

GUIA APROXIMADO PARA A QUANTIDADE DE LEITE

Idade do bebê	**Quantidade de leite por mamadeira**	**Nº de mamadeiras em 24 horas**
Do nascimento até 1 semana	30-90 ml	8 mamadeiras
De 1 até 2 semanas	150 ml por quilos do peso corporal dividido pelo número de mamadeiras	8 mamadeiras
De 2 a 4 semanas	150 ml por quilos do peso corporal do bebê dividido pelo número de mamadeiras	7 a 8 mamadeiras
De 4 a 6 semanas	150 ml por quilos do peso corporal do bebê dividido pelo número de mamadeiras	6 a 7 mamadeiras
De 6 a 8 semanas	150 ml por quilos do peso corporal do bebê dividido pelo número de mamadeiras	6 a 7 mamadeiras
De 8 semanas até a introdução de alimentos sólidos	150 ml por quilos do peso corporal do bebê dividido pelo número de mamadeiras	5 a 6 mamadeiras
Bebê alimentado com sólidos até 9 meses	180 a 240 ml	4 mamadeiras
De 9 meses a 1 ano	120 a 210 ml	2 mamadeiras completas e 2 meias mamadeiras (3 mamadeiras no total)

A SER CONSUMIDA PELO BEBÊ

No decorrer dos anos, tenho sido chamada inúmeras vezes para atender bebês que passam horas e horas chorando alto. Geralmente os pais queixam-se da mesma coisa – eles dormem apenas durante curtos períodos de tempo, no máximo vinte minutos de cada vez. A maioria desses bebês já passou por consultas com pediatras e outros profissionais de saúde, mas nenhum deles conseguiu interpretar o motivo do choro. O mais perturbador é que parece que ninguém enxerga o óbvio – o bebê está com fome! Quando sou chamada, os bebês já tomaram vários tipos de leite em pó e medicamentos. E dizer que tudo isso poderia ter sido evitado se alguém tivesse parado e prestado atenção no bebê, que está tentando dizer "Estou com fome!"

Quando explico aos pais por que gostaria de aumentar a quantidade de alimento ingerida pelo bebê, eles me dizem repetidas vezes que não podem fazer isso porque seu médico aconselhou-os a alimentarem o bebê com uma quantidade estabelecida de leite em pó em cada mamada, e eles dão a quantidade exata. (Na minha visão, isso é o mesmo que colocar o bebê numa dieta. Será que o mundo enlouqueceu?)

Em todos esses casos, os pais estavam dando a seus bebês algo em torno de 120 a 150 ml de leite por mamada. Então o que faço é me apresentar, pegar o bebê no colo e alimentá-lo com mais 120 a 150 ml. Os pais ficam chocados ao verem a quantidade de leite que seu bebê está ingerindo. Explico a eles que o bebê não vai tomar essa grande quantidade de leite em todas as mamadas. Se ele vem tomando, por exemplo, apenas 120 ml por refeição, depois de algumas mamadas muito grandes, o bebê vai se acostumar com 150 ml de cada vez. Outro fator comum é que a maioria desses bebês estava com prisão de ventre, o que acredito que se deva ao fato de ele não estar recebendo alimento suficiente para provocar a evacuação.

O caso de David

Um caso inesquecível para mim é o de David. Ele estava com duas semanas quando eu o visitei, e sua médica o tinha colocado em um regime de 120 ml de leite preparado a partir de leite em pó em cada mamada. Essa médica, que estava presente por ocasião da minha visita, não sabia quem eu era nem por que estava lá. Então, perguntei a ela: "O que acontece se ele chorar alto, pedindo mais comida depois de tomar os 120 ml?" A resposta dela me escandalizou: "Com 2 semanas de vida, 120 ml é tudo a que ele tem direito". Alimentei o bebê com mais uma boa medida extra de leite, e o resultado foi que logo tínhamos um bebê dormindo satisfeito.

A parte mais estranha da minha visita foi quando vi o pai de David entrando pela porta, vindo do trabalho. Ele media 1,86 metro de altura, e, provavelmente, seu filho herdara a genética do pai, necessitando, portanto, de mais alimento. Mesmo assim, a médica de David colocara-o na mesma dieta de todos os outros bebês com 2 semanas de vida, seguindo sua cartilha.

ESTERILIZAÇÃO

Esteja você amamentando o bebê no peito ou com mamadeira, a desinfecção, geralmente chamada de "esterilização", é sempre imprescindível. Bebês pequenos têm um sistema imunológico imaturo e, portanto, são muito suscetíveis a bactérias. Como o leite é um meio perfeito para as bactérias multiplicarem-se, a esterilização é a melhor maneira de garantir sua eliminação.

Profissionais de saúde geralmente recomendam a esterilização de todos os aparelhos usados na alimentação do bebê, incluindo as peças da bomba de amamentação, até que o bebê atinja, no mínimo, 6 meses. Naturalmente que você não pode esterilizar tudo que vai à boca do bebê (pode esterilizar seus mamilos, por exemplo). Entretanto, tudo que não está sendo esterilizado precisa ser lavado cuidadosamente. Adquira o hábito de lavar as mãos sempre que trocar as fraldas do bebê, mesmo que ele esteja chorando alto. Ainda assim, coloque o bebê num local seguro por um minuto e lave as mãos. Se a chupeta cair da boca do bebê na cama ou no carrinho, não há problema em colocá-la de volta na boca dele, mas, se cair no chão de casa ou na rua, deve ser lavada em água quente com sabão. A maioria das chupetas não pode ser esterilizada porque tende a se desmanchar – mais uma boa razão para não as usar! Esteja ciente de que, se você mesma der uma lambida na chupeta, isso não vai limpá-la nem esterilizá-la, você só estará adicionando mais germes a ela.

Qualquer coisa que entre em contato com o leite do bebê, como mamadeiras, bicos e bombas de amamentação, precisa ser esterilizada para não deixar traços de bactéria. Se sobrarem algumas bactérias na mamadeira, e você enchê-la de leite, elas poderão multiplicar-se, o que pode provocar um problema gástrico de menor gravidade. Essa condição poderá desestabilizar o bebê e estragar sua rotina. Já a gastroenterocolite, que é mais grave, pode ser perigosa para bebês pequenos e até os levar ao hospital.

A esterilização não é um substituto para a lavagem. Tudo que for esterilizado primeiramente precisa ser bem lavado. Depois de usar a mamadeira ou a bomba de lactação, enxágue em água fria para retirar o leite e depois a deixe de lado para uma lavagem apropriada posterior. Desmonte todas as peças, retirando o bico do anel rosqueado no gargalo da mamadeira. Lave muito bem cada peça em água quente com sabão, usando uma escova própria para limpar a mamadeira por dentro. Esguiche um pouco de detergente no bico e lave em volta dele, espremendo a água através dos furos. Retire o sabão com água quente e coloque tudo num esterilizador ou escorredor de pratos limpo ou, então, seque com papel toalha ou pano limpo.

Há quatro métodos de esterilização.

1. Ferver todos os aparelhos dentro de uma panela grande durante dez minutos.
2. Imergir numa solução esterilizante, que pode ser comprada num supermercado ou farmácia em forma líquida ou em tabletes, durante, no mínimo, duas horas, depois enxágue os aparelhos em água fervente. Mesmo que você esteja usando outra forma de esterilizante, é útil ter à mão algum tipo de solução de limpeza reserva.
3. Utilizar esterilizadores de micro-ondas que transformam a água em vapor, cuja operação leva aproximadamente de três a quatro minutos.
4. Utilizar esterilizadores elétricos a vapor, que geralmente comportam qualquer formato de mamadeira, mas assegure-se antes de que as suas vão caber. O processo completo de esterilização leva cerca de sete minutos.

Testei todos esses métodos de esterilização, e, para mim, o mais recomendável é o esterilizador elétrico a vapor, se você tiver condições econômicas para comprá-lo. Já os esterilizadores de micro-ondas não comportam tantas mamadeiras e, além disso, não são bons para lavar repetidas vezes mamadeiras de plástico, funcionando melhor para mamadeiras de vidro.

Não recomendo o uso de lavadoras de pratos para esterilizar porque sua temperatura é variável, e, com isso, você não poderá ter certeza de que a esterilização foi feita a contento.

Dica – As mamadeiras e outros utensílios podem estar úmidos depois de retirados de alguns esterilizadores, mas não é preciso secar a parte interna das mamadeiras antes de enchê-las com leite.

PERGUNTAS COMUNS

Devo abster-me de alguns alimentos enquanto estiver amamentando? Existem muitas crenças antigas por aí a respeito do que a mãe pode e não pode comer ou beber enquanto estiver amamentando, no entanto nunca consegui comprovar sua veracidade. Acredito que você pode comer quase tudo de que gosta, a menos que haja um histórico de reações alérgicas na sua família ou na de seu companheiro a algum alimento específico como amendoim, por exemplo. Se for esse o caso, evite esse alimento. Também é bom evitar o consumo de bebidas alcoólicas durante a gravidez e o aleitamento.

É verdade que mulheres de mamas pequenas não conseguem amamentar? Na realidade, tenho encontrado mais problemas em mulheres de mamas grandes, enquanto as de mamas pequenas acham fácil amamentar. De qualquer forma, a maioria das mulheres é capaz de amamentar, mas essa é uma habilidade a ser aprendida. Se tiver problemas, peça conselhos antes de desistir.

Posso tomar medicamentos enquanto estiver amamentando? Poucos medicamentos podem ser tomados com segurança enquanto você estiver amamentando, e, portanto, é conveniente consultar seu médico sobre medicamentos e também sobre o consumo de suplementos fitoterápicos e remédios comprados sem receita médica. Nunca tome a pílula combinada (pílula que contém estrogênio e progesterona), porque ela pode fazer seu leite secar. Se for tomar a minipílula (pílula só de progesterona), verifique se não está afetando a quantidade de leite ingerida nas mamadas do bebê, pois, às vezes, essa pílula provoca alterações no sabor do leite, fazendo com que ele mame cada vez menos, até seu leite secar.

O que fazer quando meu bebê começa a dormir enquanto mama no peito? Certifique-se sempre de que seu bebê esteja totalmente acordado antes de amamentá-lo. Uma forma de acordá-lo é tirar a parte superior de suas roupas até que ele acorde lentamente. Deixar o bebê sonolento com um pouco de frio enquanto o alimenta faz com que ele se mantenha acordado. Se ele cair no sono enquanto estiver mamando na segunda mama, não tem problema - você pode colocá-lo na cama. Entretanto, se isso acontecer na primeira mama, retire-o dela e deixe que durma durante cinco minutos, depois converse com ele e tente incentivá-lo a acordar novamente. Se não der certo, coloque-o no *playmat* (tapetinho para brincar), retomando a amamentação quando ele acordar. Talvez precise fazer isso a cada cinco minutos até que a primeira mama esteja vazia.

Fazer exercícios afeta o aleitamento? Acredita-se que alguns exercícios físicos como corrida ou *jogging* devam ser evitados durante o período de amamentação, pois o ácido láctico pode acumular-se no leite materno, afetando seu gosto. Atividades físicas leves como caminhada aumentam seu bem-estar e não alteram o leite. Após essas atividades, é aconselhável tomar um banho, porque alguns bebês estranham o gosto do suor ou do cloro.

Existem bebês grandes demais para mamar no peito? Quase todas as mães funcionam como uma equipe com seus bebês, produzindo a quantidade certa de leite materno. Seja seu bebê prematuro ou o maior bebê da história do hospital, seu leite atenderá às necessidades dele.

Devo oferecer água ao meu bebê? Bebês com idade inferior a 2 meses não devem beber água, a menos que você esteja preocupada com uma possível prisão de ventre ou desidratação. Se for esse o caso, dê a ele água em pequenas quantidades (cerca de 30 ml) entre as mamadas. Água em excesso para um bebê que já completou 2 meses pode saciá-lo a ponto de ele mamar menos. Para crescer, os bebês precisam da nutrição e calorias do leite materno ou em pó, e a água não contém nenhum desses elementos. Quando seu filho de 4 a 6 meses estiver aprendendo a beber com uma xícara, dê-lhe alguns goles de água duas ou três vezes por dia. Depois que ele começar a ingerir alimentos sólidos, é conveniente que beba alguns goles de água com sua comidinha, já que alguns bebês precisam disso para evitar constipação.

Muitas vezes, meu bebê mama somente numa das mamas e depois não quer a outra. Se eu não retirar o leite da outra mama, minha produção de leite começa a decair em poucos dias, e isso acontece logo quando ele quer mamar dos dois lados o dia inteiro! Devo retirar o bebê de uma mama no meio da amamentação e passá-lo para a outra, ou isso vai fazer com que eu adquira uma mastite por não ter esvaziado minha mama adequadamente? Definitivamente, você não deve retirá-lo de uma mama no meio da mamada e passar para o outro lado, pois, assim, ele não vai obter o suficiente do leite final, mais substancioso, do qual os bebês mais necessitam. É perfeitamente normal o bebê não pegar ambos os lados em cada mamada. Para evitar a mastite, faça rodízio das mamas de forma que cada mama seja drenada em mamadas alternadas.

Por quanto tempo o bebê pode permanecer ingerindo uma mamadeira preparada a partir de leite em pó? Apenas por uma hora. Se, depois de uma hora, o bebê ainda não houver esvaziado a mamadeira, jogue o conteúdo dela fora e prepare uma nova mamadeira. O conteúdo da mamadeira só pode ser aquecido uma vez.

Quando se acrescenta 240 ml de água a 30 ml de leite em pó, a medida do leite fica sendo de 270 ml. Essa mamadeira é definida como sendo de 240 ml ou de 270 ml? Essa é uma pergunta recorrente. Sempre considerei a mamadeira como sendo de 270 ml porque, se você estivesse retirando o leite de uma jarra ou usando um leite pronto, seria a mesma coisa.

Quanto tempo dura a esterilização de uma mamadeira? A verdade é que uma mamadeira deixa de ser esterilizada a partir do momento em que você abre o esterilizador. A esterilização garante a remoção de todos os resquícios do leite antigo restantes na mamadeira para que o bebê esteja o mais livre possível de bactérias. Recomenda-se que a mamadeira seja abastecida e tampada dentro de uma hora após a esterilização. Se isso não for feito, deve-se esterilizar novamente.

Meu bebê vai se acostumar mais cedo a dormir a noite inteira se for alimentado com leite em pó? Muitos pais têm a falsa crença de que, se alimentarem o bebê com leite em pó, será mais fácil estabelecer uma rotina e ele passará mais cedo a dormir a noite inteira do que se for alimentado no peito. A realidade é que a alimentação com leite em pó, por si só, não torna o bebê mais contente e dorminhoco. A questão do sono surge com ambos os tipos de alimentação. Alguns pais optam por alimentar o bebê com mamadeira para que outras pessoas possam assumir a responsabilidade das mamadas noturnas, mas é possível conseguir isso na amamentação. Basta a mãe retirar o leite do peito nos horários por mim recomendados e esse leite ser oferecido por outra pessoa durante a noite. Outra crença é que bebês amamentados mantêm um elo mais profundo com a mãe. Não acredito que seja verdade. O bebê forma um forte elo com os pais desde o nascimento, e o método de alimentação não influi no desenvolvimento desse elo.

Posso misturar leite em pó e leite materno para dar ao bebê? Não há motivos para não fazer isso, embora o gosto possa parecer um pouco estranho, mas minha recomendação é sempre dar o leite do peito primeiro. Se os dois leites forem misturados, será uma pena se seu bebê não mamar toda a mamadeira, o que significa que o leite do peito será descartado com o leite em pó.

Como determinar o intervalo entre uma mamada e outra? O tempo deve ser computado a partir do começo da mamada e não do fim dela. Portanto, se você começar a alimentar o bebê às 7 horas e ele terminar de mamar às 8 horas, a próxima mamada será às 10 horas.

O que é alimentação mista? Defino alimentação mista quando o bebê estiver sendo alimentado tanto com leite do peito quanto com leite em pó. Há muitos motivos para adotar a alimentação mista. O mais importante é lembrar que uma pequena quantidade de leite materno é melhor do que nenhuma, portanto a alimentação mista é sempre incentivada antes de você abandonar de vez a amamentação.

Há diferentes combinações. Alguns pais dão leite retirado do peito e o leite em pó depois do leite do peito. Tenha cuidado, porque dar mais que o conteúdo de uma mamadeira por dia pode afetar o suprimento de leite. Além disso, o bebê pode começar a preferir a mamadeira e recusar o leite materno se lhe for oferecida mais de uma por dia. Se quiser dar mais de uma mamadeira por dia e continuar a amamentar no peito, consulte seu médico.

3

COISAS QUE AFETAM O SONO E A ACOMODAÇÃO PARA DORMIR

Muitos fatores afetam a maneira como seu bebê tranquiliza--se para dormir. Geralmente, quando há problemas de saúde que causem desconforto ao bebê, como gases, aftas ou sapinhos, assaduras ou constipação, será muito difícil, se não impossível, fazê-lo dormir. Além disso, se ele beber água em demasia, ficará faminto demais para dormir.

O REFUGO DO PEITO

Quando, de repente, um bebê refuga o peito, muitos pais ficam surpresos, perturbados e confusos com o que está acontecendo. Geralmente, as mães dizem que o bebê encaixa-se no seio, tenta sugá-lo, depois se afasta e chora. Às vezes, os motivos para isso são o fato de o bebê estar doente, outras vezes há, no quarto, coisas que distraem a criança durante a amamentação. Se seu bebê recusa o peito, a primeira coisa a tentar é passar para um aposento silencioso, até mesmo escurecido, e tentar de novo amamentar. Nunca tente obrigar seu bebê a pegar o peito, pois isso não ajudará e, além de afligir tanto a mãe quanto o bebê, poderá fazer com que o bebê nunca mais aceite a mama.

Às vezes, o refugo da mama ocorre vinte e quatro horas antes de a mãe ter sua primeira menstruação após o parto, com o bebê recusando-se a se alimentar por cerca de dezoito horas. Acredito que isso se deva a uma alteração no gosto do leite. Você saberá que é essa a razão para o refugo porque seu primeiro período menstrual virá vinte e quatro horas depois. O consolo é que essa situação parece não se repetir nas menstruações subsequentes. Entretanto, independentemente do motivo pelo qual seu bebê recusa-se a mamar no peito, você deve seguir as orientações a seguir.

Se isso acontecer quando o bebê tiver menos de 8 semanas, e ele se recusar a mamar por mais de doze horas, consulte um médico. Se o bebê tiver mais de 8 semanas, insista em oferecer a mama. Porém, se a recusa perdurar por mais de vinte e quatro horas, consulte um médico. Evite dar mamadeira de leite em pó, a menos que o médico prescreva. E, nos horários em que deveria estar amamentando, retire o leite do peito para manter a produção.

Um dos motivos para esse refugo pode ser o fato de a mãe estar tomando minipílula há seis semanas. Como a minipílula contém somente progesterona, acredita-se que não afete a produção do leite, mas desconfio que possa mudar o gosto dele devido às alterações hormonais provocadas pela minipílula. Nesse caso, aconselho as mães que querem continuar a amamentar a interromper o uso do medicamento. Geralmente, o bebê volta a mamar dentro de quarenta e oito horas. No entanto, se a mãe estiver tomando minipílula por mais de seis semanas, muitas vezes o bebê demorará para retomar o peito, e então o médico pode aconselhar o uso de leite em pó. O que pode ocorrer é o bebê acostumar-se rapidamente com a mamadeira e não querer retomar o peito. Esteja atenta a esse fato ao decidir tomar a minipílula.

FORMAÇÃO DE GASES

Esteja o bebê mamando no peito ou tomando mamadeira, é muito importante fazê-lo expelir o ar. A formação de gases é causada pelo fato de o bebê engolir ar enquanto está mamando e, quando esse ar acumula-se no estômago, ele pode ficar desconfortável, e alguns parecem sofrer mais do que outros.

Aconselho minhas clientes a começarem a retirar o ar do bebê a cada 30 ml ingeridos se o estiverem alimentando com mamadeira e a cada três minutos se ele estiver mamando no peito. À noite, observe a reação do bebê a essa prática. Caso ele não esteja agitado, vá aumentando a quantidade de leite que ele mama entre as retiradas de ar. Procure certificar-se de que todo o ar foi expelido e, após cada regurgitada, durante ou no final da mamada, tente dar ao bebê um pouco mais de leite.

Para expelir as bolhas de ar, endireite as costas do bebê o máximo possível. A maneira mais fácil de fazer isso é segurar o bebê no colo, com uma mão apoiando o queixo e as axilas, e dar tapinhas nas costas dele. Outra forma é deitar a cabeça e os braços dele no ombro e dar-lhe tapinhas ou esfregar-lhe as costas. Se não conseguir que ele arrote, deite-o por alguns momentos e retome o processo. Com a ajuda da gravidade, o arroto sai.

Se o ar não for retirado do bebê com a frequência necessária, poderá ser expelido com tanta rapidez que acabará trazendo junto um pouco de leite. Se isso se transformar num problema, tente retirar o ar com mais frequência. Bebês muito pequenos podem demorar até quinze minutos para arrotar, mas não desista até conseguir. Se você recompensar seu bebê por ter arrotado, colocando-o imediatamente no peito ou dando a ele a mamadeira, logo ele compreenderá o que você quer e irá arrotar mais rapidamente.

CÓLICAS

Embora os cientistas tenham conduzido muitas pesquisas sobre as cólicas, ainda não conseguiram chegar a uma conclusão definitiva nem provar que seja um problema de saúde. Quando digo cólica, refiro-me a um padrão de comportamento agitado e choro contínuo que ocorre com alguns bebês nos primeiros meses de vida. Segundo as estatísticas, um em cada cinco bebês sofre de cólica, e tanto faz se o bebê é alimentado no peito ou com mamadeira. Acredito que bebês colocados numa rotina estruturada conseguem contornar o efeito da cólica, e, se a rotina é seguida ao pé da letra, frequentemente, o choro desaparece dentro de vinte e quatro horas.

Os pais que me procuram em busca de ajuda descrevem um bebê que chora alto durante horas e também levanta as perninhas como se estivesse sentindo dores. Eu lhes explico que a cólica muitas vezes é provocada pela forma como alimentamos o bebê e retiramos o ar dele.

Vamos conceber o estômago do bebê com seis partes e imaginá-lo depois de cada refeição. Pense que seu bebê teve seu sono mais longo em um período de vinte e quatro horas, digamos que tenha dormido até as 6 horas. Nesse horário, ele recebeu a primeira alimentação do dia. Durante essa mamada, você retirou o ar dele algumas vezes, mas não o suficiente, embora não tenha percebido porque o bebê deu alguns grandes arrotos. Agora imagine que o estômago do bebê contenha um sexto de ar e cinco sextos de leite. Você acomoda o bebê e pensa que está tudo bem. Na próxima mamada, acontece a mesma coisa, mas, desta vez, o estômago tem dois sextos de ar e quatro sextos de leite. E assim por diante até a sexta mamada. O cérebro do bebê está lhe dizendo que ele está com fome, contudo, com o estômago com cinco sextos de ar, sobrou apenas um sexto para a comida. Você tenta alimentar um bebê faminto que chora, mas, após um minuto, ele não consegue colocar mais nada no estômago. Consequentemente, o bebê começa a chorar alto por dois motivos: primeiro, de fome, e segundo, por causa do acúmulo de gases.

A solução é retirar o bebê do peito a cada três minutos ou da mamadeira a cada 30 ml ingeridos para extrair os gases, o que pode resultar em choro se o bebê estiver com fome, porém uns poucos minutos de choro enquanto você retira os gases são melhores do que algumas horas de choro posteriormente. Aconselho os pais a não alimentar o bebê enquanto ele não arrotar e a aumentar o intervalo de tempo entre a retirada dos gases um pouquinho a cada dia. E, se a cólica voltar, o bebê precisará expelir o ar com mais frequência ainda.

Um fato comum entre os bebês que sofrem de cólica é que eles são alimentados mediante demanda, ou seja, quando pedem. Esse regime de alimentação muitas vezes faz com que o bebê receba mais uma refeição antes de ter digerido completamente a última mamada. Meu mantra é: os bebês precisam de uma rotina estruturada.

SOLUÇO

O soluço é normal em bebês, ocorrendo com frequência depois de uma mamada. Vejo isso como um sinal de que ele está saciado. E, diferentemente dos adultos, os soluços parecem não os incomodar. Se o soluço perturbar o bebê, tente dar-lhe um analgésico para dor de estômago.

REGURGITAÇÃO/PEQUENOS VÔMITOS

Alguns bebês devolvem um pouco do leite após cada mamada – isso é chamado de regurgitação. Como já foi mencionado antes, a causa disso é a não eliminação devida do ar durante ou após a amamentação. O ar em excesso é expelido tão rapidamente que, antes dele, o bebê expele um pouco de leite, às vezes até um vômito em golfadas. A forma de diminuir ou fazer parar a regurgitação é prestar mais atenção na eliminação do ar pelo bebê.

A regurgitação pode dar a impressão de que uma considerável quantidade de leite foi devolvida, até mesmo de que toda a mamada foi expelida, mas não é tanto quanto parece. Caso isso aconteça ocasionalmente, e seu bebê continue ganhando peso, não haverá motivo para preocupação.

Todavia, se a criança não estiver ganhando peso, e a regurgitação for muito frequente, poderá estar sofrendo de um problema de saúde chamado refluxo e deverá ser examinada por um pediatra.

Dica – Se um bebê de qualquer idade regurgitar todo o leite de duas mamadas seguidas, leve-o ao médico imediatamente.

REFLUXO GASTROESOFÁGICO

Frequentemente mencionado simplesmente como refluxo, essa condição afeta muitos bebês, mas na maioria das vezes não é diagnosticada. Isso acontece porque o músculo do esfíncter gastroesofágico, o músculo que permite que o alimento entre no estômago e não volte para o esôfago, é fraco. Todos os bebês nascem com o músculo do esfíncter fraco, e, como consequência, muitos apresentam refluxo. Isso é perfeitamente normal e não será motivo de apreensão se o bebê parecer feliz e estiver ganhando peso. Já para alguns bebês é desconfortável, e muitos deles têm arrotos dolorosos, sofrendo da mesma forma que um adulto sofreria com azia.

Os sintomas do refluxo não são os mesmos em todos os bebês, o que torna seu diagnóstico difícil. Em alguns casos, a criança não apenas sofre de azia como também regurgita um pouco ou muito do leite após uma mamada. Noutros casos, o refluxo é "silencioso" e difícil de diagnosticar, porque não há regurgitação com arroto.

Nos casos muito graves, a parte inferior do esôfago inflama e, se não for tratada, pode haver inflamação e úlceras no órgão que comumente formam cicatrizes, cuja consequência é a dificuldade para engolir.

As crianças que sofrem desse problema têm dificuldade para se alimentar, arqueiam constantemente as costas e choram alto durante e após uma mamada.

Se perceber que seu bebê tem refluxo, consulte um pediatra. A maioria dos bebês com refluxo para de sofrer quando completa um ano, e muito poucos necessitam da intervenção de um médico.

Como ajudar um bebê que sofre de refluxo

- Durante a amamentação, mantenha o bebê ereto, pois a força da gravidade ajuda a evitar a regurgitação.
- Faça a criança arrotar com frequência durante a amamentação.
- Erga a cabeceira do berço (usando um livro, por exemplo) para que a cabeça da criança fique numa posição mais alta que os pés. Coloque o bebê no berço deitado de costas.
- Na hora de trocar as fraldas, evite levantar as perninhas do bebê. Em vez disso, ponha a criança deitada de lado.
- Se o bebê tiver mais de 8 semanas, não faça um intervalo de mais de quatro horas entre as mamadas.

Há remédios que ajudam, mas precisam ser prescritos por um médico.

Diagnóstico errado do refluxo

O termo "refluxo" tem surgido cada vez com mais frequência e parece estar substituindo "cólica" como a palavra da moda usada para descrever o cenário comum de um bebê que chora durante horas, geralmente à noite. Primeiramente, deixe-me dizer que esse refluxo realmente ocorre em bebês e em todos os seres humanos. O *Oxford English Dictionary* define refluxo simplesmente como "fluxo às avessas", portanto, em uma criança pequena, geralmente se refere ao fluxo inverso do alimento contido no estômago. O refluxo pode irritar o esôfago, e o bebê comunica esse desconforto da única maneira que sabe – chorando. O refluxo genuíno pode ser causado por várias fatores, entre eles alergia ao leite e seus derivados e algumas outras formas de sensibilidade, e, se persistir, deverá ser tratado. Mas minha experiência diz que existe uma forma mais fácil. Usualmente é possível tratar alguns supostos casos de refluxo simplesmente colocando o bebê numa boa rotina.

Os médicos e especialistas em saúde infantil costumam dar de ombros e sugerir que o bebê há de ter cólicas quando os pais frustrados de uma criança inquieta buscam uma opinião médica para o choro constante dela. A descrição, que é uma saída fácil para a condição de um bebê insone que tem cólicas, costumava servir, como agora parece servir o refluxo, assim como a obsessão com as chamadas "alergias ao leite e seus derivados".

Quando clientes dizem que seu bebê tem refluxo e não dorme por longos períodos de tempo, minha primeira reação é tratar a situação da mesma forma que eu trataria a cólica. Sugiro que eles experimentem meu método de alimentação e de sono e a rotina diária adequada, antes de se convencerem da necessidade de tratar refluxo ou alergias. Se isso não funciona, então sugiro consulta com um pediatra.

Quanto à cólica, acredito que a causa do refluxo frequentemente é a forma como os bebês são alimentados e como são eliminados os gases. Se um bebê não dá um bom arroto depois de cada mamada, os gases acumulam-se no estômago e criam uma bolha que mais alimento não vai substituir. Caso parte dessa bolha gasosa seja expelida aos borbotões, frequentemente trará consigo conteúdos líquidos. Em tal situação, cada mamada introduz menos leite no organismo e acrescenta mais ar à bolha à medida que o dia avança. Mesmo quando o bebê dá um ou dois bons arrotos depois de cada mamada, se a bolha toda não tiver sido expelida, ela reduzirá o espaço disponível para mais alimento. Ao final do dia, não vai demorar muito para que um bebê faminto e choroso não consiga mais absorver alimento. Isso acontece porque a bolha de gás está tomando a maior parte do espaço disponível no estômago. E o choro começa por dois motivos – primeiro, o bebê está com fome, e segundo, o acúmulo de gases é desconfortável.

Tudo de que um bebê precisa é uma rotina de alimentação e sono bem definida e testada, prestando-se muita atenção ao arroto durante e após a mamadeira ou mamada no peito (um arroto a cada três minutos, se estiver sendo aleitado, ou um arroto a cada 30 ml ingeridos, caso esteja usando mamadeira). Às vezes, leva alguns minutos para o bebê arrotar, mas a maioria dos pais concorda que é melhor alguns minutos de choro enquanto o bebê expele os gases do que horas de choro mais tarde. Não continue alimentando o bebê até que ele arrote ou até ter certeza de que não sobrou nada para expelir.

Outra causa comum do choro constante que pode ser diagnosticada como cólica ou refluxo é o fato de alimentar o bebê segundo a livre demanda. Alimentar o bebê sempre que ele chora costuma fazer com que receba a próxima refeição antes que a anterior tenha sido completamente digerida. Acredito que um bebê alimentado com muita frequência no peito pode desenvolver refluxo porque está recebendo muito do primeiro leite, que é mais aguado. Mais uma vez, o segredo é ater-se à rotina. Não ceda às exigências e protestos do bebê, simplesmente conserve os horários programados de alimentação. Descobri que, em 99% dos casos, alimentar o bebê segundo um horário consistente ensina-o a mamar até se saciar em cada mamada. A rotina também permite tempo suficiente para que ele digira suas refeições completamente e elimine todo o gás do estômago. A quantidade de leite materno ou da mamadeira preparada a partir de leite em pó pode variar de acordo com o bebê em cada mamada, mas, pela minha experiência, eles geralmente gostam dos intervalos sugeridos na minha rotina.

Um bebê satisfeito com seu padrão de alimentação terá mais tempo e energia para se concentrar no seu segundo instinto primordial nesse estágio da vida, que é dormir profundamente o máximo de tempo possível. A alimentação e o sono são complementares. Independente do fato de lhe dizerem que seu bebê está sofrendo com cólicas ou refluxo, uma vez que você estabeleça a rotina corretamente, ensinando-o a se estabilizar e se aquietar para dormir, será muito mais fácil.

PRISÃO DE VENTRE

É perfeitamente normal que um bebê amamentado no peito suje menos fraldas que aquele que se alimenta de leite em pó. Isso acontece porque o leite materno é tão bem digerido que não sobra muito para formar as fezes. Alguns bebês com mais de 3 meses passam até quatro dias sem evacuar, porém não se preocupe se ele parecer confortável e suas fezes forem moles. Considera-se que um bebê está com prisão de ventre quando ele passa mais de sete dias sem evacuar, e, quando evacua, as fezes expelidas são duras e em formato de bolinhas. Alguns bebês alimentados com mamadeira de leite em pó evacuam a cada mamada, e isso não é motivo de cuidados. Tenho visto bebês alimentados na mamadeira, que só recebem uma quantidade de leite determinada a cada mamada, sofrer de prisão de ventre. Nesses casos, aumentando a quantidade de leite, a constipação passa.

Nos bebês com até 3 meses, a prisão de ventre é uma raridade, mesmo para aqueles alimentados com mamadeira. Alguns bebês grunhem e se retorcem a cada movimento, mas isso não necessariamente significa que estejam com prisão de ventre. Se um recém-nascido evacua apenas uma vez ao dia, mesmo que seja um cocô ligeiramente duro, isso não é categorizado como prisão de ventre; no entanto, se o bebê evacua cocô duro com menor frequência que uma vez ao dia, geralmente isso é considerado prisão de ventre.

No caso de bebês maiores que já foram iniciados numa dieta de sólidos, os sintomas da prisão de ventre são irritabilidade, dores abdominais, desconforto gástrico, abdome endurecido que amolece após os movimentos intestinais, fezes com resquícios de sangue (geralmente devido a fissuras retais causadas pela passagem do cocô duro) ou fezes duras em formato de bolinhas.

Se o bebê realmente parecer constipado, ofereça a ele até 30 ml de água fervida e esfriada entre as refeições de leite. Caso isso não faça nenhuma diferença, experimente acrescentar uma colher de chá de açúcar mascavo à água. Se ele estiver numa dieta de sólidos e constipado, dê-lhe 60 ml de suco de ameixa. E, caso a prisão de ventre ainda não melhore com esses remédios caseiros, entre em contato com um médico.

Descobri que em bebês ainda alimentados somente com leite e naqueles alimentados com sólidos, a prisão de ventre pode ser um sinal de que estão com fome, pois não estão recebendo alimento suficiente para fazer funcionar o intestino. Antes de tentar os remédios caseiros já mencionados, certifique-se de que está alimentando o bebê até o saciar. Se você estiver aleitando, ofereça as duas mamas em cada mamada. Caso o bebê esteja mamando na mamadeira, não dê a ele apenas uma quantidade predefinida, e sim ofereça uma quantidade maior, de forma que sempre reste um pouco de leite na mamadeira ao final da mamada. Se o bebê esvaziar a mamadeira, disponibilize sempre um pouco de leite a mais. Caso ele esteja se alimentando com sólidos, ofereça dois pratos diferentes em cada horário de refeição, três vezes por dia, uma vez estabelecida a rotina.

Há casos raros em que a criança tem o músculo do esfíncter anal apertado. Esse bebê chora muito e se contorce a cada movimento intestinal como se estivesse com prisão de ventre, mas, quando evacua, as fezes são amolecidas. Se achar que o problema é mesmo prisão de ventre, consulte um pediatra.

SAPINHO

Sapinho é uma infecção provocada por um germe da levedura chamado cândida. É muito comum tanto no bebê quanto na mãe, principalmente se um deles estiver tomando antibióticos. Em bebês, o sapinho é mais encontrado na boca, mas pode ser encontrado também na vagina e em torno do bumbum, sendo igualmente comum em meninos e meninas. Se seu bebê tiver sapinho na boca (cuja denominação é candidíase oral), ficará sensível e dolorido e, de repente, poderá não querer se alimentar. A boca de um bebê com sapinho fica com um tom vermelho vivo, surgindo manchas brancas ou uma camada branca na língua.

Algumas mães contraem sapinho nos mamilos, que incham e adquirem um tom rosado. Se o sapinho disseminar-se para os dutos mamários, isso provocará dores lancinantes nas mamas

O sapinho é facilmente transmissível entre a mãe e o bebê e também passa para outros membros da família. É melhor tratar todos os membros da família que estão com sapinho ao mesmo tempo para que não haja contágio. Mesmo com sapinho, você pode continuar amamentando, mas lembre-se de prestar ainda mais atenção à higiene, esterilizando tudo que entra em contato com a boca do bebê, inclusive as mamas. Evite o uso de chupetas enquanto seu bebê estiver com sapinho.

ERUPÇÕES CUTÂNEAS CAUSADAS PELAS FRALDAS

Erupções cutâneas são problemas muito comuns em bebês. Às vezes, a região da fralda está infectada com sapinho ou afetada por dermatite, entretanto, na maioria dos casos, a pele está danificada por ação da umidade.

Você sabia que o bebê urina com muita frequência em quantidades muito pequenas, às vezes até a cada quinze minutos? O resultado disso é que a pele dele na área coberta pela fralda fica úmida durante boa parte do dia, motivo pelo qual você precisa prestar especial atenção ao bumbum do bebê.

As fraldas descartáveis ajudam muito na absorção da umidade da pele do bebê, mas nem todas. As fraldas de tecido devem ser trocadas 12 vezes num período de vinte e quatro horas, enquanto as descartáveis devem ser trocadas seis vezes no mesmo período. As fraldas de tecido devem ser trocadas com maior frequência, se possível antes e depois de cada mamada. Sempre troque a fralda caso o bebê evacue, mesmo que seja pouco, porque as fezes podem queimar a pele dele. Contudo, mesmo com todo o cuidado intensivo, alguns bebês têm erupções cutâneas. Use uma pomada apropriada a cada troca de fraldas para proteger a pele da umidade, tornando-a menos propensa a erupções.

Lave as fraldas com sabão em pedra puro, e não com sabão em pó, enxaguando-as muito bem.

Se você já tentou tudo, e, ainda assim, as erupções não desapareceram, consulte um médico.

PERGUNTAS COMUNS

Por que as fezes do meu filho estão verdes? A primeira evacuação do bebê é esverdeada e viscosa (chamada de mecônio) e, depois disso, será mais mole e amarelada. Nos bebês que são amamentados, as fezes são fluidas, enquanto nos que tomam mamadeira, a cor depende do que a mãe come. Uma vez estabelecida a alimentação, a cor das fezes estabiliza-se. Muitos pais perguntam-me sobre as fezes esverdeadas, mas ainda estou tentando encontrar uma razão para isso! O que posso dizer é que as fezes esverdeadas vêm e vão embora sem causar nenhum problema perceptível; portanto, se seu nenê estiver se alimentando bem e ganhando peso, não se preocupe com isso. Caso as fezes sejam muito líquidas, converse com um médico para descartar a possibilidade de uma infecção. Se encontrar vestígios de sangue nas fezes, também deverá consultar um médico.

Meu médico acha que meu filho tem refluxo. Como posso ter certeza de que não é algum outro problema? Tente manter seu bebê na minha rotina e certifique-se de que ele se aquieta sozinho. Se você está seguindo a rotina, e seu filhinho está dormindo e alimentando-se nos horários corretos, e ainda assim os sintomas de refluxo persistem, é muito provável que ele esteja sofrendo de uma forma de refluxo. Entretanto, caso todos esses sintomas sumam, você saberá que não é refluxo.

Meu nenê costuma cair no sono enquanto mama. O que devo fazer? Se ele cochilar antes de ingerir leite suficiente que dure até a próxima mamada, você terá problemas caso tente seguir a rotina. Nesse caso, troque a fralda e tire algumas das roupas, pois o ar frio talvez o desperte. Você pode, também, deitar a criança um pouco para descansar por dez minutos e depois tentar aleitá-la novamente.

Como saber se meu bebê já expeliu todos os gases? A verdade é que você saberá. Como as coisas podem ser diferentes de bebê para bebê, é um caso de tentativa e erro. Se ele se mostrar inquieto à noite ou regurgitar em demasia, tente expelir mais gases, mas, caso se mostre satisfeito, e você sinta que está passando o dia inteiro retirando gases, reduza a retirada do ar. Se isso não fizer diferença para o estado dele, então diminua ainda mais a retirada do ar. O importante é conhecer bem seu bebê.

4

DORMINDO E ACOMO--DANDO-SE PARA DORMIR

Aprender a dormir sozinho por longos períodos é uma das primeiras habilidades que você precisa ensinar a seu bebê, porém uma em cada três crianças com menos de 5 anos não sabe fazer isso, e, dessas, 30% têm sérios problemas de sono. Você sabia que os adultos quando muito cansados tendem a desacelerar, e uma criança ou bebê cansado comporta-se de forma oposta, mostrando-se mais agitado e hiperativo?

A tabela a seguir apresenta uma média de horas de sono de que cada nenê necessita. Alguns bebês dormem muito mais do que as médias apresentadas, e outros, muito menos.

HORAS DE SONO NECESSÁRIAS PARA O BEBÊ

Idade	Nº total de horas de sono em 24 horas	Nº total de horas de sono à noite	Nº total de horas de sono durante o dia	Nº de dormidas e sonecas diurnas
Recém-nascido	15-17	10-11 horas em blocos de 2-5 horas	5-6	3-5
4 semanas	15-17	10-11 horas (intercaladas por mamadas)	5-6	3-4
3 meses	16 horas e 45 minutos	12 horas (intercaladas por mamadas)	4 horas e 45 minutos	2 dormidas e 1 soneca

Idade	N.º total de horas de sono em 24 horas	N.º total de horas de sono à noite	N.º total de horas de sono durante o dia	N.º de dormidas e sonecas diurnas
5 meses	16 horas e 20 minutos	12 horas (intercaladas por mamadas e mais uma mamada no meio da noite)	4 horas e 20 minutos	2 dormidas e 1 soneca
7 meses	16	12	4	2
9 meses	15	12	3	2 dormidas (ou 1 dormida mais longa e 1 soneca)
12 meses	14 horas e 30 minutos	12	2 horas e 15 minutos	1 (ou 1 dormida mais longa e 1 soneca)
18 meses	14 horas e 15 minutos	12	2 horas e 15 minutos	1
2 anos	14	12	2	1
3 anos	13	12	1	1 soneca

Uma dormida é quando a criança dorme por mais de um ciclo de sono (geralmente mais de quarenta minutos), enquanto uma soneca é um ciclo de sono ou menos.

RITUAIS PARA A HORA DE DORMIR

Como tenho dito repetidas vezes, os bebês gostam de saber o que vai acontecer a seguir e quando. Um hábito muito importante que você pode estabelecer para um bebê a partir dos 7 meses é um ritual para ir para a cama que dará a ele nítidos sinais de que está quase na hora de dormir. É comum os bebês ficarem muito contrariados quando você os coloca na cama, como se sentissem traídos, e, para mim, isso ocorre porque eles não estão a par do que está prestes a acontecer.

Portanto é importante assegurar-se de que seu bebê esteja totalmente acordado quando você o deitar na cama para dormir.

Se a criança começar a atingir aquele estágio em que os olhos pesam e estiver pegando no sono durante o seu ritual, talvez você esteja ajudando-a a dormir, o que pode levá-la a começar a despertar no meio da noite. Isso ocorre porque ela aprendeu a usar o ritual para dormir, em vez de o ritual simplesmente indicar que é a hora de dormir. Consequentemente, quando acorda no meio da noite, quer a mesma ajuda para se reacomodar.

Se a criança começar a acordar durante a noite, você deverá modificar o ritual da hora de dormir para que ela esteja totalmente acordada quando a deixa no quarto. Algumas coisas que você pode fazer é ler duas histórias no sofá e uma pequena história na cama ou, então, escovar os dentes dela imediatamente antes da hora de dormir. Uma boa ideia também é dar-lhe seu leite pelo menos dez a quinze minutos antes de ela ir para o berço.

Os indícios de que está se aproximando a hora de dormir podem variar. Alguns pais começam lendo uma historinha e depois dão boa-noite aos brinquedos favoritos do bebê; outros pulam a historinha e partem para as despedidas de boa noite. Conheço um garotinho que passa uns dez minutos dando boa-noite para os carros estacionados na rua antes de a mãe fechar as cortinas para a noite. No caso de bebês bem pequenos, esse sinal poderá ser um simples banho ou o fato de enfaixar a criança. Seja qual for o sinal, deve ser dado todas as vezes em que se colocar o bebê no berço.

O banho do bebê

Na primeira semana, ou então até que a ponta do cordão umbilical caia e a área seja higienizada, é melhor dar banho no bebê dos pés à cabeça usando uma esponja ou um lencinho embebido em água morna. Primeiro, lave o rosto e as mãos dele e, por último, a virilha, que também deve ser lavada sempre que trocar a fralda.

Depois que o cordão umbilical secou e caiu, e a região cicatrizou, você pode começar a dar banhos de verdade no bebê. Enquanto o recém-nascido for muito pequeno, utilize uma banheira de plástico própria para recém-nascidos, em vez de uma banheira tamanho padrão. Alguns pais decidem banhar seu bebê diariamente, tornando o banho parte da rotina diária, mas isso não é indispensável, pois, quando a criança começar a engatinhar por toda parte, provavelmente você não terá escolha a não ser banhá-la todos os dias. O bebê pode tomar um chuveirada com você ou com seu parceiro, mas essa prática só é aconselhável quando conduzida por duas pessoas.

O primeiro banho de verdade no bebê pode ser assustador. Manusear uma criaturinha molhada e ensaboada que se contorce toda exige prática e confiança, para se ficar calmo e segurar o bebê com firmeza. Há bebês que acham a água morna reconfortante. Se for assim, dê um banho mais demorado. Já outros choram durante todo o tempo do banho ou quando são postos na água ou retirados dela. Não deixe a água do banho esfriar e, para ajudar o bebê a se sentir seguro, coloque um paninho úmido sobre seu estômago.

O primeiro banho

- Primeiramente, pegue tudo de que precisa: um sabonete suave, bolinhas de algodão, toalha, fralda e roupinhas.
- Encha dois terços da banheira com água morna, verificando cuidadosamente a temperatura com o cotovelo. A temperatura não deve ultrapassar 38°C, senão o bebê poderá sofrer queimaduras de terceiro grau caso a água chegue aos 60°C.
- O quarto deve estar aquecido para que você e seu bebê tenham uma boa experiência, enquanto um aposento frio pode dar um choque no recém-nascido. Leve o bebê vestido para a área do banho e dispa-o completamente ali.
- Coloque o bebê dentro da banheira aos poucos, começando pelos pés, apoiando a cabeça e o pescoço com as mãos. Vá despejando a água sobre o bebê a intervalos regulares usando uma xícara cheia, por exemplo, de forma que ele não passe muito frio.
- Para limpá-lo, utilize apenas água ou um pedacinho de sabonete suave próprio para bebês. Com as mãos ou um lencinho, lave-o da cabeça aos pés, frente e costas. Quando ele estiver acostumado a tomar banho regularmente, um bom hábito a ser adotado é lavar o rosto e os cabelos sobre a banheira antes de mergulhá-lo nela. Para limpar o rosto e os olhos, use bolinhas de algodão umedecidas. Se um muco seco acumular-se no canto das narinas ou dos olhos, dê

palmadinhas suaves várias vezes para amolecê-lo antes de remover. Lave o couro cabeludo com um lencinho molhado e ensaboado.

- Enxágue o bebê totalmente, retirando-o da banheira apoiando com uma mão o pescoço e a cabeça e com a outra segurando o bumbum. Lembre-se de que um bebê molhado pode escorregar facilmente das mãos.
- Envolva o bebê numa toalha e dê tapinhas para secá-lo. Se a pele dele for seca, será conveniente aplicar uma loção ou creme hidratante após o banho. Depois, coloque a fralda e vista-o.

Dicas

- Nunca deixe o bebê sozinho durante o banho, nem mesmo por um segundo. Caso a campainha da porta ou o telefone toque, e você precise atender, enrole o bebê numa toalha e leve-o junto.
- Nunca coloque o bebê na banheira com a torneira aberta.

ENVOLVER O BEBÊ EM CUEIROS

É normal que os bebês façam movimentos bruscos quando estão cansados e tentando cair no sono – isso é causado pelo reflexo de sobressalto, que persiste até os 3 ou 4 meses. Por isso, sempre recomendo que o bebê seja envolvido em cueiros. Acredito que os bebês enfaixados acomodam-se mais rapidamente por dois motivos. Primeiro, os recém-nascidos vêm de um ambiente confinado (o útero), onde têm pouco espaço para se movimentar, assim, quando enfaixados em cueiros, sentem-se como se estivessem sendo segurados com firmeza. Segundo, os movimentos abruptos do bebê podem acordá-lo ou assustá-lo. Os bebês não têm muita consciência de si mesmos. Quando estão muito cansados, eles não gostam de ser enfaixados, por isso mesmo sinto que essa prática é ainda mais importante para levá-los a dormir melhor.

Existem muitas formas de enfaixar o bebê, e, para os pais de primeira viagem, pode ser muito assustador aprender a envolver o bebê em cueiros.

Recomendo que o bebê seja enrolado num cueiro quadrado de 120 centímetros feito de algodão com elastano. Para envolver o bebê, dobre uma das pontas do quadrado de maneira a formar um triângulo. Posicione-o com a cabeça fora da ponta dobrada e com os pés apontando para o canto oposto, certificando-se de que os ombros fiquem debaixo da ponta dobrada. Coloque o braço direito ao longo do corpo e passe o canto esquerdo do triângulo sobre o bebê, prendendo firmemente debaixo do bumbum. Posicione o braço esquerdo ao longo do corpo e passe o canto direito do triângulo sobre o bebê, fixando-o também debaixo do bumbum.

O fato de enfaixar o bebê reduz o risco de síndrome da morte súbita porque ajuda a manter a criança deitada de costas numa posição segura. Minha recomendação é que o bebê seja enfaixado até ao menos 6 meses de idade ou se você notar que ele está tentando rolar no berço mesmo enfaixado. Alguns bebês só tentam rolar enfaixados após os 10 meses. Seu bebê vai rolar para fora do berço bem antes disso, mas você só precisará remover o cueiro quando ele mostrar sinais de que está tentando rolar na cama mesmo enfaixado.

Se estiver seguindo minhas rotinas, o bebê sentir-se-á seguro e protegido, portanto você não terá problemas para abandonar o cueiro. Sugiro que, assim que o bebê tentar rolar na cama enfaixado, tire o cueiro no sono da manhã seguinte. Se você seguir meus conselhos sobre o consolo da página 84 e manter seu bebê num saco de dormir seguro conforme recomendado, ele fará essa transição sem protestos.

Mas, caso seu bebê não esteja seguindo uma boa rotina, eu recomendo enfaixá-lo em cueiros até ao menos os 4 meses ou, então, quando ele começar a se agitar mais quando estiver acordado. Essa transição precisa ser lenta porque seu bebê não se sentirá seguro e protegido como outro que segue uma rotina, e o abandono repentino do cueiro poderá causar problemas. Se você pretende retirar o bebê dos cueiros de forma gradual, precisa fazer isso bem antes que haja risco para a segurança dele, pois, caso espere para fazê-lo depois dos 4 meses, ele poderá enredar-se no cueiro ou ser coberto por ele.

Para desabituar do cueiro um bebê que não segue minha rotina, comece tirando um braço do cueiro por três noites e depois o outro também por três noites. A seguir, enrole o cueiro em torno da cintura do bebê por três noites, e, finalmente, retire-o completamente. Ao remover o cueiro do bebê, recomendo que altere o *tog* (a medida de resistência térmica) do saco de dormir. Aconselho que coloque o cueiro no bebê por cima de um saco de dormir com 1 tog e, quando remover o cueiro, mude para um saco de dormir de 2,5 tog. Isso significa que não vai precisar ajustar as roupas de cama que está usando por cima do saco de dormir.

AJUDAS PARA DORMIR

A diferença entre o que eu chamo de consolo (veja página 84) e "ajuda para dormir" pode confundir o leitor, porque, na essência, ambos têm a finalidade de ajudar a dormir, mas funcionam de forma bastante diferente. Ajudas para dormir como embalar, dar tapinhas nas costas, alimentar ou dar uma chupeta ao bebê na hora de dormir, todas requerem nossa atenção e podem se tornar um problema por essa razão. Entretanto algo que forneça conforto e que a criança possa encontrar por si mesma, quando acorda no meio da noite ou entre um ciclo de sono e outro, pode ser o melhor amigo dos pais.

Usar ou não chupeta?

O uso da chupeta tem vantagens e desvantagens, e essa decisão cabe aos pais, que precisam avaliar o que pesa mais individualmente. O que posso fazer é explicar em quais oportunidades recomendo o uso controlado da chupeta e por quê.

Costumo chamar a chupeta de "extensor" porque a utilizo para estender o bebê quando estou colocando-o numa nova rotina. Considero ideal esse uso controlado da chupeta quando se quer passar um bebê de uma rotina para outra. Há outras duas situações nas quais concordo com pais e profissionais que defendem o uso controlado da chupeta. A primeira é dar a chupeta para bebês prematuros que estão no hospital, com isso os ajudando a desenvolver o reflexo da sucção. A segunda é quando os pais de um bebê que chupa o dedo preferem dar-lhe uma chupeta, pois assim será mais fácil para ele abandonar a chupeta do que o hábito de chupar dedo. Uma chupeta pode ser jogada no lixo ou dada a Papai Noel, enquanto o dedo não.

Segundo minha experiência, a chupeta provoca problemas de sono. Sessenta por cento dos pais que me procuram contando que seu bebê acorda a cada duas horas durante a noite e cochila durante o dia estão dando uma chupeta à criança para auxiliá-la a pegar no sono. Outros 10% lançam mão de outras ajudas, como embalar o bebê, dar-lhe tapinhas nas costas ou alimentá-lo.

Há sete motivos pelos quais um bebê que suga chupeta acorda com mais frequência do que aquele que não a usa.

- Um bebê que usa chupeta encontra mais dificuldade para atingir um sono profundo, já que o seu sugar intermitente perturba seu padrão de sono. Os bebês precisam dormir para crescer e ganhar peso, e um bebê supercansado beberá menos leite porque associa o ato de sugar com cair no sono e, assim, não sugará a mamadeira nem o peito caso comece a dormir. Frequentemente, o hábito de sugar o peito ou a mamadeira até adormecer e depois parar e chorar alto é confundido com refluxo.
- Um bebê que vai dormir chupando uma chupeta acorda na expectativa de continuar sugando, mas, se a chupeta tiver caído, gritará para que você venha recolocá-la. Infelizmente o que acontece é que, até você repor a chupeta, o bebê poderá estar tão desperto que será difícil fazê-lo dormir novamente.
- O sugar constante pode levar o corpo do bebê a pensar que a próxima refeição está chegando, fazendo com que ele digira o leite muito depressa e sinta mais fome do que um bebê sem chupeta.
- O ato de sugar pode ser um esforço árduo para alguns bebês. Quando um bebê se dá conta de que não está sendo recompensado com comida pelo esforço, pode parar de relacionar o ato de sugar com a alimentação e, como consequência, recusar-se a sugar quando lhe for oferecido o peito ou a mamadeira.
- O uso da chupeta pode interferir no desenvolvimento da fala. Se você observar um bebê satisfeito deitado no berço, ele estará olhando em volta e balbuciando. Essa é a primeira tentativa que o bebê faz para falar; entretanto, se ele estiver sugando uma chupeta, estará mais concentrado em sugar do que em ficar olhando em volta e balbuciando. Preste

atenção no que diz o rótulo das chupetas, pois muitos fabricantes advertem que nunca se deve deixar um bebê sozinho chupando uma chupeta porque ele pode mastigar a parte de cima, engasgar-se ou engolir a chupeta.

- Bebês que chupam chupeta correm maior risco de contrair uma infecção nos ouvidos, que resulta em febre alta e na necessidade de serem medicados com antibióticos, ambos causadores de efeitos colaterais.
- A chupeta pode disfarçar outros problemas. Quando o bebê está chorando e não se aquieta, geralmente existe uma razão para isso, mas, se lhe derem uma chupeta, fica difícil determinar a causa desse comportamento. É comum acontecer de um bebê terminar de mamar, e os pais colocarem a chupeta na sua boca imediatamente por ele estar agitado. Contudo, pode ser que o bebê esteja chorando porque quer mais leite ou precisa que lhe retirem os gases.

Algumas pesquisas sugerem que a chupeta diminui o risco da síndrome da morte súbita, mas, para mim, os problemas associados ao uso dela pesam mais do que seus possíveis benefícios.

Na minha opinião, a atitude mais importante que você pode ensinar a um bebê é acomodar-se sozinho, permitindo que passe de um ciclo de sono para o próximo sem sua ajuda nem a ajuda de uma chupeta para se reacomodar. Desestimular a dependência de qualquer ajuda na hora de dormir pode ser difícil de início, no entanto vale a pena a longo prazo.

Dica – Antes de dar uma chupeta a um bebê chorão, certifique-se de que não há nada de errado com ele, já que o uso da chupeta pode mascarar um problema.

Consolo

Um consolo é o que eu chamo de ajuda boa, algo que o bebê usa para pegar no sono, mas de que ele não precisa entre ciclos de sono. Todos os bebês usam algum tipo de ajuda para se consolar antes de dormir; todavia, a menos que os pais tenham eles mesmos introduzido a ajuda, os bebês geralmente não sabem o que é (com exceção de chupar o polegar). O consolo escolhido espontaneamente pelo bebê é algo que ele pode segurar, esfregar ou brincar de esconde-esconde com os lençóis e cobertores. Às vezes, ele pode escolher um consolo um pouco mais complicado. Já conheci bebês que brincam com as grades do seu berço antes de cair no sono, o que pode ser problemático quando precisarem dormir num berço tipo moisés ou em qualquer lugar longe das amadas barras do seu berço. Outro consolo é brincar com as etiquetas da roupa de cama ou da sua própria roupa.

A história de Luke

Até 10 meses de idade, Luke dormiu bem, tendo sido iniciado nas minhas rotinas com 5 semanas. Quando tinha 10 semanas, começou a dormir a noite inteira e, desde então, continuou assim todas as noites. Mas, repentinamente, começou a encontrar dificuldade para pegar no sono e, quando dormia, acordava várias vezes no meio da noite chorando alto. Prestei consultoria aos pais de Luke por telefone várias vezes; entretanto, como não conseguimos solucionar o problema, a única saída foi visitar a família.

Depois que Luke foi posto na cama, entrei sorrateiramente engatinhando no quarto dele, para observá-lo. A princípio, as coisas pareciam bem, ele estava deitado como se estivesse pronto para cair no sono. Observei que fazia movimentos estranhos com as mãos, estendendo os dedinhos para baixo como se quisesse arranhar o punho, e depois ficava frustrado e começava a chorar. Não era o choro de um bebê que combatia o sono, mas sim de um genuinamente contrariado. Peguei-o no colo e conversei com os pais. Após alguns minutos de conversa, percebemos que ele estava procurando as mangas do seu pijaminha de inverno; porém, como agora estava usando um pijama de verão com mangas curtas, não conseguia encontrá-las. Então, ficou claro qual era o problema de Luke. Vestimos um pijama de mangas longas nele, e logo ele começou a dormir a noite inteira novamente.

A história de Luke é um caso evidente de um bebê que estava se confortando para dormir com uma ajuda da qual seus pais não tinham conhecimento. Esse exemplo ensina que é melhor os pais escolherem o consolo para o bebê, assim ficam sabendo de que se trata. Esse consolo pode ser qualquer coisa, desde que seja seguro quando a criança estiver no berço.

A escolha de um consolo

Ao escolher o consolo do bebê, devemos estar atentos a algumas coisas.

- Certifique-se de que, se o consolo cobrir seu rostinho, ele possa continuar respirando. Sugiro lenços quadrados de algodão.
- Procure um consolo que o bebê não consiga enrolar em torno do pescoço. Um quadrado de 35 centímetros é um bom tamanho.
- Brinquedos de pelúcia não são a mesma coisa que consolos.
- Evite aqueles com enchimento de feijões e também os com pelos longos que possam ser arrancados e inalados acidentalmente. Puxe levemente um dos pelos para saber se pode ser arrancado com facilidade. Há empresas especializadas na confecção de consolos para bebê.
- O ideal é ter mais de um consolo que seja lavável na máquina, assim você pode alternar, pois, quando lavar um, terá outro de reserva.

Truques na escolha do consolo

Existem alguns truques para apresentar um consolo para seu bebê. Comece colocando o brinquedo em cima do bebê por algumas horas (experimente um ursinho de pelúcia) para permitir que o cheirinho do bebê infiltre-se nele. Depois posicione o consolo no berço ao lado do rosto do bebê, para que ele possa se virar e segurá-lo. É incrível ver o bebê encontrar conforto no seu consolo.

Segundo minhas experiências, os bebês que têm consolos são muito mais contentes e avançam com mais segurança na direção de certas evoluções da sua vida. Por exemplo, quando os bebês têm cerca de 9 meses, ficam muito grudados na mãe porque é quando se dão conta de que são indivíduos, e não parte dela. Nesse estágio, o consolo parece ajudar nessa transição.

Os consolos também ajudam os bebês a aprenderem a dormir em lugares outros que não seu quartinho, como no carro da família, no seu carrinho ou em berços para viagem, ou, ainda, quando ficam numa creche. Uma pesquisa recente publicada na Alemanha indica que crianças na faixa dos 2, 3 anos sentem-se mais seguras se tiverem um consolo consigo nas suas primeiras visitas a um jardim da infância ou a uma creche. Concordo com essa conclusão, mas recomendo retirar o consolo da criança uma vez que esteja acostumada ao novo ambiente. Também recomendo fortemente que o consolo seja dado à criança somente na hora de dormir ou em ocasiões nas quais é requerido um consolo extra, como uma visita ao hospital ou ao médico. Não é bom que uma criança ou o um bebê carreguem seu consolo por toda parte o dia inteiro. O motivo disso é que, se o consolo for carregado para qualquer lugar o tempo todo, deixará de cumprir sua função de auxiliar a criança a reconhecer o sinal de ir para cama e também não ajudará uma criança mais velha em momentos importantes da sua caminhada como, por exemplo, no seu primeiro dia de escola.

É comum um bebê de cerca de 10 meses começar a jogar o consolo para fora do berço. A primeira vez que isso acontece pode ser por acidente. Nesse caso, entre no quarto sem fazer contato visual e sem falar e, muito calmamente, devolva o consolo ao berço. Se isso se tornar um ritual, é provável que o bebê esteja fazendo um jogo. Sugiro que os pais expliquem a ele que, caso jogue o consolo fora, este ficará lá, e ele não o terá mais para dormir. Se esse comportamento persistir, não aja imediatamente, mas sim espere até sentir que seu bebê tenha compreendido que o brinquedo pode não voltar. Depois, entre no quarto e, sem fazer contato visual nem falar com o bebê, devolva o brinquedo. Se essas suas visitas ao quarto dele forem ficando bem espaçadas no tempo, o joguinho logo acabará.

ACOMODAR O BEBÊ PARA DORMIR

Uma regra muito importante no que se refere ao sono do bebê é sempre o posicionar para dormir no mesmo local onde ele vai acordar e sempre o colocar na cama acordado. Fazer com que o bebê aprenda a se acomodar sozinho é crucial para estabelecer padrões de sono bem-sucedidos. Se você embalar, acariciar, alimentar ou der uma chupeta para que o bebê durma, então é isso que ele vai esperar quando entrar no estágio de sono leve do ciclo do sono. Em vez de se reacomodar, o bebê acordará procurando por você ou pelo consolo e depois chorará alto para que você lhe dê a chupeta ou o embale, dê tapinhas nas costas ou alimente-o para que volte a dormir.

É difícil pensar em ensinar um recém-nascido a se acomodar sozinho, visto que o mundo é um lugar tão novo e estranho para ele. Mas acredito que seja ainda mais complicado induzi-lo a dormir com ajuda porque você não vai continuar fazendo isso para sempre. Imaginemos que considere que embalar o bebê para dormir seja uma solução fácil. O que acontecerá se ele ficar pesado demais para ser embalado? Talvez você compre uma cadeira de balanço e sente nela enquanto embala um bebê mais velho para dormir; contudo, quando ele atingir 1 ano, você ainda poderá estar acordando quatro, cinco vezes durante a noite para embalá-lo entre os ciclos de sono. Mesmo que isso funcione, o que acontecerá se você tiver um segundo filho antes que o primeiro comece a dormir por conta própria? Será que sua criança de 20 meses e seu bebê de quatro semanas precisarão ser embalados ao mesmo tempo? Como vê, é preciso parar de embalar a uma certa altura. E em que idade será mais fácil para o bebê entender por que você parou de embalá-lo para dormir? É por isso que acredito que é melhor nunca começar esses hábitos.

Há dois métodos que recomendo para ensinar o recém-nascido de até 2 semanas a se acomodar sozinho, e, quanto mais cedo você enfrentar esse desafio, mais fácil será para todos. A primeira coisa que digo aos clientes que sentem que estão realmente comprometidos em ensinar seu recém-nascido a se acomodar sozinho é que estejam preparados para um pouco de choradeira no começo. Certifique-se de que o bebê está bem alimentado, os gases foram retirados, e a fralda foi trocada, e depois o ponha no cueiro e coloque-o na cama deitado de costas com seu consolo ao lado. Vá para a cozinha, faça um chá para você mesma, sente-se e beba-o. Se, quando terminar de beber o chá, o bebê ainda estiver protestando, vá ver se existe algum problema, tal como gases, ou se ele evacuou. Preste atenção no choro do bebê e, caso ache que é um choro emocional (manha?), ofereça um pouco de leite. Na maioria das vezes, seu bebê estará adormecido antes mesmo de você ferver a água para o chá.

Todavia, na realidade, a maioria dos pais acha esse conselho muito duro para levá-lo a cabo (é interessante notar que ouvir os protestos do bebê é ainda mais difícil para os pais do que para as mães). Assim, eu proponho uma segunda opção, como se segue. Certifique-se de que o bebê está alimentado e expeliu os gases, depois o envolva no cueiro e coloque-o na cama de costas com seu consolo ao lado. Deixe que ele grite por no mínimo dois minutos (conte o tempo no momento em que ele começar a chorar, porque, no princípio, ele talvez fique quieto por alguns minutos). Quanto mais tempo você permanecer fora do quarto, melhor para o bebê, pois entrar será mais para aliviar sua ansiedade do que pelo bem-estar de seu bebê, já que um choro de um minuto sempre vai parecer como sendo de dez minutos para os pais.

Preste atenção no tipo de choro do bebê. Se for de protesto, ele fará intervalos, e o tom e o registro do choro vão variar. O choro de protesto pode soar mais ou menos assim: uááá, pausa por um segundo, uá, pausa, uááá, pausa, uá, pausa, uáááá, pausa, uáááááaaaaa, pausa, uá, e assim por diante. Você vai verificar que as pausas vão ficando mais longas à medida que o bebê vai caindo no sono. Se conseguir observá-lo sem ser vista, verá que ele fecha os olhos e cochila, depois dá um salto e chora alto de novo, como se estivesse se dando conta de que está caindo no sono.

Já o choro emocional ou de fome é contínuo e não varia no tom nem no registro, por exemplo, uáá, uáá, uáá, uáá. Esse choro nunca deve ser ignorado. Levante o bebê do berço e busque o problema e, se não houver problemas visíveis, ofereça ao bebê um pouco de leite.

Caso, nesse segundo método, decida ajudar seu bebê a se acomodar, primeiro espere que um mínimo de dois minutos de protesto tenham passado. Então, esfregue ou dê tapinhas no abdome do bebê para mantê-lo na posição segura, que é deitado de costas. Tente evitar contato visual enquanto estiver acomodando-o. Se depois de vinte e dois minutos o bebê ainda não tiver dormido, tire-o do berço para um intervalo de dez minutos e depois comece tudo de novo. O intervalo é mais para seu benefício do que para benefício do bebê. Não desista. Você vai vencer essa batalha. Repita até o bebê adormecer. Se durante os protestos esgotarem-se os vinte e dois minutos, e você sentir que pode continuar sem pausas, continue, e, caso perceba que o bebê está prestes a se acomodar, continue também. Lembre-se de que, uma vez que você se propôs a ajudar o bebê a se acomodar, deve ficar com ele até que adormeça.

Quando seu bebê finalmente dormir, ele poderá acordar de novo depois de apenas um ciclo de sono. Não se deixe perturbar por isso. Você venceu o desafio de "ir dormir"! Não espere que o bebê reacomode-se até que ele aprenda a se acomodar com pouco ou nenhum estardalhaço em primeiro lugar. Pela minha experiência, depois de alguns dias obedecendo a minha rotina para a idade do seu bebê nessas técnicas de reacomodação, quase certamente o bebê vai parar de cochilar e começar a dar longas dormidas. Mas lembre-se de que a parte mais importante é a rotina.

Recomendo que, se o bebê acordar depois de apenas um ciclo de sono durante o dia, e você souber que ele precisa dormir mais, tire-o do berço. Elogie o bebê por ter dormido e depois o leve para uma caminhada ou para uma volta de carro a fim de o encorajar a dormir mais, de acordo com o cronograma de horas de sono recomendado, até que ele aprenda a se reacomodar. No entanto, à noite, alimente o bebê e depois o ponha novamente no berço para se aquietar para dormir, começando primeiramente com os cerca de dois minutos de protesto.

CHORO

Se você é adepto da minha rotina, seu bebê raramente chora ou talvez nunca chore, porque não tem motivos para isso. Considerando que um bebê que obedece a minhas rotinas não precisa chorar quando está cansado ou com fome, isso torna a paternidade/maternidade mais fácil – você não precisa ficar fazendo conjecturas. Entretanto, caso seu bebê chore, é importante que você ouça com atenção. É preciso escutar os bebês, pois é injusto com eles apenas tentar desesperadamente os fazer calar-se em vez de tentar interpretar seus choros. Coloque-se no lugar do bebê e imagine que você, triste, está tentando dizer a um amigo como se sente mal, mas, como seu amigo não consegue suportar suas lágrimas, ele apenas fica repetindo: "Ora, vamos, pare de chorar, tudo ficará bem. Você quer uma bebida? Talvez comer algo o faça sentir-se melhor". Pense como você ficaria. Pararia de chorar apenas para agradar seu amigo, porém não se sentiria melhor, já que seus problemas não foram compartilhados nem resolvidos.

Acredito que você deve parar e tentar escutar o bebê. Deixe que ele perceba que não há nada errado em chorar e dizer a você como se sente. Não devemos ensinar os bebês a ficar quietos e refrear seus sentimentos nem fazer com que comam algo para se sentir melhor ou resolver seus problemas. Creio que minhas rotinas ajudam muitos pais a interpretar o choro de seus filhos porque, como os bebês choram por poucas coisas no início da vida, a causa desse choro deve ser fácil de descobrir.

Se seu bebê começar a chorar e você estiver aderindo às minhas rotinas, deverá perguntar a si mesmo por que ele está chorando. As causas podem ser estas.

1. **Fralda molhada ou suja.**
2. **Fome.** Se o bebê estiver seguindo uma rotina correta para sua idade e, quando estiver faltando 20 minutos para a próxima mamada, começar a chorar, então a fome pode ser o problema. Tente distraí-lo para que ele esqueça a fome e espere até o horário da alimentação. Caso essa técnica falhe, alimente-o mais cedo, mas tente fazê-lo voltar à rotina gradativamente nas próximas mamadas. Se o bebê chorar de fome mais de vinte minutos antes da próxima mamada, poderá ser outro problema.
3. **Cansaço.** Se o bebê não dormir o período normal na sua última dormida ou estiver dentro de vinte minutos do sono programado, o problema poderá ser cansaço. Recomendo colocá-lo no berço.
4. **Gases.** Se o bebê parecer rígido e, quando for deitado, dobrar os joelhos na altura do estômago, isso poderá ser gases. Sugiro que retire os gases dele. Antes da próxima refeição, leia minhas informações sobre cólica e gases (cap. 3).
5. **Sede.** Seu bebê pode estar com sede. Caso ele tenha 4 meses ou mais, tente fazer com que beba um pouco de água. Esse é um bom hábito, porque a água é muito boa para todos. Mas, como mencionado anteriormente, nunca dê a um recém-nascido mais de 30 ml de água entre as mamadas. Se o bebê estiver entediado, beber água pode servir para distraí-lo e ajudá-lo a se sentir melhor.
6. **Calor ou frio.** A melhor orientação é vestir os bebês em camadas e colocar uma camada a mais do que as que você está usando.

7. **Tédio.** Se não estiver na hora de dormir nem de se alimentar, ele poderá estar entediado. Leia um livro para ele ou mostre-lhe um brinquedo. Talvez o que ele precise seja apenas um colo. Ou talvez esteja numa posição desconfortável e mudar de posição pode ajudar.

Se você percorreu todos os itens acima, e seu bebê não se encaixou em nenhum deles, o problema pode ser outro, talvez dores causadas por intolerância alimentar. Caso o choro persista, consulte um médico.

Se o choro não parar

Um bebê que chora sem parar pode realmente testar sua paciência. Se você já tentou tudo e não conseguiu fazê-lo parar, provavelmente já começou a ficar bastante tensa e perturbada, o que é compreensível. Porém isso não vai ajudar a resolver a situação. O bebê vai captar seus sentimentos e chorar ainda mais. Não há dúvida de que o cuidado terno e amoroso e a compaixão de um adulto calmo e afetuoso irão tranquilizar seu bebê, ao menos até certo ponto. Mas, se você estiver perturbada, talvez não seja capaz de proporcionar esse conforto. Se estiver tensa ou naquele ponto em que não aguenta mais, esse é um sinal de perigo, e você não deve ignorar esses sentimentos. Nesse momento, é conveniente colocar seu bebê num local seguro e afastar-se um pouco para recarregar as baterias. Prepare uma xícara de chá e telefone para alguma amiga para conversar um pouco ou, então, tome uma ducha. Quando voltar para perto do bebê, poderá ter a agradável surpresa de descobrir que ele caiu no sono.

Se você chegar ao ponto em que não consegue nem sair da cama para atender o bebê, precisará procurar ajuda. Muitos pais e babás sentem que chegaram ao seu limite, mas lembre-se de que o problema não vai desaparecer. Telefone para alguém que a ouça e leve seus problemas a sério.

Choro durante a mudança de hábitos de sono

Se você não seguiu minhas rotinas desde o início e os problemas de sono de seu bebê começaram, então haverá algum protesto (choro) até que sejam solucionados. Lembre-se de que o choro de protesto é inevitável quando estiver ensinando o bebê a se estabilizar e não necessariamente significa que existe algo muito errado. Fique tranquila, porque esse choro tornar-se-á menos frequente e durará menos tempo à medida que o bebê desenvolver a capacidade de se estabilizar. O desafio para os pais é resistir à tentação de consolar o bebê toda vez que ele protesta.

O fato principal que os pais de bebês mais velhos precisam entender são as diferenças entre o choro de protesto, que é como se fosse um acesso de raiva, e um choro emocional, que ocorre porque o bebê precisa ter suas necessidades atendidas. Se o choro for emocional, você verá que o bebê derrama lágrimas e soluça (o que eu chamo de choro seco). Nesse caso, é preciso confortar o bebê imediatamente. Acredito que ignorar um choro emocional pode causar danos psicológicos e tensão ao bebê, motivo pelo qual discordo das tentativas de controlar o choro, caminhando de um lado para outro com o bebê, por exemplo. Isso é como caçoar do bebê e sempre vai piorar o choro. Quando o choro é controlado, o bebê continua a soluçar depois de cair no sono, o que chamo de chorar até dormir. Outro problema do choro controlado é que este pode perdurar por horas, podendo levar semanas até que você veja algum resultado.

Entretanto, se você está usando uma das minhas rotinas, é muito provável que seu bebê esteja com um choro de protesto sem lágrimas e soluços. Creio que pode ignorar esse protesto até seu bebê dormir. A diferença perceptível é que ele parará de protestar e dormirá num estado calmo, sem lágrimas nem soluços antes ou depois de adormecer. O bebê que protestar, como uma criança de 2 ou 3 anos tendo um ataque de raiva, não o fará por muito tempo.

Tenho lido com muita frequência que bebês com menos de 6 meses não produzem lágrimas, mas duvido dessa verdade porque tenho visto bebês de 6 semanas chorarem com lágrimas de forma emocional Talvez essa crença venha do fato de que a maioria dos bebês não tem motivos para chorar emocionalmente até os 6 meses.

O controle do choro do ponto de vista do bebê

Uma das razões pelas quais sou contra o controle do choro é porque me coloco no lugar do bebê. Dependendo de sua atitude, você é ensinado a colocar o bebê no berço e permitir que ele chore durante um determinado tempo. Passado esse tempo, se ele ainda estiver chorando, você volta ao quarto e conversa com o bebê ou toca-o por alguns segundos até um minuto e depois abandona o quarto de novo. É comum você ir aumentando o espaço de tempo que passa longe do quarto do bebê cada vez que o deixa.

Do ponto de vista do bebê, esse comportamento envia mensagens contraditórias que o confundem. Quando colocado no berço, ele pode começar um choro de protesto quando você deseja boa-noite e sai do quarto. Nesse ponto, ele pode gritar algo do tipo: "Não quero ir dormir! Não me deixe no berço – volte aqui e me pegue no colo". Não acredito que esse choro de protesto prejudique seu bebê de alguma forma. Nas minhas orientações sobre como estabilizar o bebê, se você voltar para o quarto dele depois desse ponto, deverá lá permanecer até ele dormir, de forma que nunca chegue ao estágio de choro emocional.

Mas, no controle do choro, quando você retorna ao quarto, o bebê pensa que você vai pegá-lo e, quando isso não acontece, e, em vez disso, você o conforta brevemente e dá as costas e sai do quarto, ele fica sentido e contrariado. É nesse ponto que o bebê sente-se traído e inconsolável. Por isso é que equivale a caçoar do bebê. E, para piorar as coisas, você fica entrando e saindo do quarto a intervalos de tempo diferentes. Assim o bebê fica confuso! Eventualmente, ele está tão exausto que caiu no sono, mas, outras vezes, ele fica tão agitado com o choro emocional que chega até a vomitar. O outro problema é que você está realmente o ensinando a chorar por muito tempo até você voltar ao quarto.

No decorrer dos anos, tenho encontrado pais que declaram que controlar o choro tem funcionado para eles; contudo, quando eu os questiono com mais insistência, geralmente descubro que isso levou semanas (o que me diz que o bebê simplesmente desistiu de chorar sentindo que não fazia sentido porque seus choros eram ignorados) ou os pais descobriram por si mesmos que o bebê ficava muito contrariado quando eles entravam e saíam e, assim, começaram a fazer algo mais parecido com aquilo que recomendo.

A SOCIEDADE EM QUE VIVEMOS

Acredito que a forma como vivemos é um importante fator determinante do motivo pelo qual encontramos tantos problemas de sono em bebês. Em épocas passadas, grandes famílias viviam muito próximas, o que significava que mães, tias e outros parentes experientes visitavam-se frequentemente, talvez até todos os dias, e as mães de primeira viagem recebiam muitas dicas e conselhos. Nesta nossa época, em que as gerações mais velhas moram longe ou trabalham em período integral, as visitas são muito menos frequentes. Acredito que os avós procuram dar os mesmos conselhos de antes, mas, como são mais raras as ocasiões em que estão por perto, tentam dar tantos conselhos de uma só vez que isso acaba parecendo interferência. Alguns pais jovens tampam os ouvidos e não aceitam os conselhos; outros tentam, porém não conseguem assimilar tantas informações de uma vez.

Famílias grandes também significavam jovenzinhas aprendendo as habilidades de ser mãe muito cedo, não por escolha, mas porque o papel delas na família era ajudar no cuidado dos bebês e das crianças menores enquanto as mães passavam a maior parte do dia trabalhando para manter a casa funcionando. Para melhor ou pior, a sociedade de hoje é muito diferente. Na realidade, se você deixar seu filho ou filha de 6 anos cuidando do bebê, poderá arrumar encrenca com a polícia! Na sociedade atual, como você não tem mais sua família estendida por perto, recomendo que se junte a um grupo local de mães que tenham crianças da idade da sua. Logo que seu bebê nascer, frequentar um grupo desse tipo muitas vezes parece muito trabalhoso, mas, como você poderá esclarecer muitas dúvidas compartilhando-as com outras mães, a probabilidade é que faça amigas e use essa rede de apoio até seu filho entrar na escola.

PERGUNTAS COMUNS

É normal que meu bebê acorde no meio da noite e não precise de atenção? Sim. Todos nós dormimos em ciclos de sono, começando com um ciclo superficial seguido de um ciclo de sono profundo, e acordamos no meio da noite entre esses ciclos. Adultos simplesmente se viram na cama, encontram uma posição confortável e depois voltam a dormir, todavia crianças pequenas e bebês podem demorar alguns minutos para voltar a adormecer. Pesquisas indicam que, quanto mais os pais tentam ajudar uma criança a passar de um ciclo de sono para o próximo, é menos provável que ela durma a noite inteira. Consequentemente, quanto menos interferência, melhor.

É realmente certo deixar meu bebê chorar? Não acho que seja correto deixar um bebê chorar um choro emocional, entretanto acredito que se possa deixá-lo chorar por protesto (o choro intercalado que você ouve quando uma criança está tentando dormir). Se você atender o bebê toda vez em que ele protestar, logo ele vai aprender a fazê-lo sempre que quiser atenção. Não é justo ensinar ao bebê que alguém o atenderá a cada vez que protestar, pois, quando crescer, as pessoas não apreciarão esse comportamento.

Quando estabilizo meu bebê, e ele adormece, é seguro deixá-lo dormir de lado? Se eu virar o bebê de costas, ele acordará. Não, não é seguro deixar o bebê dormir de lado, pois ele pode deitar de bruços e correr risco de morte súbita. Caso verifique que ele voltou a dormir de lado, tente esfregar ou dar tapinhas no abdome dele até que durma. Assim não precisará movimentá-lo, uma vez que ele tenha adormecido.

ROTINAS DESDE O NASCIMENTO ATÉ A INTRODUÇÃO DE ALIMENTOS SÓLIDOS

Tanto os bebês como seus pais ganham com a adesão às minhas rotinas. Os bebês beneficiam-se porque não precisam chorar tanto quanto os bebês que não seguem uma rotina (chorar é a principal forma de o bebê comunicar-se) e também porque se sentem mais seguros e protegidos dentro de uma rotina. Os pais beneficiam-se porque acham mais fácil interpretar os choros do bebê, conseguindo planejar seu dia a dia em torno do cronograma de sono e alimentação dele.

Minhas rotinas foram desenvolvidas a partir da observação de bebês. Eu não simplesmente decidi o que os bebês deveriam fazer em determinadas idades, mas sim os observei e vi o que eles faziam naturalmente para encontrar suas rotinas por contra própria. O retorno que tenho recebido dos pais que seguem minhas rotinas é que, quando os hábitos de sono e a alimentação do bebê começam a mudar, eles passam para o próximo estágio e descobrem que os bebês já chegaram lá. Isso acontece porque minhas rotinas são baseadas nos horários de alimentação e de sono naturais para os bebês.

PICOS DE CRESCIMENTO ENQUANTO SEGUE AS ROTINAS

Quando falo de pico de crescimento, estou me referindo a um momento em que o bebê sente-se mais faminto do que o usual. Embora não possamos prever quando isso ocorrerá, tenho observado os períodos nos quais um bebê tem mais probabilidade de ter um surto de crescimento e, em consequência, abri espaço para essa eventualidade nas minhas rotinas. Se o bebê tomou uma mamadeira inteira, e você está seguindo minhas rotinas e alimentando-o até ficar saciado, não precisa se preocupar com os picos de crescimento porque ele vai ingerir exatamente o leite extra de que precisa. Porém, se o bebê é amamentado no peito, nunca é demais enfatizar a importância de a mãe lactante seguir os horários de retirada do leite, se quiser manter o bebê tanto nas minhas rotinas quanto sendo amamentado com sucesso. O leite retirado do peito deve ser guardado e oferecido na mamada das 18 horas ou armazenado adequadamente para consumo posterior.

Se você observar atentamente as rotinas de amamentação, verá que, na semana que antecede um pico de crescimento comum, você produz mais leite do que nas semanas nas quais o bebê está tendo um pico de crescimento. Isso significa que há mais leite nas suas mamas durante a semana anterior ao pico de crescimento porque elas se acostumaram a produzir mais leite. Se você não consegue ou não quer retirar leite materno, pode usar minhas rotinas somente como uma diretriz até a oitava semana. Já na oitava semana, siga minhas rotinas ao pé da letra, porque não é necessário retirar leite do peito para fazer a rotina funcionar.

Se a criança passar por um pico de crescimento em outros períodos que não as semanas que indiquei, não se preocupe. Caso você venha obedecendo às rotinas e fazendo as retiradas de leite recomendadas, suas mamas vão se comportar como se você tivesse um bebê maior e mais faminto, produzirão mais do que o necessário e vão se acostumar a produzir quantidades diferentes de leite.

Há uma série de razões pelas quais você deve retirar leite antes de uma mamada até que o bebê atinja 8 semanas.

- Seu bebê deve estar ainda dormindo quando você fizer a retirada do leite, dessa forma você pode relaxar e não se preocupar em atendê-lo. Se fizer a retirada após uma mamada, pode ser que precise extrair os gases do bebê ou talvez não tenha tempo para dar uma acarinhada nele. Pode acontecer também de o bebê cair no sono fora do horário de alimentação enquanto você está fazendo uma retirada. Se não estiver retirando leite, aproveite para estimular o bebê a se manter acordado.

- Se você fizer a retirada após uma mamada, talvez o faça depois da hora marcada, o que vai alterar o período de tempo disponível para suas mamas produzirem mais leite.
- Uma vez que você tenha iniciado uma rotina, todo o seu leite será leite final, o mais gorduroso. Mas, antes que isso aconteça, se você fizer retiradas antes da amamentar, vai retirar o leite inicial, que é mais aguado e não tão bom para o bebê e que, em alguns casos, pode provocar refluxo.

Quando seu bebê tiver 8 semanas ou mais, você poderá seguir os conselhos das páginas 123-124. Pode começar a retirar leite depois das mamadas das 7 horas e das 11 horas, certificando-se de terminar às 8 horas e às 12 horas, respectivamente.

PASSEAR SEGUINDO UMA ROTINA

Enquanto estiver seguindo uma rotina, é essencial que você continue saindo e andando por aí. Quando a rotina sugerir colocar o bebê para dormir no berço, em vez disso, ponha-o no carrinho e saia para um passeio. Para uma mãe de primeira viagem, é muito importante não ficar em casa o tempo todo, sentindo-se isolada.

Algumas das minhas clientes estabeleceram a rotina de colocar o bebê no carrinho todos os dias para o sono das 9 horas e das 13 horas e sair para um passeio. Elas costumam ir a uma lanchonete para o café da manhã ou almoço, voltando para casa para as mamadas das 11 horas e das 15 horas. Quando o bebê é mais velho, elas saem mais cedo e dão ao bebê uma refeição sólida na lanchonete. Quanto mais os bebês forem expostos ao frescor e à luz do dia, melhor dormirão à noite.

Dica – Ao sair para passear, use as mesmas roupas de cama e vista o bebê da mesma forma como ele dorme em casa. O cueiro e o saco de dormir devem continuar a ser usados no assento do carro ou no carrinho do bebê. Será preciso ajustar a quantidade de cobertas de acordo com a temperatura externa.

A MAMADA DO SONHO (COM O BEBÊ ADORMECIDO)

Vejo muitos pais totalmente frustrados com o fato de serem obrigados a alimentar o bebê duas ou mais vezes à noite. Há pouco tempo, visitei Sarah, mãe de um bebê de 10 semanas chamado Tom. Ela estava seguindo a rotina de alimentação a cada quatro horas durante o dia, colocando Tom na cama às 19 horas e acordando-o às 7 horas. Porém Sarah estava exausta porque Tom começou a acordar todas as noites em torno da meia-noite e depois novamente às 4 horas da madrugada para mamar. Ela disse ter a sensação de que, cada vez que conseguia adormecer, Tom acordava mais uma vez, ou, então, já estava na hora de acordá-lo para começar o dia.

Sarah foi aconselhada a tirar um cochilo durante o sono diurno de Tom. Entretanto, com duas outras crianças para cuidar, isso era impossível. Assim, expliquei-lhe que, para incentivar Tom a dormir por mais tempo, deveria incluir uma mamada enquanto o bebê dormia (a mamada do sonho). Colocamos Tom numa rotina e incluímos a mamada do sonho. Passados alguns dias, Sarah estava se sentindo muito melhor, porque Tom agora só acordava uma vez à noite, às 3h30. E, para surpresa dela, depois de doze dias da introdução da mamada do sonho, Tom começou a dormir sem intervalos até as 7 horas sem aquela mamada extra.

Recomendo a mamada do sonho para ajudar mães como Sarah a não ter que se levantar mais de uma vez à noite para alimentar o bebê. Normalmente, insiro a mamada do sonho quando eles têm cerca de 6 semanas de idade. Se você seguir minha rotina, mas não der a mamada do sonho, ele vai dormir às 7 horas, porém acordará para mamar em torno da meia-noite e também às 4 horas, como Tom fazia. Com essa mamada extra, seu bebê acordará para a primeira mamada em torno das 2h30 e depois tenderá a dormir até as 7 horas. Dessa forma, você só precisará acordar uma vez à noite. À medida que o bebê for crescendo, ele acordará cada vez mais tarde para essa mamada até que durma a noite inteira, até as 7 horas.

Como dar a mamada do sonho

Para a mamada do sonho, segure a criança adormecida nos braços com delicadeza, colocando sua boca no peito ou na mamadeira, permitindo que ela beba, tomando o máximo de cuidado para não acordá-la. Quando terminar, sente o bebê bem ereto por alguns minutos para permitir a saída do ar. Geralmente, ele está tão relaxado nesse horário que não engole ar, dispensando a retirada. E também não engasga durante essa mamada se você o segura na posição normal de alimentação. É comum os bebês dormirem enquanto estiverem sendo alimentados no peito ou na mamadeira, mas não dê a mamada do sonho na sua cama.

Seu parceiro pode se encarregar dessa mamada se o bebê estiver mamando na mamadeira. Se for uma mamada no peito, essa será uma boa oportunidade para dar a seu bebê uma mamadeira de leite retirado do peito. A melhor hora para fazer a ordenha é nas mamadas das 7 horas e das 11 horas, quando suas mamas estarão mais cheias.

MAMADAS NOTURNAS

A mamada noturna é aquela que o bebê acorda e exige-a. Se o bebê já recuperou o peso do nascimento e está com mais de 3 quilos, você pode esperar que ele peça essa mamada, mas, se pesar menos de 3 quilos ou ainda não tiver recuperado o peso do nascimento, será preciso acordá-lo à noite para alimentá-lo. Alguns bebês são tão fracos e pequenos que exigem a mamada do sonho. Durante esse processo, tente conversar com ele mantendo as luzes quase na penumbra, de forma que ele entenda a diferença entre a noite e o dia.

BEBÊS COM MAIS DE 1 MÊS

Caso seu bebê mame no peito e tenha mais de 1 e menos de 4 meses quando você ler este livro pela primeira vez, recomendo que comece minhas rotinas com a rotina de 4 semanas em vez de uma rotina própria para a idade do bebê. Siga cada rotina por duas semanas até chegar à rotina para bebês de 10 semanas, depois sua próxima troca de rotina será quando o bebê começar a ingerir alimentos semissólidos e sólidos.

COCHILO NAS PRIMEIRAS DEZ SEMANAS

O bebê costuma cochilar se você o coloca no berço quando ele está suficientemente cansado para um cochilo, mas não o suficiente para dormir de verdade. Se ele andar cochilando, sugiro que tente a próxima rotina, que permitirá que ele passe um pouco mais de tempo acordado. Outro motivo para o cochilo nessa faixa etária é a fome. Caso a transição para a próxima rotina não funcione, descarte a fome como um possível problema.

ROTINAS PARA BEBÊS LACTANTES COM 1 A 8 SEMANAS DE IDADE

Rotina para um bebê que mama no peito com 1 a 2 semanas de vida

Esta rotina é para um bebê desde quando seu leite desceu até 13 dias de idade (e até que ele recupere o peso do nascimento e ultrapasse 3 quilos). Para tomar conhecimento da rotina aplicada desde o dia do nascimento do bebê até que seu leite desça, consulte quadro na página 38.

Horário das mamadas	Horário dos sonos	Horário de ir para a cama
7h	8h15	19h
10h	11h30	
13h	14h30	
16h		
18h		
21h30min		
2h30 (no máximo)		

6h40
Retire o máximo que puder do leite do peito, até 90 mililitros, da mama *direita*.

7 horas
Acorde o bebê e amamente-o por vinte e cinco minutos na mama *esquerda*. Você vai acordá-lo e alimentá-lo, mesmo que a última mamada tenha sido às 5h30, assim ele sempre começará seu dia na mesma hora e com o estômago cheio. Depois, dê-lhe de mamar por mais quinze minutos na mama *direita*.

8h15
Envolva o bebê no cueiro e ponha-o na cama deitado de costas, permitindo que se acomode sozinho (veja orientações sobre autoacomodação na página 206).

9h40
Retire o máximo de leite que puder, até 90 mililitros, da mama *esquerda*.

10 horas
Acorde o bebê e amamente-o por até vinte e cinco minutos na mama *direita*. Depois, amamente-o por até quinze minutos na mama *esquerda*.

11h30
Envolva o bebê no cueiro e ponha-o na cama acordado e deitado de costas, permitindo que ele se acomode sozinho.

13 horas
Acorde o bebê para amamentá-lo por vinte e cinco minutos na mama *esquerda*. Depois, deixe que ele mame por mais vinte e cinco minutos na mama *direita*.

14h30
Envolva o bebê no cueiro e ponha-o na cama acordado, deixando que ele se acomode sozinho.

16 horas
Acorde o bebê e amamente-o por até vinte e cinco minutos na mama *direita*. Depois, amamente-o por até vinte e cinco minutos na mama *esquerda*. Após essa mamada, coloque-o em um lugar confortável e seguro para que dê uma cochilada antes do banho, se quiser. Mas não o ponha na cama, porque talvez ele não queira dormir.

17h20
Hora do banho. Lave-o dos pés à cabeça.

18 horas
Amamente o bebê por até vinte e cinco minutos na mama *esquerda*. Depois, dê-lhe a mama *direita* por até mais vinte e cinco minutos. Ou, então, outra pessoa pode dar a ele uma mamadeira de leite retirado do peito. Se você não amamentar

o bebê no horário das 18 horas durante a primeira semana da rotina, enquanto estiver estabelecendo a rotina do aleitamento, retire 30 mililitros de leite de cada mama às 20 horas em vez de no horário sugerido das 21 horas.

19 horas

Envolva o bebê no cueiro e coloque-o na cama acordado e deitado de costas, deixando que se acomode sozinho.

21 horas

Ordenhe o máximo de leite que conseguir, até 90 mililitros, da mama *direita*.

21h30

Acorde o bebê e amamente-o por até vinte e cinco minutos na mama *esquerda*. Depois dê a mama *direita* por mais quinze minutos.

Mamadas noturnas

Acerte o despertador para as 2h30 todas as noites. Caso seu bebê não tenha acordado para uma mamada noturna, é muito importante não passar mais de cinco horas sem alimentá-lo segundo a rotina. Mas, se ele acordar à 0h30, por exemplo, reajuste o despertador para as 5h30. Se ele acordar antes da 1h35 e mamar, reajuste o despertador para um pouco antes das 6h40, de forma que você possa levantar e fazer uma retirada de leite. Se o bebê acordar às 6h30, ou enquanto você estiver fazendo uma retirada de leite, e chorar, você deverá alimentá-lo. Caso o bebê espere calmamente, tente fazer uma retirada de leite primeiro e amamente-o mais próximo das 7 horas possível. Porém, se você o alimentar primeiro, retire o leite depois da mamada. Durante as mamadas noturnas, tente não conversar com o bebê, mantendo as luzes escurecidas para que ele comece a entender a diferença entre o dia e a noite.

Aviso importante – Ao atingir duas semanas de vida, o bebê já deve ter recuperado seu peso original de nascimento. Se ele recuperou o peso de nascimento e ganhou um pouco mais, você

poderá passar para a rotina de 2 a 4 semanas. Porém, caso ele não tenha recuperado o peso original de nascimento ou esteja com peso inferior a 3 quilos, mantenha a rotina prescrita anteriormente até que ele atinja essas metas. Quando avançar para as próximas rotinas, siga cada uma por duas semanas até chegar à rotina das 10 semanas. A próxima troca de rotina ocorrerá quando o bebê começar a se alimentar com semissólidos e sólidos.

Dica – Se perceber que, depois do banho, o bebê fica muito sonolento para dar uma boa mamada, tente amamentá-lo em uma das mamas antes do banho e na outra mama depois do banho.

Rotina para bebês aleitados com idade entre 2 e 4 semanas

Esta rotina destina-se a bebês com idade entre 14 e 27 dias que recuperaram o peso de nascimento e ultrapassaram 3 quilos.

Horário das mamadas	Horário dos sonos	Horário de ir para a cama
7h	8h15	19h
10h	11h	
13h	14h30	
16h		
18h		
21h30min		
3h30 (o mais tardar)		

6h40

Retire o máximo de leite que conseguir, até 30 mililitros, da mama *direita*.

7 horas

Acorde o bebê e amamente-o por até vinte e cinco minutos na mama *esquerda*. Você deve acordá-lo e alimentá-lo mesmo que a última mamada tenha sido às 5h30, assim ele sempre começará o dia no mesmo horário e com a barriga cheia. Depois, alimente-o por até quinze minutos na mama *direita*.

8h15

Envolva o bebê no cueiro, ponha-o acordado na cama deitado de costas e deixe que ele se acomode sozinho (consulte as orientações sobre como começar a se autoacomodar na página 206).

9h40

Retire o máximo de leite que conseguir, até 60 mililitros, da mama *esquerda*.

10 horas
Acorde o bebê e amamente-o por até vinte e cinco minutos na mama *direita*. Depois, dê-lhe a mama *esquerda* por quinze minutos.

11h30
Envolva o bebê no cueiro e coloque-o acordado na cama deitado de costas, deixando que se acomode sozinho.

13 horas
Acorde o bebê e amamente-o por até vinte e cinco minutos na mama *esquerda*. Depois, dê-lhe a mama *direita* por até vinte e cinco minutos.

14h30
Envolva o bebê no cueiro e ponha-o na cama acordado e deitado de costas, deixando que se acomode sozinho.

16 horas
Acorde o bebê e amamente-o por até vinte e cinco minutos na mama *direita*. Depois, dê-lhe a mama *esquerda* por até vinte e cinco minutos. Depois da mamada, coloque o bebê num lugar confortável e seguro. Assim, se ele tiver vontade, poderá tirar uma sonequinha antes do banho. Mas não o ponha na cama, porque ele pode não querer dormir.

17h20
Hora do banho.

18 horas
Amamente o bebê por até vinte e cinco minutos na mama *esquerda*. Depois, dê-lhe a mama *direita* por até vinte e cinco minutos. Ou, então, você ou outra pessoa pode dar a ele uma mamadeira de leite retirado do peito. Se não amamentar o bebê na mamada das 18 horas durante a segunda semana da rotina, enquanto estiver estabelecendo a rotina de amamentação, retire 30 mililitros de leite de cada mama às 20 horas em vez do horário sugerido das 21h10. Planeje para que esta

mamada termine às 18h50, assim, se perceber que o bebê geralmente demora apenas trinta minutos para uma mamada completa, incluindo a retirada do ar, comece a alimentá-lo às 18h20.

19 horas

Envolva o bebê no cueiro e coloque-o na cama deitado de costas e acordado, deixando que se acomode sozinho.

21h10

Retire o máximo de leite que conseguir, até 90 mililitros, da mama *direita*.

21h30

Acorde o bebê e amamente-o por até vinte e cinco minutos na mama *esquerda*. Depois, dê-lhe a mama *direita* por até quinze minutos.

Mamadas noturnas

Agora que você está na terceira semana, e seu bebê recuperou o peso do nascimento, ultrapassando 3 quilos, pode deixá-lo dormir um pouco mais à noite, mas não passe mais de seis horas sem retirar leite do peito nem sem alimentar o bebê. Se você optar por retirar o leite em vez de acordar e alimentar o bebê, só precisará retirar 30 mililitros de cada mama para manter a produção alta. Para fazer isso, ajuste o despertador para 3h30 todas as noites. Se o bebê acordar e mamar antes da 0h40, você precisará recalcular e reajustar o despertador para seis horas depois do início da mamada. Porém, se ele acordar à 0h40 ou mais tarde, ajuste o horário do despertador para um pouco antes das 6h40, de forma que você possa levantar e retirar leite. Durante as mamadas noturnas, tente não conversar com o bebê, mantendo o quarto na penumbra para que ele comece a entender a diferença entre o dia e a noite.

Nota sobre o pico de crescimento – Normalmente, os bebês passam por um pico de crescimento quando tem cerca de 3 semanas, o que foi levado em consideração na rotina anterior.

Rotina para aleitamento de um bebê com idade de 4 a 6 semanas

Esta rotina serve para um bebê com idade de 28 a 41 dias.

Horário das mamadas	**Horário dos sonos**	**Horário de ir para a cama**
7h	8h15	19h
10h15	11h45	
13h30	15h	
16h45		**Mamada do sonho**
18h		
		21h45

6h40

Retire o máximo de leite que conseguir, até 90 mililitros, da mama *direita*.

7 horas

Acorde o bebê e alimente-o por até vinte e cinco minutos na mama *esquerda*. Você deve acordá-lo e alimentá-lo mesmo que a última mamada tenha sido às 5h30. Assim, ele sempre começará o dia no mesmo horário e de barriga cheia. Depois, dê-lhe a mama *direita* por até quinze minutos.

8h15

Envolva o bebê no cueiro e ponha-o acordado na cama deitado de costas, deixando que ele se acomode sozinho.

9h40

Retire o máximo de leite que conseguir, até 90 mililitros, da mama *esquerda*.

10h15

Acorde o bebê e amamente-o por até vinte e cinco minutos na mama *direita*. Depois, dê-lhe a mama *esquerda* por até quinze minutos.

11h45

Envolva o bebê no cueiro e ponha-o acordado na cama deitado de costas, deixando que ele se acomode sozinho.

13h30

Acorde o bebê e amamente-o por até vinte e cinco minutos na mama *esquerda*. Depois, dê-lhe a mama *direita* por até vinte e cinco minutos.

15 horas

Envolva o bebê no cueiro e ponha-o acordado na cama deitado de costas, deixando que se acomode sozinho.

16h45

Acorde o bebê e amamente-o por até vinte e cinco minutos na mama *direita*. Depois, dê-lhe a mama *esquerda* por até vinte e cinco minutos. Depois, coloque o bebê num lugar confortável e seguro, de forma que ele possa tirar uma sonequinha antes do banho, se tiver vontade. Mas não o ponha na cama, porque ele pode optar por não dormir.

17h45

Hora do banho.

18 horas

Amamente o bebê por até vinte e cinco minutos na mama *esquerda*. Depois, dê-lhe a mama *direita* por até vinte e cinco minutos. Ou, então, você ou outra pessoa pode dar a ele uma mamadeira de leite retirado do peito (observe que você não precisa alterar o horário de retirada do leite, porque os intervalos de tempo nos quais suas mamas ficam sem estimulação não causam problemas nesta rotina). Planeje para que esta mamada termine às 6h50; assim, se perceber que o bebê costuma demorar apenas trinta minutos para se saciar, incluindo a retirada do ar, comece a amamentar às 6h20.

19 horas

Envolva o bebê no cueiro e ponha-o acordado na cama deitado de costas, deixando que ele se acomode sozinho.

21h25

Extraia da mama *direita* o máximo de leite que conseguir, até 90 mililitros.

21h45

Dê ao bebê a mamada do sonho, começando a amamentar pela mama *esquerda*.

Mamadas noturnas

Alimente o bebê quando ele acordar no meio da noite. Durante as mamadas noturnas, tente não conversar com o bebê, mantendo o quarto na penumbra para que ele comece a entender a diferença entre o dia e a noite.

Dica – Se seu bebê dormir a noite inteira e acordar às 6h15, pela primeira vez sugiro que o tire da cama e alimente-o imediatamente. E, assim que o bebê terminar a mamada, coloque-o de novo na cama. Permita que ele durma mais vinte minutos, ou até as 7 horas, o que vier primeiro, oferecendo uma mamada reforçada nessa ocasião. Mantenha o bebê acordado até o próximo horário de sono da rotina.

Rotina para amamentar um bebê com idade de 6 a 8 semanas

Esta rotina é para bebês com 42 a 55 semanas de vida.

Horário das mamadas	Horário dos sonos	Horário de ir para a cama
7h	8h30	19h
11h	12h30	
14h45		
18h		**Mamada do**
	Cochilo	**sonho**
	16h15	22h

6h40

Extraia o máximo de leite que conseguir, até 30 mililitros, da mama *direita.*

7 horas

Acorde o bebê e alimente-o por até vinte e cinco minutos na mama *esquerda.* Você vai acordá-lo e alimentá-lo mesmo que a última mamada tenha sido às 5h30, assim ele sempre começará o dia no mesmo horário e com a barriga cheia. Depois, amamente-o por até vinte e cinco minutos na mama *direita.*

8h30

Envolva o bebê no cueiro e ponha-o acordado na cama deitado de costas, deixando que ele se acomode sozinho (veja orientação sobre autoacomodação na página 206).

11 horas

Acorde o bebê e amamente-o por até vinte e cinco minutos na mama *direita.* Depois, dê a mama *esquerda* por até vinte e cinco minutos.

12h30

Envolva o bebê no cueiro e ponha-o acordado na cama deitado de costas, deixando que ele se acomode sozinho.

14h45

Acorde o bebê e amamente-o por até vinte e cinco minutos na mama *esquerda*. Depois, dê-lhe a mama *direita* por mais vinte e cinco minutos.

16h15

Leve o bebê para um passeio a pé ou de carro para acostumá-lo a dormir em outros lugares além de seu berço.

17h15

Se necessário, acorde o bebê, pois, se ele passar das 17h15, isso poderá afetar sua acomodação às 19 horas.

17h40

Hora do banho.

18 horas

Amamente o bebê por até vinte e cinco minutos na mama *direita*. Depois, dê a mama *esquerda* por até vinte e cinco minutos, ou peça a outra pessoa para lhe dar uma mamadeira de leite retirado do peito. Se você não amamentar o bebê nesse horário, retire 90 mililitros de leite de cada mama às 19h30 em vez de no horário sugerido das 21h40. Planeje para que essa mamada termine às 18h50, mas, se perceber que o bebê costuma demorar apenas trinta minutos para se saciar, incluindo a retirada de ar, comece a aleitá-lo às 18h20.

19 horas

Envolva o bebê no cueiro e coloque-o no berço acordado e deitado de costas, deixando que ele se acomode sozinho.

21h40

Extraia da mama *esquerda* o máximo de leite que conseguir, até 90 mililitros.

22 horas

Dê ao bebê a mamada do sonho, começando pela mama *direita*.

Mamadas noturnas

Alimente o bebê quando ele acordar no meio da noite. Durante as mamadas noturnas, tente não conversar com ele, mantendo o quarto na penumbra para que comece a entender a diferença entre o dia e a noite.

Nota sobre o pico de crescimento – Normalmente, um bebê passa por um pico de crescimento em torno das 8 semanas, o que foi levado em consideração nessa rotina.

ROTINAS PARA BEBÊS AMAMENTADOS COM MAMADEIRA DESDE O NASCIMENTO ATÉ 8 SEMANAS

Rotina para bebês amamentados com mamadeira desde o nascimento até 2 semanas

Esta rotina destina-se a bebês desde o nascimento até 13 dias de idade (e até que recupere o peso de nascimento, ultrapassando 3 quilos).

Horário das mamadas	Horário dos sonos	Horário de ir para a cama
7h	8h15	19h
10h30	11h45	
14h	15h15	
18h		
21h30		
3h30 (o mais tardar)		

Importante – Sempre alimente o bebê até ele se saciar. Nunca lhe dê uma quantidade de leite determinada.

7 horas

Acorde o bebê e dê-lhe uma mamadeira. Você deve acordá-lo e amamentá-lo mesmo que a última mamada tenha sido às 5h30, de forma que ele sempre comece o dia no mesmo horário e de barriga cheia.

8h15

Envolva o bebê no cueiro e coloque-o no berço acordado e de costas, deixando que ele se acomode sozinho (veja as orientações sobre autoacomodação na página 206).

10h30

Acorde o bebê e dê-lhe uma mamadeira.

11h45
Envolva o bebê no cueiro e coloque-o no berço acordado e de costas, deixando que ele se acomode sozinho.

14h
Acorde o bebê e dê-lhe uma mamadeira.

15h15
Envolva o bebê no cueiro e coloque-o no berço acordado e de costas, deixando que ele se acomode sozinho.

17h30
Acorde o bebê e dê-lhe um banho.

18 horas
Dê ao bebê uma mamadeira.

19 horas
Envolva o bebê no cueiro e coloque-o no berço acordado e de costas, deixando que ele se acomode sozinho.

21h30
Acorde o bebê para dar-lhe uma mamadeira.

Mamadas noturnas
Até que seu bebê tenha recuperado o peso do nascimento e esteja com mais de 3 quilos, você não deve deixar que ele durma mais de seis horas à noite sem alimentá-lo. Acerte o despertador para as 3h30 todas as noites. Mas, se a criança acordar às 23h30, por exemplo, e mamar, reajuste o despertador para as 5h30. Se ele acordar antes da 1 hora e mamar, então reajuste o despertador para um pouquinho antes da 7 horas. Assim você pode levantar da cama e começar o dia. Durante as mamadas noturnas, tente não conversar com o bebê, mantendo o quarto na penumbra para que ele comece a entender a diferença entre o dia e a noite. Se seu bebê já recuperou o peso do nascimento e está com mais de 3 quilos, permita que ele durma à noite até acordar pedindo comida.

Nota importante – Quando atingir 2 semanas, o bebê deve ter voltado ao peso original de nascimento. Se já recuperou esse peso e está com mais de 3 quilos, você pode avançar para a rotina de 2 a 4 semanas. Mas, se não tiver recuperado o peso original e estiver com menos de 3 quilos, permaneça com a rotina indicada antes até que ele tenha alcançado essas metas. Quando passar para as próximas rotinas, siga cada uma por duas semanas até chegar à rotina das 10 semanas. A próxima troca de rotina será quando seu bebê começar a ingerir semissólidos e sólidos.

Dica – Se perceber que, depois do banho, o bebê fica muito sonolento para dar uma boa mamada, tente dar-lhe meia mamadeira antes do banho e a outra metade depois.

Rotina para bebês amamentados com mamadeira com idade entre 2 e 4 semanas

Esta rotina destina-se a bebês com 14 a 27 dias que já recuperaram o peso de nascimento e estão com mais de 3 quilos.

Horário das mamadas	Horário dos sonos	Horário de ir para a cama
7h	8h15	19h
11h	12h30	
15h	16h30	
18h		
22h		

7 horas

Acorde o bebê para dar-lhe uma mamadeira. Você deverá acordá-lo e alimentá-lo mesmo que sua última mamada tenha sido às 5h30, de forma que ele comece o dia no mesmo horário e de barriga cheia.

8h15

Envolva o bebê no cueiro e coloque-o no berço acordado e de costas, deixando que ele se acomode sozinho (veja as orientações sobre autoacomodação na página 206).

11 horas

Acorde o bebê e dê-lhe uma mamadeira.

12h30

Envolva o bebê no cueiro e coloque-o no berço acordado e de costas, deixando que ele se acomode sozinho.

15 horas

Acorde o bebê e dê-lhe uma mamadeira.

16h30

Envolva o bebê no cueiro e coloque-o no berço acordado e de costas, deixando que ele se acomode sozinho.

17h30
Acorde o bebê e dê-lhe um banho.

18 horas
Dê uma mamadeira para o bebê.

19 horas
Envolva o bebê no cueiro e coloque-o no berço acordado e de costas, deixando que ele se acomode sozinho.

22 horas
Acorde o bebê e dê-lhe uma mamadeira.

Mamadas noturnas
Alimente o bebê quando ele acordar no meio da noite. Durante as mamadas noturnas, tente não conversar com ele, mantendo o quarto na penumbra para que comece a entender a diferença entre o dia e a noite.

Rotina para bebês alimentados com Mamadeira com idade de 4 a 6 semanas

Esta rotina destina-se a bebês com idade entre 28 e 41 dias.

Horário das mamadas	Horário dos sonos	Horário de ir para a cama
7h	8h15	19h
11h	12h30	
15h		
18h		**Mamada do**
	Cochilo	**sonho**
	16h30	22h

7 horas

Acorde o bebê e alimente-o na mamadeira. Você deve acordá-lo e amamentá-lo mesmo que ele tenha tido sua última mamada às 5h30, de forma que sempre comece o dia no mesmo horário e de barriga cheia.

8h15

Envolva o bebê no cueiro e coloque-o no berço acordado e de costas, deixando que ele se acomode sozinho (veja as orientações sobre autoacomodação na página 206).

11 horas

Acorde o bebê e dê-lhe uma mamadeira.

12h30

Envolva o bebê no cueiro e coloque-o no berço acordado e de costas, deixando que ele se acomode sozinho.

15 horas

Acorde o bebê e dê-lhe uma mamadeira.

16h30

Leve o bebê para um passeio a pé ou de carro para incentivá-lo a dormir em outros lugares além de seu berço.

17h30
Acorde o bebê e dê-lhe um banho.

18 horas
Dê uma mamadeira para o bebê.

19 horas
Envolva o bebê no cueiro e coloque-o no berço acordado e de costas, deixando que ele se acomode sozinho.

22 horas
Dê ao bebê uma mamadeira enquanto ele está adormecido.

Mamadas noturnas
Alimente o bebê quando ele acordar durante a noite. Durante as mamadas noturnas, tente não conversar com o bebê e deixe o quarto na penumbra para que ele comece a entender a diferença entre o dia e a noite.

Dica – Se seu bebê dormir a noite inteira e acordar às 6h15, pela primeira vez sugiro que o tire da cama e alimente-o imediatamente. E, assim que o bebê terminar a mamada, coloque-o de novo na cama. Permita que ele durma mais vinte minutos ou até as 7 horas, o que vier primeiro, oferecendo uma mamada reforçada nessa ocasião. Mantenha o bebê acordado até o próximo *horário de sono* da rotina.

Rotina para bebês alimentados com mamadeira com idade entre 6 e 8 semanas

Esta rotina destina-se a bebês com 42 a 55 semanas de vida.

Horário das mamadas	**Horário dos sonos**	**Horário de ir para a cama**
7h	8h30	19h
11h	12h30	
15h		**Mamada do sonho**
18h20	**Cochilo**	
	16h30	22h

7 horas

Acorde o bebê e alimente-o na mamadeira. Você deve acordá-lo e alimentá-lo mesmo que a última mamada tenha sido às 5h30, dessa forma ele sempre começará o dia na mesma hora e de barriga cheia.

8h30

Envolva o bebê no cueiro e coloque-o no berço acordado e de costas, deixando que ele se acomode sozinho (veja as orientações sobre autoacomodação na página 206).

11 horas

Acorde o bebê e dê-lhe uma mamadeira.

12h30

Envolva o bebê no cueiro e coloque-o no berço acordado e de costas, deixando que ele se acomode sozinho.

15 horas

Acorde o bebê e dê-lhe uma mamadeira.

16h30

Leve o bebê para um passeio a pé ou de carro para incentivá-lo a dormir em outros lugares além de seu berço.

17h30
Acorde o bebê e dê-lhe um banho.

18h20
Dê uma mamadeira ao bebê.

19 horas
Envolva o bebê no cueiro e coloque-o no berço acordado e de costas, deixando que ele se acomode sozinho.

22 horas
Dê ao bebê uma mamadeira enquanto está adormecido.

Mamadas noturnas
Alimente o bebê quando ele acordar durante a noite. Durante as mamadas noturnas, tente não conversar com ele, mantendo o quarto na penumbra de forma que comece a entender a diferença entre a noite e o dia.

Dica – A partir do momento em que o bebê estiver na rotina de 8 a 10 semanas, você não precisará mais extrair leite do peito para usá-lo nas rotinas. Porém, se quiser continuar a dar ao bebê uma mamadeira de leite retirado do peito uma vez por dia, precisará extraí-lo. Essa retirada tem que ser feita no mesmo horário todos os dias depois das mamadas das 7 horas ou das 11 horas ou de ambas, dependendo da quantidade necessária e da quantidade que conseguir extrair.

ROTINA PARA BEBÊS ALIMENTADOS TANTO NO PEITO QUANTO NA MAMADEIRA A PARTIR DE 8 SEMANAS DE VIDA

Rotina para bebês com idade de 8 a 10 semanas

Esta rotina destina-se a bebês com 56 a 69 dias de vida.

Horário das mamadas	Horário dos sonos	Horário de ir para a cama
7h	8h45	19h
11h	12h45	
15h		
18h30		**Mamada do**
	Cochilo	**sonho**
	16h30	22h30

7 horas

Acorde o bebê e alimente-o. Você deve acordá-lo e alimentá-lo mesmo que a última mamada tenha sido às 5h30. Dessa forma, ele sempre começará o dia no mesmo horário e de barriga cheia.

8h45

Envolva o bebê no cueiro e coloque-o no berço acordado e de costas, deixando que se acomode sozinho (veja as orientações sobre autoacomodação na página 206).

11 horas

Acorde o bebê e alimente-o.

12h45

Envolva o bebê no cueiro e coloque-o no berço acordado e de costas, deixando que ele se acomode sozinho.

15 horas

Acorde o bebê e alimente-o.

16h30
Leve o bebê para um passeio a pé ou de carro para incentivá-lo a dormir em outros lugares além de seu berço.

17h15
Acorde o bebê e dê-lhe um banho.

18h30
Alimente o bebê. Se estiver aleitando e quiser dar uma mamadeira de leite extraído do peito nesse horário, precisará retirar 90 mililitros de cada mama às 19h30.

19 horas
Envolva o bebê no cueiro e coloque-o no berço acordado e de costas, deixando que se acomode sozinho.

22h30
Dê ao bebê a mamada do sonho.

Mamadas noturnas
Alimente o bebê quando ele acordar durante a noite. Durante as mamadas noturnas, tente não conversar com ele, mantendo o quarto na penumbra de forma que comece a entender a diferença entre a noite e o dia.

Rotina para bebês desde 10 semanas até a introdução de sólidos

Esta rotina destina-se a bebês de 70 dias até a introdução de sólidos.

Horário das mamadas	Horário dos sonos	Horário de ir para a cama
7h	9h	19h
11h	13h	
15h		
18h30		**Mamada do**
	Cochilo	**sonho**
	16h30	22h30

7 horas
Acorde o bebê e alimente-o. Você deve acordá-lo e alimentá-lo mesmo que a última mamada tenha sido às 5h30. Dessa forma, ele sempre começará o dia no mesmo horário e de barriga cheia.

9 horas
Envolva o bebê no cueiro e coloque-o no berço acordado e de costas, deixando que se acomode sozinho (veja as orientações sobre autoacomodação na página 206).

11 horas
Acorde o bebê e alimente-o.

13 horas
Envolva o bebê no cueiro e coloque-o no berço acordado e de costas, deixando que ele se acomode sozinho.

15 horas
Acorde o bebê e alimente-o.

16h30
Leve o bebê para um passeio a pé ou de carro para incentivá-lo a dormir em outros lugares que não seu berço. Não se preocupe se ele não dormir, pois alguns bebês tiram uma soneca apenas em dias alternados.

17h15
Acorde o bebê e dê-lhe um banho.

18h30
Alimente o bebê.

19 horas
Envolva o bebê no cueiro e coloque-o no berço acordado e de costas, deixando que se acomode sozinho.

22h30
Dê ao bebê uma mamada do sonho.

Mamadas noturnas
Alimente o bebê quando ele acordar no meio da noite. Durante as mamadas noturnas, tente não conversar com ele, mantendo o quarto na penumbra de forma que comece a entender a diferença entre a noite e o dia.

Dicas

- Seu bebê pode dormir menos que o tempo recomendado, e esse sono pode variar ligeiramente de um dia para outro.
- O bebê não precisa dormir todas as vezes no berço. Se você tem coisas a fazer, pode deixá-lo dormir no carrinho. O importante é garantir que ele esteja num local seguro e confortável para dormir nos horários devidos.
- Ao alimentá-lo durante a noite, mantenha o quarto na penumbra e evite conversar ou manter contato visual

com o bebê. Troque a fralda dele somente se for absolutamente necessário.

- Se a adesão aos meus conselhos e minhas rotinas não funcionar a contento, seu bebê pode estar sofrendo de refluxo gastroesofágico, ser alérgico ou intolerante a derivados do leite ou outros alimentos.
- O bebê pode cochilar entre o último sono programado e o próximo, mas não na cama dele.
- Caso seu bebê tenha menos de 10 semanas, e você note que ele está cochilando, tente mantê-lo acordado vinte minutos antes do seu sono programado da manhã e da tarde. Se isso não funcionar, pode descartar a fome como causa dos cochilos.
- Se seu bebê demorar mais do que o tempo programado para a última mamada antes de dormir à noite, comece a alimentá-lo mais cedo. Mas não ultrapasse o horário das 19 horas para levá-lo para a cama.
- Alguns bebês vão percorrer a rotina mais rapidamente do que o programado. Para se informar sobre isso, consulte a página 144.

EXCEÇÕES À ROTINA

De cada cem bebês atendidos por mim, acontece de um deles ou a família não conseguir encaixar-se nas minhas rotinas. Alguns motivos concorrem para isso, sendo o mais comum deles a existência de outra criança na família em torno da qual a rotina do bebê precisa ajustar-se. Um motivo menos comum pode ser um bebê que sempre dorme apenas uma hora e meia pela manhã e simplesmente não consegue aguentar até o próximo sono programado, ficando exausto. Abaixo estão dois casos para ajudá-la a se ajustar à rotina caso você se encaixe em uma dessas situações.

A história de Emily

Vanessa queria adotar minhas rotinas com sua segunda filha, Emily, de 10 semanas, mas, como sua primeira filha, Rebecca, tinha 6 anos, tinha compromissos como levar esta para a escola e, por isso, estava com dificuldades para se encaixar. Perguntei a ela qual era a rotina de Rebecca e, a partir daí, organizei a rotina de Emily em torno da rotina de Rebecca, como se segue. Às 6h45, Vanessa iria acordar Emily e alimentá-la, terminando por volta das 7h45, o que lhe daria pouco mais de uma hora para acordar Rebecca, vesti-la e alimentá-la para ir à escola. Enquanto fizesse tudo isso, Emily ficaria na cadeira de balanço observando ou brincando com seus brinquedos. Às 8h45, todas sairiam de carro para a escola, Emily geralmente cochilando por cerca de dez minutos no caminho, até ser pega no colo para levar Rebecca à sala de aula. Essa soneca de dez minutos seria suficiente para Emily aguentar até ser posta na cama em torno das 9h15. Se, numa ocasião rara, ela caísse no sono dentro do carro no caminho de volta para casa, Vanessa ficaria sentada no carro, lendo um livro, fazendo telefonemas ou, então, levaria Emily para casa no assento do carro. Às 10h30, Emily estaria acordada para uma mamada, mas, em vez de ser posta na cama às 12h30, sugeri que fosse para cama às 12h15, para compensar o sono interrompido da manhã. Às 14h30, receberia sua próxima refeição, mas, muitas vezes, Vanessa acordava Emily e ia para a escola primeiro, para que pudesse sentar-se no parquinho infantil e alimentá-la, enquanto esperava Rebecca sair da aula. Vanessa achou mais fácil fazer Emily esperar os dez minutos extras antes da refeição, de forma que pudesse alimentá-la com calma, em vez de ter que apressar a refeição para sair para a escola a tempo de pegar Rebecca.

Vanessa levaria as duas meninas ao parque às 16 horas, e Emily dormiria no seu carrinho. As meninas tomariam banho às 17h30, e, às 18h15, Emily seria alimentada e posta na cama para o sono da noite às 18h45, com uma mamada do sonho às 22h15.

A história de Niamh

Samantha entrou em contato comigo quando sua filhinha Niamh tinha 12 semanas. Ela estava seguindo minhas rotinas desde que Niamh nascera, e a menina agora estava dormindo doze horas à noite e tirando suas sonecas sem protestos, com exceção do sono das 13 horas. Nesse horário, Niamh chorava tão alto que parecia querer derrubar a casa e depois dormia apenas quarenta minutos e acordava chorando alto de novo.

Observamos que ela sempre acordara às 10h30 do seu sono matinal, ficando no berço até que fosse pega no colo para sua mamada das 11 horas, portanto a choradeira das 13 horas poderia ser causada pelo cansaço, uma vez que, a essa altura, Niamh já tinha ficado acordada por duas horas e meia. Assim, sugeri que Samantha tentasse colocá-la para dormir o sono da tarde às 12h30 e ver o que aconteceria. Niamh deitou naquele dia e em todos os outros. Desde então, não houve qualquer protesto, dormindo até a mamada das 15 horas. A partir daí, experimentei o mesmo processo com uma meia dúzia de outros bebês que estavam tendo problemas semelhantes e descobri que essa técnica funcionava.

PERGUNTAS COMUNS

Gostaria de colocar meu filho de 2 semanas nas suas rotinas, mas não consigo extrair leite do peito. Como fazer para me ajustar às rotinas? Mães que estão amamentando e não conseguem tirar leite do peito não devem seguir minhas rotinas nas primeiras 8 semanas. A retirada de leite nesse período garante que você tenha leite suficiente durante os picos de crescimento, o que acontece em torno de 3 a 6 semanas de vida do bebê, por meio de um "gerenciamento" cuidadoso do leite extra que a retirada encoraja. Há dois motivos pelos quais você precisa retirar leite do peito quando segue minhas rotinas: primeiro, se você não obedecer às minhas orientações sobre retirada de leite, talvez não tenha leite suficiente para dar ao bebê durante um pico de crescimento; segundo, se não fizer a retirada de acordo com as minhas instruções, isso poderá afetar sua produção de leite. Caso não queira fazer retiradas de leite, recomendo que comece a adotar minhas rotinas depois de o bebê completar 8 semanas.

Por que você não recomenda colocar o bebê na cama para dormir em determinados pontos da rotina? Porque devemos passar ao bebê mensagens muito claras. Se você sabe que seu bebê está cansado e está na hora de uma dormida, coloque-o na cama. A mensagem que o bebê começará a captar é que o lugar de dormir é no berço, e você deve criar o hábito de tirá-lo do berço somente depois que ele já dormiu. Em outros pontos da rotina, sugiro que o bebê talvez precise apenas de um cochilo, mas é também possível que ele não durma. Em ocasiões como essa, recomendo colocar o bebê num lugar seguro e confortável, pois, assim, se ele não adormecer, você pode pegá-lo no colo sem enviar mensagens contraditórias.

Costumo jantar com frequência na casa dos meus pais ou de amigos – isso está fora de cogitação, uma vez que preciso cumprir o horário de o bebê ir para a cama, que é às 19 horas? Não se preocupe, você ainda pode ter uma vida enquanto segue minha rotina! Uma boa ideia é chegar mais cedo à casa onde vai jantar, de forma que possa alimentar e acomodar o bebê para dormir lá. Deite-o às 19 horas como de costume. Na hora de ir embora, tente chegar a sua casa em tempo para a mamada do sonho, colocando o bebê na cama logo em seguida.

Estou tentando fazer com que meu filho de 15 semanas que mama no peito entre nas suas rotinas, mas ele quer mamar a cada três horas. Como posso aumentar o intervalo entre as mamadas? A princípio, pode ser difícil mudar os hábitos do bebê, contudo normalmente só é preciso um dia para tê-lo seguindo minhas rotinas satisfeito. Descobri que as primeiras horas podem ser problemáticas, no entanto, depois, as demais mamadas encaixam-se na rotina facilmente. Acorde o bebê às 7 horas e dê-lhe a primeira mamada do dia. Se ele acordar do seu sono e pedir comida, tente distraí-lo com uma caminhada ou chamando a atenção dele para coisas diferentes dentro de casa. Caso o bebê fique muito contrariado, envolva-o no cueiro e aconchegue-o, talvez até cantando para ele. Você poderá descobrir que ele até volta a dormir. Alguns pais usam uma chupeta para estender os intervalos entre as mamadas nas primeiras quatro horas. Quando forem 11 horas, você verá que o bebê vai mamar em grande quantidade e irá até as 15 horas com pouca ou nenhuma agitação.

O que fazer à noite se meu bebê acordar antes da mamada do sonho? Se ele acordar meia hora antes dessa mamada, alimente-o, mas, se faltar mais de meia hora para a mamada do sonho, reacomode o bebê.

Qual a diferença entre uma dormida e um cochilo? Uma dormida é mais de um ciclo de sono, geralmente mais de quarenta minutos, enquanto um cochilo é apenas um ciclo de sono ou até menos.

O que fazer se minha filha de 2 semanas não está mostrando sinais de cansaço quando você diz para deitá-la para dormir? Mesmo assim, você deve pô-la na cama, pois, muitas vezes, enquanto você espera pelos sinais de cansaço, seu bebê já está exausto, tornando a autoacomodação ainda mais difícil.

Quando meu bebê acorda durante a noite para uma refeição, por quanto tempo devo alimentá-lo? Sempre alimente o bebê até ele não querer mais.

Gostaria de iniciar meu filho de 15 semanas nas suas rotinas, mas ele vem dormindo das 19 horas às 6h30 sem a mamada do sonho. Devo introduzir essa mamada? Se o bebê vem dormindo a noite inteira sem a mamada do sonho, então não é preciso introduzi-la. Mas, à medida que ele for crescendo e começar a acordar à noite, você deve incluir alimentos sólidos (se o bebê tiver mais de 4 meses) ou dar-lhe a mamada do sonho.

6

O PROCESSO DE DESMAME

Na época da publicação deste livro, as diretrizes do Departamento de Saúde (no Reino Unido) indicavam a introdução de sólidos aos 6 meses. Discordo dessa orientação e recomendo que você inicie seu bebê em alimentos semissólidos e sólidos entre 4 meses e 4 meses e meio. Pesquisei o assunto e descobri que, a menos que seu bebê pese menos de 5,5 quilos ou tenha problemas de saúde, 4 meses ou 4 meses e meio é a idade certa para começar a ingerir sólidos. Também é minha opinião que alimentos sólidos nunca devem ser dados a bebês com peso inferior a 5,5 quilos que não mostrem sinais de precisar de outro alimento a não ser o leite do peito ou da mamadeira. Acredito que, dentro de dois ou três anos, o Departamento de Saúde mudará sua diretriz, passando a recomendar a introdução de sólidos aos 4 meses.

Existem algumas razões para que eu tenha essa opinião firme sobre o assunto. A primeira é que, nos últimos dois anos, cada vez mais tenho sido procurada por pais cujos bebês vinham dormindo durante o dia e a noite inteira com uma mamada do sonho desde os primeiros dias de vida até 6 semanas, mas, quando atingiram 5 semanas e meia, começaram a cochilar, acordar à noite, mostrando-se irritáveis, chorosos e resmungões o dia inteiro. Acredito que esses bebês teriam permanecido satisfeitos e dormindo bem se alimentos sólidos tivessem sido introduzidos aos 4 meses. Em minha opinião, pedir aos pais que retardem a inclusão de alimentos sólidos é uma meta irreal e fadada ao fracasso.

Meu segundo motivo para recomendar que não se retarde a introdução de sólidos até os 6 meses é evitar alergias e agitação na hora de comer. Instituições nacionais e internacionais dedicadas ao estudo das alergias produzem cada vez mais evidências de que, se você retardar a introdução de sólidos na alimentação do bebê, a incidência de alergias alimentares aumentará drasticamente. Começar com sólidos entre os 4 e 6 meses reduz o risco de o bebê desenvolver alergias alimentares porque a introdução precoce de alimentos diferentes permite a ele desenvolver tolerâncias. No decorrer dos anos, observei que bebês apresentados a uma ampla variedade de alimentos não alergênicos entre os 4 meses e 4 meses e meio aceitam uma maior variedade de alimentos quando atingem 1 ano do que bebês introduzidos nos sólidos depois dos 4 meses. Também tenho relacionado a inserção tardia de alimentos sólidos a problemas como dificuldades na hora de comer, recusa de alimentos e texturas, cochilos e repetidos despertares noturnos. Acredito que, após os 6 meses, um bebê precisa de nutrição de outras fontes, mas se, aos 6 meses, ele ainda não foi apresentado a alimentos sólidos, estará apenas tendo uma "prova" e não obtendo o suficiente para atender suas necessidades nutricionais.

Creio que os conselhos são conflitantes porque a Organização Mundial da Saúde (OMS) recomenda que alimentos sólidos não sejam introduzidos a bebês até que eles tenham 6 meses. Entretanto, as diretrizes da OMS destinam-se a proteger bebês de infecções gastrointestinais em países em desenvolvimento, pois, nesses países, a água usada para preparar alimentos sólidos tem mais probabilidade de estar contaminada. Em países desenvolvidos, como Reino Unido e Irlanda, a introdução de alimentos sólidos mais precoce não acarreta os mesmos riscos.

Outra confusão em torno da idade para introduzir alimentos sólidos é que a OMS recomenda a amamentação exclusiva no peito nos primeiros 6 meses da vida do bebê. Algumas pessoas acreditam que isso significa que os bebês não devem receber sólidos até que tenham 6 meses, mas o verdadeiro objetivo é recomendar que os bebês recebam somente leite do peito em vez de leite de vaca e leite em pó. Outra vantagem da inserção de sólidos aos 4 meses é que isso pode ajudar a manter a amamentação por mais tempo. Quando uma mãe volta para casa do trabalho, pode oferecer ao bebê alguns alimentos sólidos e leite extraído do peito, em vez de apenas uma mamadeira de leite em pó.

A despeito de todos esses fatores, a decisão sobre quando começar a dar alimentos sólidos para o bebê depende dele. Se, por exemplo, ele estiver seguindo a rotina "de dez semanas antes da introdução dos sólidos", e seus sonos diurnos e noturnos gradualmente começarem a ficar mais curtos, esse será um bom indicador de que seu bebê está pronto. Minha recomendação é que sempre dê o leite primeiro, já que é importante para crianças de até 1 ano receberem diariamente sua ingestão completa de leite.

Dica – Nunca introduza alimentos sólidos antes dos 4 meses, pois isso pode prejudicar o sistema digestivo do bebê, visto que demora até 4 meses para que o revestimento do intestino esteja suficientemente fortalecido para tolerar alimentos sólidos, e os rins ainda não estão maduros para lidar com os resíduos extras.

QUANDO INTRODUZIR ALIMENTOS SEGUROS

O guia aproximado a seguir foi elaborado a partir de minhas próprias experiências e das recomendações de diferentes sistemas de saúde em todo o mundo. Caso se sinta insegura, consulte seu profissional de saúde.

Os alimentos estão catalogados por faixas etárias para facilitar o planejamento e a compra. No apêndice, há também uma lista de alimentos em ordem alfabética para que os pais consultem e verifiquem se são adequados para seu filho.

Observação importante – Esteja atenta ao fato de que as idades indicadas neste guia têm por base bebês que começaram a ingerir sólidos aos 4 meses. Se seu filho começar a ingerir sólidos aos 5 meses, você precisará acrescentar um mês a todas as idades recomendadas. Por exemplo, o aspargo não deverá ser incluído nas refeições até os 8 meses, e não 7 meses como está na relação de alimentos. Mantenha isso em mente ao comprar alimentos comerciais para o bebê.

Primeiros alimentos por idade

A partir dos 4 meses

Abóbora-menina: cozida e oferecida na forma de purê

Abobrinha: cozida e oferecida na forma de purê
Batata: cozida e oferecida como purê
Cenoura: cozida e oferecida como purê
Cereal infantil à base de arroz
Couve-nabo: cozida e dada como purê
Maçã: descascada, cortada e oferecida como purê
Pera: cozida e oferecida como purê

A partir dos 5 meses

Batata-doce: cozida e oferecida na forma de purê
Feijão-verde: cozido e oferecido na forma de purê
Nabo: cozido e oferecido na forma de purê

A partir dos 6 meses

Abacate: amassado
Aveia: no cereal do café da manhã
Banana: crua e amassada como purê (cuidado com a prisão de ventre).
Brócolis: cozido e oferecido na forma de purê
Carneiro: refogado
Couve-flor: cozida e oferecida na forma de purê
Damasco: descaroçado, cozido e oferecido na forma de purê
Ervilhas: cozidas e oferecidas esmagadas ou na forma de purê
Frango: refogado e preparado como purê
Lentilha
Manga: crua, esmagada ou na forma de purê
Manteiga: usada para cozinhar, em pequenas quantidades
Peixe: preste atenção a possíveis reações alérgicas
Pêssego: cozido e oferecido na forma de purê
Queijo: ofereça de início em pequenas porções, observando reações.

A partir dos 7 meses

Arroz: cozido
Aspargo: para comer com a mão
Cereal infantil à base de trigo: esteja atenta a possíveis reações alérgicas.
Cuscuz
Espinafre: cozido

Iogurte: esteja atenta a possíveis reações alérgicas.
Pimentões: cozidos em fogo baixo

A partir dos 8 meses

Abóbora: cozida e amassada.
Alho-poró
Cebola: remova a casca, fatie em quadradinhos e cozinhe em fogo baixo.
Couve-de-bruxelas: dê com cuidado, pois pode causar problemas gástricos.
Damasco: cru a partir dos 8 meses; cozido a partir dos 6 meses
Feijões: descubra se causam gases e, para algumas crianças, se são de difícil digestão.
Frutas secas: groselhas, uva-passa branca e preta.
Massas: a partir do momento em que o bebê consegue comer com a mão.
Melão: para comer com a mão.
Milho verde: não se surpreenda caso o encontre na fralda do bebê!
Óleo vegetal: para cozinhar.
Repolho
Ruibarbo: cozido e amassado.
Tomates: retire as sementes, descasque e ofereça cru.

A partir dos 9 meses

Alho: em porções muito pequenas.
Ameixa seca
Berinjela: numa refeição.
Beterraba: numa refeição.
Carne bovina: refogada.
Cogumelos: refogados.
Fígado: em pequenas porções. Para minha surpresa, muitos bebês gostam.
Figos
Gema de ovo: cozida até ficar dura. Esteja atenta a reações alérgicas.

A partir dos 10 meses

Pão: primeiramente, experimente dar uma pequena porção de

trigo junto com os cereais do café da manhã. O motivo pelo qual não recomendo pão é porque o bebê pode transformá-lo numa bola e engasgar-se.
Pepino: para comer com a mão.

A partir de 12 meses

Abacaxi: para comer com a mão.
Alface: crua.
Ameixa: em porções bem pequenas. Esteja atenta a reações alérgicas.
Broto de feijão: para comer com a mão.
Clara de ovo: esteja atenta à possibilidade de reações alérgicas.
Frutas: só as que constam das listas anteriores.
Frutas vermelhas (morango, amora, framboesa): esteja atenta à possibilidade de reações alérgicas.
Mel: veja observação a seguir.

A partir dos 14 meses

Leite de vaca: não é adequado como a principal fonte de leite para o bebê antes dos 14 meses. O bebê precisa de leite do peito ou leite em pó, que fornecem toda a nutrição correta até que ele esteja ingerindo alimentos variados. Alguns recomendam a introdução do leite de vaca a partir dos 12 meses, mas eu aconselho que você retarde essa inserção na dieta até os 14 meses porque muitos clientes descobrem que, quando introduzem o leite em alimentos cozidos ou como refeição, seu bebê acorda durante a noite ou quarenta minutos depois de pegar no sono. Se isso acontecer, sugiro que retire o leite de vaca da dieta do bebê e tente uns dois meses depois. Comece com pequenas quantidades, colocando-o na comida, e vá aumentando até que o bebê consiga tolerá-lo.

A partir dos 18 meses

Aipo: para ser comido com a mão.
Mariscos: esteja atenta à possibilidade de reações alérgicas.

A partir dos 2 anos e meio

Milho na espiga: não recomendado até que o bebê tenha todos os dentes.

Creme inglês (ou flã): contém ovos, portanto esteja atenta a reações. Tenho associado o creme inglês a problemas de sono, mesmo nas versões feitas em casa.

A partir dos 5 anos

Nozes, castanhas, amêndoas, castanha-de-caju: nunca dê nozes inteiras a crianças com menos de 5 anos. Veja observação a seguir.

Kiwi e grapefruit (toranja): pode provocar reação alérgica.

Estes alimentos são PERIGOSOS para crianças pequenas.

- **Mel:** há perigo de infecção decorrente da toxina botulínica.
- **Chá:** o tanino e outros componentes do chá podem afetar a absorção de ferro.
- **Nozes, castanhas, amêndoas, castanha-de-caju:** evite todos os alimentos contendo nozes e assemelhados (incluindo cremes para passar no pão), se houver algum caso de alergia na família. Mesmo que não existam casos de alergia na família, é recomendável evitar cremes contendo nozes até que a criança tenha 5 anos. Acredito que não se deve arriscar introduzindo nozes de qualquer forma na dieta da criança até que ela tenha idade suficiente para compreender os riscos. As alergias a nozes e seus assemelhados estão se tornando mais comuns e podem causar reações muito graves. Nozes inteiras nunca devem ser dadas a uma criança menor de 5 anos, pois elas podem inalá-las, engasgar-se ou até mesmo ficar com as nozes presas no nariz ou nas orelhas.
- **Uvas:** não dê uvas inteiras a crianças com menos de 5 anos. Corte as uvas ao meio, pois uvas inteiras constituem um risco de engasgamento para bebês e crianças pequenas.

Açúcar e sal

Tanto o sal quanto o açúcar devem ser evitados quando você estiver desmamando o bebê. Dar açúcar nos primeiros dois anos de vida da criança pode incentivar o gosto por doces e a recusa de alimentos apetitosos. As frutas darão ao bebê todo o açúcar de que ele precisa. É comum o açúcar constar entre os ingredientes de alimentos comerciais para bebês na forma de dextrose, sacarose, glucose ou frutose.

Nunca acrescente sal aos alimentos para bebês ou crianças com menos de 2 anos, pois ele pode pressionar demais os rins imaturos de um bebê. Se estiver preparando uma refeição para toda a família, separe a porção destinada ao bebê antes de acrescentar sal. Fique atenta ao sal escondido em alimentos como cereais para o café da manhã de adultos.

Dicas – Não sou grande admiradora de alimentos comerciais para bebês, já que, no decorrer dos anos, encontrei problemas de sono em bebês que só se alimentavam com esse tipo de comida. Acredito que esses alimentos não fornecem calorias suficientes para os bebês, que frequentemente acordam à noite procurando algo para comer. Quando a dieta deles é trocada por alimentos feitos em casa, param de acordar à noite. Não veja problema em dar a seu bebê coisas como frutas ou vegetais simples embalados em frascos de vidro com poucos aditivos. Já as refeições prontas embaladas em frascos não saciam a fome de um bebê. Outro problema é que crianças mais velhas, de 2 a 3 anos, podem acostumar-se com as refeições comerciais e recusar-se a comer qualquer outra coisa e, assim, não se juntar às refeições familiares.

Todavia, se estiver viajando ou em um lugar onde não for higiênico nem conveniente dar ao bebê comidas feitas em casa, é uma boa ideia alimentá-lo com refeições comerciais prontas.

Se seu bebê só ingerir alimentos comerciais infantis, e você quiser que ele coma comida feita em casa, um bom truque é ir acrescentando um pouco de comida feita em casa ao alimento comercial em cada refeição, aumentando gradualmente a quantidade até que ele só coma refeições feitas em casa.

CURSO INTENSIVO DE DESMAME

Dias 1 a 3

Cereal de arroz e purê de maçã

Comece o dia da forma usual, seguindo a rotina para um bebê de 10 semanas até a introdução dos sólidos. Recomendo dar-lhe sua primeira amostra de sólidos em torna do meio-dia, assim, se ele tiver uma reação alérgica, será enquanto estiver acordado.

Ofereça ao bebê sua alimentação das 11 horas como de costume. Pouco antes do meio-dia, misture uma colher de chá no cereal de arroz para bebês com leite materno ou uma mamadeira de leite em pó amornados. Você pode, também, usar água fervida esfriada, mas acho que os bebês preferem o gosto do leite ao qual estão acostumados. É preciso misturar bem para obter uma consistência mole. **Sempre teste a temperatura de qualquer alimento antes de dá-lo ao bebê**. Depois de testar a temperatura, coloque um pouco da mistura numa colher e, gradativamente, insira-a entre os lábios do bebê. Quando ele abrir um pouco a boca, insira a colher o suficiente para que o alimento entre, retirando um pouco de seu conteúdo da parte superior da gengiva. Isso vai encorajar o bebê a comer. Alguns bebês gostam de sugar o cereal de arroz da colher, por isso você precisa segurar a colher dentro da boca deles. Não se preocupe se, a princípio, o bebê não se mostrar muito ávido. Às vezes, são necessárias 12 provas de algum alimento até que ele demonstre interesse. Depois que ele engoliu duas ou três colheradas, dê andamento à rotina diária normal. Repita o procedimento por três dias.

Dias 4 a 6

Cereal de arroz com purê de maçã

Sempre introduzo um pouco de purê de maçã no quarto dia para evitar que o bebê fique com prisão de ventre (inserir legumes, assim como cereal de arroz, nesta primeira etapa pode também causar constipação). De novo, siga a rotina normal e, ao meio-dia, dê uma porção de purê de maçã. Em torno das 17h15, dê ao bebê seu cereal de arroz seguido pelo banho e depois volte à rotina.

Dias 7 a 9

Cereal de arroz e purês de maçã e cenoura

Agora chegou a hora de começar a rotina para um bebê numa dieta de sólidos para 6 meses e meio, o que significa dois pratos.

Às 8 horas, dê a ele cereal de arroz sozinho ou misturado com purê de maçã e depois ofereça purê de maçã sozinho num segundo prato.

Ao meio-dia, ofereça a ele um pouco de purê de cenoura, seguido por purê de maçã sozinho ou misturado com cereal de arroz como um segundo prato.

Às 17h20, ofereça ao bebê um pouco de cereal de arroz, seguido por purê de maçã como um segundo prato.

Dias 10 a 12

Cereal de arroz, purês de maçã e pera

Às 8 horas, dê ao bebê cereal de arroz misturado com um novo sabor, o purê de pêra. Agora que ele já provou alguns alimentos, você pode misturá-los, oferecendo cereal de arroz na hora do almoço e cenoura e maçã no horário do jantar (descobri que os bebês adoram).

Dias 13 a 15

Cereal de arroz e purês de maçã, pera, cenoura e berinjela

Introduza o purê de berinjela ao meio-dia.

Dias 16 a 18

Cereal de arroz e purês de maçã, pera, cenoura, berinjela e nabo

Introduza o purê de nabo ao meio-dia.

Dias 19 a 21

Cereal de arroz e purês de pera, cenoura, berinjela e batata

Introduza o purê de batata ao meio-dia.

A esta altura, creio que você já captou a ideia. A seguir, algumas receitas básicas.

PURÊS CLÁSSICOS

Ao fazer um purê de frutas ou legumes, retire a casca e remova todos os caroços, partes empedradas e sementes. Faça o mesmo com os tomates.

Purê de pera (a partir dos 4 meses)

Ingredientes

2 peras médias

Preparo

Lave as peras em água corrente e fria. Descasque-as, tire os caroços e corte em cubos, tomando cuidado para remover todas as sementes. Coloque as peras numa cesta pequena para cozimento no vapor, posicionando-a em cima de uma panela com água fervente. Cozinhe-as até ficarem macias, lembrando que o cozimento em excesso causa perda de nutrientes. Bata as peras no liquidificador ou processador. Para obter a consistência correta, talvez seja necessário adicionar um pouco de água da panela. Deixe o purê esfriar e depois coloque-o em bandejas de cubos de gelo. Cubra as bandejas e leve ao *freezer*. Depois de quatro horas, retire os cubos e coloque-os em embalagens rotuladas e datadas no *freezer*. Agora você tem porções do tamanho certo para servir, que poderão ser descongeladas na geladeira ou no micro-ondas. Use o mesmo procedimento para fazer o purê de maçã.

Purê de cenoura (a partir dos 4 meses)

Ingredientes

2 cenouras grandes

Preparo

Lave as cenouras em água corrente e fria. Descasque e fatie-as, tomando cuidado para cortar fora o topo e a parte inferior. Coloque as cenouras numa cesta pequena para cozimento no vapor e cozinhe-as até ficarem tenras, lembrando que o cozimento em excesso causa perda de nutrientes. Bata as cenouras no liquidificador ou processador. Para obter a consistência correta, talvez precise pôr um pouco de água da panela. Deixe o purê esfriar antes de colocá-lo em bandejas de cubos de gelo. Cubra as bandejas e leve ao *freezer*. Depois de quatro horas, retire os cubos de cenoura e coloque-os no *freezer* dentro de embalagens rotuladas e datadas. Agora você tem porções do tamanho certo, prontas para serem descongeladas na geladeira ou no micro-ondas. Use o mesmo procedimento para fazer o purê de berinjela, batata e batata-doce. Leite retirado do peito ou preparado de leite em pó para diluir o purê pode ser usado.

PERGUNTAS COMUNS

Por que você introduz o cereal de arroz para bebês em primeiro lugar? O cereal de arroz para bebês é muito brando. Assim, misturá-lo com o leite com o qual o bebê está acostumado, facilita a transição para alimentos sólidos. Aconselho, também, a oferecer um pouco de purê de maçã ou de pera na sequência, para evitar que o bebê tenha prisão de ventre.

O que é intolerância alimentar? É o mesmo que alergia? Não, não é a mesma coisa, e muita gente confunde as duas. A intolerância alimentar não envolve o sistema imunológico; é uma reação a determinados elementos naturais ou produtos químicos contidos na dieta do bebê ou da mãe que amamenta. Um produto químico conhecido por provocar intolerância alimentar é o salicilato, encontrado em queijos, chocolates, peixe, extratos de levedura, banana, abacate e tomate. O glutamato monossódico é outro químico, junto com aditivos como a tartrazina e os sulfitos. Entre os sintomas de intolerância alimentar estão cansaço, dores abdominais, diarreia, urticárias e dores de cabeça. Os bebês que sofrem desse distúrbio geralmente são muito irritáveis e têm dificuldades em se aquietar. A intolerância alimentar não é fácil de diagnosticar. Se você suspeita que seu bebê tem esse distúrbio, consulte um médico ou nutricionista.

Que quantidade de leite meu bebê deve ingerir? Um recém-nascido bebe em média 600 mililitros de leite por dia; um bebê de 4 a 6 meses ingere aproximadamente 1000 mililitros (1 litro) por dia; um bebê de 6 a 12 meses consome cerca de 600 a 700 mililitros por dia; e uma criança de 1 a três anos deve ingerir cerca de 600 mililitros diários.

Como saber que meu filho continua bebendo leite suficiente quando introduzo alimentos sólidos? Até 6 meses, o leite é o alimento mais importante para seu bebê. Para que ele continue ingerindo a quantidade de que necessita, você deve seguir minhas rotinas, oferecendo as refeições de leite primeiro. Isso significa que seu filho irá encher o estômago de leite antes da refeição sólida.

Quando posso dar ao bebê cereal no café da manhã? A partir dos 6 meses, você pode dar cereal de aveia ao bebê. É aconselhável oferecer alguma fruta antes do cereal. Até os 9 meses, todos os cereais que der ao seu filho devem ser livres de trigo e glúten. Já os cereais de café da manhã comerciais só podem ser consumidos por bebês com mais de 1 ano porque contêm sal. Leia atentamente a lista de ingredientes contida nos rótulos dos alimentos comerciais antes de dá-los ao bebê.

Alguns profissionais de saúde me aconselharam a trocar o horário do leite do bebê e começar dando os alimentos sólidos. O que você acha? Já me deparei com isso inúmeras vezes e ainda não entendi por que alguns profissionais recomendam essa mudança. Nas minhas rotinas, os alimentos sólidos estão programados para os horários adequados de refeição, e, se forem trocados por refeição de leite, você estará dando o almoço às 11 horas e o jantar às 16 horas. Algumas de minhas clientes fizeram essa troca somente para descobrir que seus bebês começaram a acordar de novo no meio da noite. Acredito que, dando o leite uma hora antes, quando chegar a hora de oferecer os alimentos sólidos, ele estará quase totalmente digerido, abrindo mais espaço para os sólidos. Mas, quando você muda a rotina e dá o leite em segundo lugar, os alimentos sólidos ainda não foram digeridos, e o bebê acaba não tomando leite suficiente.

Por que alguns bebês passam de uma rotina para outra com mais rapidez do que outros? Parece haver duas razões para isso. Bebês maiores geralmente ficam mais tempo acordados. Num mundo ideal, as rotinas seriam divididas por peso, e não por idade, porém isso complicaria muito as coisas, principalmente na mudança de etapas, como dar sólidos e menos refeições de leite. Acontece também que bebês adeptos da rotina desde o primeiro dia de vida frequentemente precisam de menos sono do que aqueles que começam com as rotinas mais tarde. Talvez isso aconteça porque esses bebês nunca tiveram problemas de sono e, portanto, não têm horas de sono perdidas para recuperar.

Que tipo de leite devo dar a meu bebê entre 1 ano de idade e 14 meses (quando você diz para introduzir o leite de vaca)? O leite em pó é bom para crianças a partir do momento em que começam a andar. Aconselho evitar leite em pó para crianças maiores, uma vez que algumas marcas contêm grandes quantidades de açúcar. Isso pode ter o mesmo efeito que introduzir leite de vaca antes dos 14 meses, no sentido de que faz com que as crianças maiores fiquem agitadas. Você pode dar leite do peito ao seu filho até qualquer idade, ou, se ele estiver ingerindo um leite preparado a partir do leite em pó, sugiro que continue com o leite em pó infantil até introduzir o leite de vaca após os 14 meses.

7

ROTINAS DESDE A INTRODUÇÃO DE ALIMENTOS SÓLIDOS ATÉ OS 24 MESES

ROTINA PARA UM BEBÊ DE ATÉ 6 MESES E MEIO

Horário das mamadas	**Refeições sólidas**	**Horário de sono**
7h	8h	9h
11h	12h	13h
15h	17h20	16h30
18h20		
	Mamada do sonho	**Horário de ir para cama**
	22h30	19h

7 horas

Se seu bebê acordar antes das 7 horas, faça com que ele retarde a refeição de leite até esse horário para encorajá-lo a dormir um pouco mais. Do contrário, acorde-o às 7 horas e dê-lhe leite.

8 horas

Dê o café da manhã ao bebê. Alimente-o até ele se fartar e recusar-se a continuar. Recomendo dois pratos, um apetitoso e outro doce.

9 horas
Ponha o bebê acordado na cama e deixe que ele se acomode sozinho, sem a sua ajuda nem a ajuda de uma chupeta.

11 horas
Dê ao bebê leite. Essa refeição deve começar a diminuir de tamanho à medida que ele for crescendo e comendo mais alimentos sólidos.

12 horas
Alimente o bebê com dois pratos sólidos, um apetitoso e outro doce.

13 horas
Coloque o bebê na cama, deixando que se acomode sozinho.

15 horas
Acorde o bebê e dê-lhe leite.

16h30
Se o bebê não dormiu bem, incentive-o a tirar um cochilo no seu carro ou no carrinho dele. Com cerca de 6 meses e meio, ele não precisa mais desse cochilo.

17h20
Dê ao bebê dois alimentos sólidos, um apetitoso e um doce. Se agora ele estiver pulando o cochilo das 16h30, tente dar-lhe alimentos sólidos às 17 horas a fim de permitir um espaço maior para uma refeição de leite.

18 horas
Hora do banho do bebê.

18h20
Ofereça ao bebê leite. Ele precisa terminar essa refeição ao menos dez minutos antes da hora de ir para a cama.

19 horas

Ponha o bebê na cama completamente acordado, permitindo que ele se acomode sozinho.

22h30

Mamada do sonho.

Observação – Se você estiver começando essa rotina com um bebê com mais de 4 meses que vem dormindo das 19 horas às 7 horas sem a mamada do sonho (veja página 98), não precisará adotar essa mamada. Porém, se o bebê começar a despertar às 5 horas, será preciso adotar a mamada do sonho ou, então, alimentos sólidos. Caso não haja histórico de alergias na família, recomendo que introduza alimentos sólidos em vez da mamada do sonho.

Abandonando a mamada do sonho

Uma vez que seu filho esteja na dieta com sólidos há oito semanas e dormindo a noite inteira, estará na hora de abandonar a mamada do sonho. A primeira coisa a fazer é adiantar essa mamada em meia hora nas primeiras cinco noites. Se o bebê continuar a dormir a noite inteira, adiante essa mamada em mais meia hora por mais cinco noites, repetindo o processo a cada cinco noites até que a mamada do sonho seja dada às 8 horas. Se isso ainda não estiver funcionado ou, então, caso seu bebê tome mamadeira, reduza a quantidade a cada noite em 20 mililitros, e, para os bebês que mamam no peito, reduza em dois minutos a cada noite. Quando chegar em 30 ml ou na etapa dois minutos, não dê a mamada do sonho de novo. Se, em qualquer ponto, a criança acordar mais cedo pela manhã, volte a oferecer a mesma quantidade de leite que estava dando no momento antes que o despertar aconteceu. Então tente reduzir de novo ou volte para cinco dias mais tarde.

Troca de rotinas

Para bebês pequenos, sugiro seguir cada uma das rotinas por duas semanas como explicado até que o bebê chegue à rotina para um bebê de 10 semanas até a introdução dos sólidos. A maioria dos bebês sente-se bem com essa rotina até que os sólidos sejam adotados aos 4 meses. Esses bebês continuam com a iniciação aos sólidos para a rotina dos 6 meses e meio antes da próxima troca. Entretanto parece haver uma certa porcentagem de bebês que passam de uma rotina para a outra com mais rapidez.

Parece haver duas razões para isso. Bebês maiores muitas vezes necessitam passar mais tempo acordados. Num mundo ideal, as rotinas seriam determinadas por peso em vez de por idade, mas isso tornaria as coisas muito complicadas, principalmente quando se entrasse em etapas como a adoção de alimentos sólidos e menos refeições de leite. É comum que bebês que estão adotando as rotinas desde o primeiro dia de vida precisem de menos horas do que aqueles que estão começando nas rotinas mais tarde. Talvez isso se deva ao fato de esses bebês nunca terem tido problemas de sono e, assim, não têm horas de sono para recuperar!

Alguns indicativos podem determinar que está na hora de trocar de rotina. Se o seu filho começar a acordar antes das 7 horas, a demorar mais que o tempo usual para se acomodar (enquanto brinca de jogar o consolo para fora da cama e senta-se ou fica de pé no berço) ou, então, a cochilar, esse poderá ser o momento para passar para a próxima rotina. Lembre-se, porém, de que só recomendo trocar de rotina depois que você tenha descartado fome e frio. Além disso, talvez você descubra que, a princípio, só precisará mudar o horário do sono da tarde, e seu bebê continuará satisfeito com o sono do início da manhã por mais algum tempo.

ROTINA PARA UM BEBÊ DE 6 MESES E MEIO ATÉ 9 MESES

Horário das mamadas	Refeições sólidas	Horário de sono
7h	8h	9h20
11h	12h	13h20
	17h	
Quando o bebê acordar		
18h30		

7 horas

Se seu bebê acordar antes das 7 horas, faça com que ele espere até esse horário, pois isso irá encorajá-lo a dormir um pouco mais. Porém, se ainda não estiver acordado, desperte-o e dê-lhe uma refeição de leite.

8 horas

Dê o café da manhã ao bebê. Alimente-o até ele se fartar e recusar-se a continuar. Recomendo que lhe dê dois pratos.

9h20

Ponha o bebê acordado na cama e deixe que se acomode sozinho, sem o seu auxílio nem a ajuda de uma chupeta.

11 horas

Dê ao bebê a refeição de leite. Essa refeição deve começar a diminuir de tamanho à medida que ele for crescendo e alimentando-se com mais sólidos. Se estiver preocupada com a ingestão de leite, acrescente leite retirado do peito ou preparado de leite em pó às refeições sólidas.

12 horas

Alimente o bebê com dois alimentos sólidos, um apetitoso e outro doce.

13h20

Ponha o bebê na cama para uma dormida. Quando acordar, dê uma refeição de leite. Não permitir que o bebê durma durante o dia acrescenta no total mais de quatro horas.

17 horas

Dê ao bebê dois pratos de alimentos sólidos, um apetitoso e outro doce.

18 horas

Hora do banho do bebê

18h30

Dê ao bebê uma refeição de leite completa. Ele precisa terminar de mamar até ao menos dez minutos antes da hora de ir para a cama. Se essa mamada costuma durar mais, comece mais cedo.

19 horas

Ponha o bebê na cama completamente acordado.

ROTINA PARA UM BEBÊ DE 9 A 12 MESES

Horário das mamadas	Refeições sólidas	Horário de sono
7h	8h	9h50
Quando o bebê acordar	Uma hora depois do seu leite	Três horas depois de acordar
18h30	17h	
		Horário de ir para a cama
		19h

7 horas

Se o bebê acordar antes das 7 horas, faça com que ele espere até esse horário, pois isso irá encorajá-lo a dormir um pouco mais. Porém, se ele não estiver acordado, desperte-o e dê-lhe uma refeição de leite.

8 horas

Dê o café da manhã ao bebê. Alimente-o até ele se fartar e recusar-se a continuar. Recomendo que lhe dê dois pratos de comida, um apetitoso e outro doce.

9h50

Coloque o bebê no berço e deixe que se acomode sozinho, sem sua ajuda nem a de uma chupeta. Deixe-o dormir até que desperte sozinho. Quando acordar, dê-lhe metade da quantidade de leite que ele usualmente toma às 7 horas ou alimente-o a metade do tempo no peito.

Uma hora após ele ter acordado

Alimente o bebê com dois pratos de comida, um apetitoso e um doce.

Três horas após ele ter acordado

Ponha o bebê na cama para dormir. Quando ele acordar, dê--lhe a metade da porção de leite usual. Não permita que passe das 16h45.

17 horas

Alimente o bebê com dois pratos de comida, um apetitoso e outro doce.

18 horas

Hora do banho do bebê

18h30

Dê ao bebê uma refeição de leite completa. É preciso que ele termine ao menos dez minutos antes da hora de ir para a cama. Se essa refeição costuma durar mais tempo, comece antes.

19 horas

Coloque o bebê na cama totalmente acordado.

Se seu bebê tem quase 1 ano e está tendo dificuldades para dormir às 9h50, pode estar pronto para uma mudança de rotina, que precisa acontecer gradualmente. Recomendo deitá-lo na cama um pouco mais tarde a cada cinco ou mais dias até descobrir os horários em que ele se sinta bem com dormidas diurnas.

A partir dos 12 meses, torna-se difícil seguir minhas rotinas à risca porque crianças dessa idade têm necessidades de sono ligeiramente diferentes. Observe o bebê, e, quando detectar que ele passa a demorar mais para cair no sono ou começa a cochilar, esse será o sinal de que está na hora de ir para as próximas rotinas. A partir daqui, apresento algumas rotinas baseadas naquilo que um bebê médio de cada idade está fazendo.

Quando completar 1 ano de idade, a criança estará pronta para começar a abandonar as refeições de leite. A princípio, as meias refeições que são dadas depois do sono da manhã e da tarde devem ser reduzidas gradualmente no decorrer de alguns dias até que sejam suprimidas de vez. Aí, cabe a você decidir se quer suprimir as outras refeições. Se optar por eliminar as outras duas refeições de leite ou substituí-las por uma xícara de leite, a primeira refeição de leite que você deverá abandonar é a da manhã. A última a ser eliminada, ou substituída por uma xícara de leite, é a das 18h30.

ROTINA PARA BEBÊS DE 12 MESES

Horário das mamadas	Refeições sólidas	Horário de sono
7h	8h	10h15
18h40	12h30	3 horas e 20 minutos depois de acordar
	17h	
		Horário de ir para a cama
		19h

7 horas

Se o bebê acordar antes das 7 horas, faça com que ele espere até esse horário, pois isso irá encorajá-lo a dormir um pouco mais. Do contrário, desperte o bebê e dê-lhe uma refeição de leite.

8 horas

Dê o café da manhã ao bebê. Alimente-o até ele se fartar e recusar-se a continuar. Recomendo que lhe dê dois pratos de comida, um apetitoso e outro doce.

10 horas

Dê o café da manhã do bebê – alguma fruta ou biscoitos e, para beber, leite ou água.

10h15

Coloque o bebê acordado na cama, deixando que se acomode sozinho, sem sua ajuda nem a de uma chupeta.

12h30

Se o bebê ainda estiver dormindo, não o acorde. Deixe-o dormir quanto quiser. Quando acordar, dê-lhe o almoço.

Três horas e vinte minutos depois de o bebê acordar

Ponha o bebê na cama para uma dormida, mas não deixe que passe das 16h45.

17 horas

Dê ao bebê um jantar com dois pratos de comida.

18 horas

Hora do banho do bebê

18h40

Dê ao bebê uma refeição de leite completa (se ainda estiver dando). É preciso que ele termine essa refeição ao menos dez minutos antes da hora de ir para a cama. Se demorar mais, comece a alimentá-lo mais cedo.

19 horas

Ponha o bebê na cama completamente acordado, deixando que se acomode sozinho.

ROTINA PARA BEBÊS COM 14 MESES

Horário das mamadas	Refeições sólidas	Horário de sono
7h	8h	10h45
18h40	13h	3 horas e 20 minutos depois de acordar
	17h	
		Horário de ir para a cama
		19h

7 horas

Se o bebê acordar antes das 7 horas, faça com que ele espere até esse horário, pois isso irá encorajá-lo a dormir um pouco mais. Porém, caso ele não acorde, desperte-o e dê-lhe uma refeição de leite.

8 horas

Dê o café da manhã ao bebê. Alimente-o até ele se fartar e recusar-se a continuar. Recomendo que lhe dê dois pratos de comida, um apetitoso e outro doce.

10 horas

Dê o café da manhã do bebê – alguma fruta ou biscoitos e, para beber, leite ou água.

10h45

Coloque o bebê acordado na cama, deixando que se acomode sozinho, sem sua ajuda nem a de uma chupeta.

13 horas

Se o bebê ainda estiver dormindo, não o acorde. Deixe-o dormir quanto quiser. Quando acordar, dê-lhe o almoço. Caso ele durma mais de duas horas e meia, isso significará que não precisa de uma segunda dormida.

Três horas e vinte minutos depois de o bebê acordar

Coloque o bebê na cama para dormir, mas não deixe que ele passe das 16h15.

17 horas

Dê o jantar do bebê.

18 horas

Hora do banho do bebê

18h40

Dê ao bebê uma refeição de leite completa (se ainda estiver dando). É preciso que ele termine essa refeição ao menos dez minutos antes da hora de ir para a cama. Se demorar mais, comece a alimentá-lo mais cedo.

19 horas

Deite o bebê na cama completamente acordado, permitindo que se acomode sozinho.

ROTINA PARA UMA CRIANÇA DE 16 MESES

7 horas

Nessa idade, algumas crianças já abandonaram o leite da manhã, mas, se seu filho ainda estiver interessado, recomendo que continue dando a ele leite, porque é muito importante para os ossos. Caso ele acorde antes das 7 horas, retarde o leite ou o café da manhã até esse horário. Se ele não despertar antes, não o acorde, a não ser que seja necessário. Quando a criança despertar, comece a manhã com uma refeição de leite ou com um café da manhã. Se você ainda estiver lhe dando uma refeição de leite, ofereça o café da manhã uma hora depois do leite.

10 horas

Dê o café da manhã à criança – alguma fruta ou biscoitos e, para beber, leite ou água.

11h30

Dê à criança alguma coisa para comer, já que esse provavelmente será o horário do seu almoço nos próximos meses.

Meio-dia

Coloque a criança na cama acordada, deixando que se acomode sozinha.

14h30

Não permita que a criança durma por mais de duas horas e meia. Quando ela acordar, precisará de algo para comer e beber. O que e em que quantidade vai depender do que ela comeu na hora do almoço.

17 horas

Dê o jantar da criança.

18 horas

Hora do banho

18h40

Dê à criança sua porção de leite, que pode ser leite do peito, na mamadeira ou numa xícara.

19 horas

Coloque a criança totalmente acordada na cama, deixando que se acomode sozinha.

ROTINA PARA UMA CRIANÇA DE 18 MESES

7 horas

Nessa idade, algumas crianças já abandonaram o leite da manhã, mas, se seu filho ainda estiver interessado, recomendo que continue dando-lhe leite, porque é muito importante para os ossos. Caso ele acorde antes das 7 horas, retarde o leite ou o café da manhã até esse horário; entretanto, se ele não despertar antes, não o acorde, a não ser que seja necessário. Quando a criança despertar, comece a manhã com uma refeição de leite ou com um café da manhã. Se ainda estiver dando leite para ela, ofereça o café da manhã uma hora depois do leite.

10 horas

Dê à criança o café da manhã – alguma fruta ou biscoitos e, para beber, água ou leite.

Meio-dia

Dê à criança algo para comer no almoço.

12h45

Coloque a criança na cama, deixando que se acomode sozinha.

14h45

Não deixe seu filho dormir por mais de duas horas. Quando despertar, precisará comer e beber algo.

17 horas

Dê o jantar da criança.
Para informações sobre o ritual da hora de dormir, consulte a página 162.

ROTINA PARA UMA CRIANÇA DE 24 MESES ATÉ O ABANDONO DA SONECA DIURNA

7 horas

Nessa idade, algumas crianças já abandonaram o leite da manhã, mas, se seu filho ainda estiver interessado, recomendo que continue dando a ele leite, porque é muito importante para os ossos. Caso ele acorde antes das 7 horas, retarde o leite ou o café da manhã até esse horário; porém, se não despertar antes, não o acorde, a não ser que seja necessário. Quando a criança despertar, comece a manhã com leite ou com o café da manhã. Se ainda estiver dando leite para a criança, ofereça o café da manhã uma hora depois do leite.

10 horas

Dê à criança o café da manhã – alguma fruta ou biscoitos e, para beber, leite ou água.

12h20

Dê à criança algo para comer no almoço.

13 horas

Coloque a criança na cama acordada, deixando que se acomode sozinha. Se ela começar a demorar um longo tempo para se acomodar para seu sono diurno, ou começar a jogar o consolo para fora da cama, tente colocá-la para dormir vinte minutos mais tarde. O último horário recomendado para pôr a criança na cama é 14h45.

Seu filho atingirá um estágio em que não precisará mais dormir ou tirar um cochilo durante o dia. Nessa etapa, um descanso é uma boa ideia até que tenha cerca de 4 anos. Se ele parar de dormir nesse horário, transforme este num período de descanso, lendo um livro infantil para ele na cama.

Duas horas depois de ter posto seu filho na cama ou às 15h30

Acorde a criança duas horas depois de ela ter ido para a cama ou às 15h30, o que vier primeiro. Não permita que ela durma após as 15h30, independentemente do horário em que foi deitar. Ofereça algo para beber ou um pequeno lanche da tarde.

17 horas
Hora do jantar

RITUAL DA HORA DE DORMIR

18 horas
Hora do banho

18h30
Dê à criança seu leite, seja do peito, na mamadeira ou numa xícara. Se quiser ler uma historinha para seu pequeno, essa é a hora, mas não deixe que tanto a historinha quanto a refeição de leite ultrapassem o horário das 18h40.

18h40
Aproveite um tempinho para brincar com seu filho no quarto.

18h55
Escove os dentes da criança.

18h59
Coloque a criança dentro do saco de dormir (se o tiver) e a ponha na cama, depois cubra com lençol e cobertores. Dê boa-noite a ela, deixando que se acomode sozinha.

ROTINA PARA UM LAR COM RECÉM-NASCIDO E UMA CRIANÇA DE 2 ANOS

Abaixo, uma rotina para ajustar minhas rotinas para um lar com uma criança maior e um recém-nascido.

Horário de mamadas do bebê	Horário de refeições da criança maior	Horário de sono do bebê	Horário de sono da criança maior
7h	8h: café da manhã	9h	
11h	10h: café da manhã	12h45	12h45
15h	12h: almoço	16h30: soneca	
18h30	17h: jantar	19h: hora de ir para a cama	19h: hora de ir para a cama
22h30: mamada do sonho			

7 horas

Acorde a criança maior para alimentá-la. Se ela acordar antes das 7 horas, retarde seu leite até esse horário. Se ainda estiver dormindo, deixe que durma o tempo que quiser.

8 horas

Dê o café da manhã da criança maior.

9 horas

Procure sair todas as manhãs para um lugar onde a criança maior possa queimar energia e o bebê ter seu sono da manhã no carrinho.

10 horas

Dê à criança maior o café da manhã.

11 horas

Acorde o bebê e alimente-o.

Meio-dia
Dê o almoço da criança maior.

12h45
Tente pôr tanto a criança maior como o bebê na cama nesse horário todos os dias para que você tenha um momento de descanso. Se o bebê já dormiu umas boas duas horas pela manhã, mantenha-o acordado até as 13 horas.

14h45
Acorde a criança maior e dê-lhe um lanchinho e algo para beber, seja leite ou água.

15 horas
Acorde o bebê e alimente-o.

16 horas
Leve tanto o bebê como a criança maior para um passeio no parque, onde seu bebê pode tirar uma soneca, e a criança maior, queimar um pouco mais de energia.

17 horas
Dê o jantar da criança maior.

17h15
Acorde o bebê da sua soneca, se necessário.

18 horas
Dê banho em ambas as crianças.

18h30
Alimente o bebê e dê um leite para a criança maior.

18h50
Leia uma historinha para ambas as crianças antes de colocá--las na cama.

19 horas

Envolva o bebê num cueiro e coloque-o na cama acordado, deixando que ele se acomode sozinho. Depois, ponha a criança maior na cama.

22h30

Dê ao bebê a mamada do sonho.

Refeições noturnas

Alimente o bebê quando ele acordar à noite. Durante as mamadas noturnas, tente não conversar com ele, mantendo o quarto na penumbra, de forma que comece a entender a diferença entre o dia e a noite.

Dicas

- Se o bebê começar a acordar todas as noites às 4 ou 5 horas, a probabilidade é que esteja com frio, já que essa é a parte mais fria da noite.
- Ao atingir os 3 anos, a criança não deve mais precisar de mais do que uma hora e meia de sono diurno. O tempo restante deve ser transformado em tempo de descanso e lazer, à medida que ela cresce. É normal que uma criança de 3 anos tenha sonos diurnos em dias alternados.
- Uma vez que o bebê tenha chegado aos 16 meses, não será mais preciso acordá-lo às 7 horas. Pode deixá-lo dormir de manhã até despertar sozinho. Quando ele acordar, ofereça-lhe uma refeição de leite ou o café da manhã. Porém, se perceber que ultrapassar o horário das 7 horas está começando a causar problemas ao seu sono diurno, então talvez seja melhor voltar a acordá-lo nesse horário todas as manhãs.

PERGUNTAS COMUNS

Fui aconselhada a reduzir as refeições de leite de meu bebê de 10 meses para três, mas na sua rotina para bebês de 9 a 12 meses ainda constam quatro refeições de leite ao dia. Isso está certo? Nessa rotina, o que parece ser quatro refeições de leite programadas, na realidade, são três, porque você vai dar duas mamadas completas e duas meias mamadas. Descobri que bebês de 9 meses ainda precisam de leite, e reduzir o número de mamadas para três pode fazer com que não obtenham o suficiente. Distribuindo em quatro mamadas, com duas meias mamadas, atinge-se a ingestão diária recomendada.

Meu filho adota sua rotina desde o nascimento. Agora ele está com 16 meses e, em certos dias, está pronto para dormir às 9h30. Mas há dias em que fica acordado até o meio-dia. Estou confundindo a criança ao não repetir o mesmo horário todos os dias? É comum os bebês alternarem-se entre duas rotinas diferentes. Isso não causará problemas se você se ativer aos mesmos horários de sono e tiver duas rotinas em dias alternados ou até mesmo uma rotina para dois dias e depois uma outra para um dia. Isso poderá transformar-se num problema se você ficar trocando de horário. Por exemplo, num dia coloca-o de volta à cama às 9h30, no dia seguinte, às 11h30 e, no próximo, às 10 horas.

Meu bebê vem bebendo água com satisfação da sua xícara com canudinho desde os 8 meses. Agora vem o problema: recentemente acrescentei leite de vaca ao cereal em vez de leite do peito. Ele aceita bem o leite de vaca com o cereal, mas o recusa de xícara. Como fazer com que ele tome? Tente colocar um pouco de leite à água, começando com uma colher de chá, e vá aumentando gradualmente a quantidade de leite. Dessa forma, ele se acostumará ao gosto do leite.

8

AMOR MÚLTIPLO E CHEGADAS PREMATURAS

O nascimento de gêmeos é bem mais comum do que a maioria dos pais imagina. Na realidade, um em cada quatro nascimentos é de gêmeos. Geralmente uma gravidez gemelar não é levada a termo, e os bebês costumam ser menores e não tão fortes quanto a média. Isso torna mais trabalhoso adotar minhas rotinas desde os primeiros dias, e, sem conversar com cada casal e descobrir suas necessidades individuais, é difícil para mim aconselhá-los. Neste capítulo compartilho algumas das rotinas que usei no passado, mas será apenas um guia. Você vai precisar observar suas necessidades individuais e as necessidades de cada um dos bebês antes de se decidir sobre uma rotina para sua família.

O nascimento prematuro é também muito comum. Meu filho, Darragh, nasceu quase sete semanas antes do prazo e passou um período numa Unidade de Terapia Intensiva Neonatal (UTIN). Portanto, nesse assunto, tenho experiência em primeira mão. Se você tem um bebê prematuro, vai descobrir que grande parte dos conselhos que dou aos pais de múltiplos vai se aplicar a você.

Descobri, no decorrer dos anos, que os pais de gêmeos, trigêmeos ou quadrigêmeos necessitam menos da minha ajuda do que pais de crianças de diferentes idades ou até mesmo de um único bebê. Isso talvez se deva ao fato de que eles se preparam para o pior e decidem se organizar e adotar uma boa rotina de sono e alimentação desde o primeiro dia.

ONDE DEVEM DORMIR OS BEBÊS MÚLTIPLOS?

É comum que os pais de múltiplos decidam colocá-los para dormir no mesmo berço. Pesquisas mostram que é mais provável que eles se acomodem bem se estiverem em contato próximo um com o outro, já que estiveram assim no útero. O lado negativo é que chegará um momento em que você vai precisar separá-los, particularmente quando um ou todos os bebês começarem a rolar no berço ou movimentar-se muito. Infelizmente, quanto mais tempo eles dormirem juntos, mais difícil será para aprenderem a ficar separados.

Aconselho que os bebês sejam colocados em berços separados posicionados o mais perto possível um do outro. Assim eles poderão conversar e ver um ao outro, mas sem correrem o risco de acidentes e de problemas futuros quando se separarem.

ALIMENTAÇÃO

Às vezes, os bebês prematuros não podem ser amamentados desde o início. Comumente, esses bebês são alimentados por meio de tubos ou os pais são aconselhados a dar mamadeira para eles até que estejam suficientemente fortes para sugar o peito. Se for esse o caso, tente retirar leite materno e dá-lo aos bebês. Isso ajuda a manter sua produção de leite em alta para quando eles tiverem condições de mamar. Para manter uma boa produção de leite, você deve extrair a cada três horas durante o dia e a cada quatro horas à noite.

Não há impedimentos para que você não consiga amamentar mais de um bebê, e, no decorrer dos anos, tenho encontrado muitas mães que fazem isso sem grandes problemas. A maioria das mães é capaz de produzir leite suficiente para mais de um bebê. Mas é importante estar atenta a sua situação individual e às necessidades familiares. Não faz sentido tentar amamentar se você estiver se sentindo muito cansada para dar atenção aos bebês ou, então, passar o tempo todo preocupada se eles estão sendo suficientemente alimentados. Se estiver preocupada com isso, converse com seu médico sobre o ganho de peso deles. Se os bebês estiverem ganhando peso suficiente, acomodando-se e dormindo bem, você saberá que está produzindo leite suficiente. Lembre-se de que algum leite materno é melhor do que nenhum. Tendo isso em mente, muitas das minhas clientes têm decidido dar uma mistura de leite do peito com leite preparado a partir de leite em pó.

Quanto ao método de alimentação de gêmeos, muitas mães acham mais fácil amamentar ambos os bebês ao mesmo tempo, enquanto outras preferem amamentar um de cada vez. Se estiver amamentando ambos os bebês ao mesmo tempo, siga minhas rotinas de acordo com a idade dos bebês (dependendo se eles estão sendo amamentados no peito ou tomando mamadeira). Se preferir amamentá-los em separado, pode usar as rotinas deste capítulo como uma diretriz, mas vai precisar adaptá-las às necessidades individuais de cada bebê.

GUIA PARA AMAMENTAR GÊMEOS ANTES DA DESCIDA DO SEU LEITE

Se estiver amamentando os gêmeos ao mesmo tempo, adote o guia abaixo até que seu leite desça. Caso esteja amamentando um de cada vez, use o exemplo de rotina para amamentação de gêmeos separadamente com uma semana de vida e mais de 3 quilos na página 174 e só coloque os bebês no peito pelo período de tempo estabelecido na tabela a seguir até seu leite descer.

	Bebê A	**Bebê B**
1º dia: amamente cada bebê a cada três horas na mama reservada para aquele bebê.	**Mama direita por 10 minutos**	**Mama esquerda por 10 minutos**
2º dia: amamente cada bebê a cada três horas na mama oposta à do dia anterior (consulte meus conselhos sobre a alternância entre as mamas neste capítulo).	**Mama esquerda por 16 minutos**	**Mama direita por 16 minutos**
3º dia: amamente cada bebê a cada três horas na mama reservada.	**Mama direita por 21 minutos**	**Mama esquerda por 21 minutos**
4º dia e todos os dias subsequentes até a descida do seu leite: amamente cada bebê a cada três horas na mama reservada.	**Mama esquerda por 28 minutos**	**Mama direita por 28 minutos**

Observação – Se você tiver mais de dois bebês, procure um especialista em lactação para obter orientações.

Amamentação quando seu leite descer

Você vai saber que seu leite está descendo quando suas mamas começarem a ficar mais cheias e rígidas. Vai notar também uma mudança na coloração do leite, que passa de um colostro amarelado para leite de cor mais pálida e leitosa, ligeiramente azulada. Algumas mulheres sofrem com mamas ingurgitadas nesse momento, mas isso tem menos probabilidade de ocorrer se você estiver adotando minhas rotinas.

Sei que meus conselhos até agora não dão aos bebês tanto leite ou tempo de sucção como um único bebê teria no mesmo estágio; contudo, no decorrer dos anos, tenho visto muitas mães de gêmeos que não seguem as diretrizes na primeira semana ficarem em agonia pelo sangramento e fissuras nos mamilos já na segunda semana. Essas mães desistem de vez da amamentação porque tudo fica muito difícil. Acredito firmemente que é melhor para você amamentar os bebês por menos tempo nos primeiros dias para evitar esses problemas. Depois, com a prática, você poderá amamentá-los por muito tempo.

A partir do momento em que seu leite descer, geralmente no terceiro ou quarto dia, você deve oferecer ao bebê uma mama até que esta seja completamente esvaziada em cada mamada. Lembre-se de que você vai precisar amamentar um bebê em uma das mamas o dia inteiro (veja a explicação completa na página 178). É preciso incentivar seus bebês a exaurir a mama na qual estão mamando, de forma que cada um obtenha o suficiente do leite gorduroso. Pode demorar até quarenta e cinco minutos para cada bebê esvaziar cada mama, muito mais tempo do que se você tivesse apenas um bebê, porque suas mamas terão mais leite para atender a demanda.

Nas duas primeiras semanas, é muito importante amamentar a cada três horas durante o dia. Se aleitar com mais frequência, pode acontecer de os bebês "tomarem lanchinhos" e nunca atingirem o tão importante leite gorduroso. No caso de gêmeos ou de múltiplos, talvez seja necessário usar uma chupeta para ajudar os bebês a resistirem ao intervalo entre mamadas, porém aconselho a se livrar das chupetas na terceira semana, para que os bebês não fiquem dependentes delas.

Após a descida do leite, você pode deixar seus bebês dormirem um período de até cinco horas por noite nas primeiras duas semanas. Mas acorde-os às 5 horas em ponto, pois, se suas mamas ficarem muito tempo sem serem estimuladas, isso poderá afetar a produção de leite.

PERTURBAÇÃO DO SONO POR OUTROS BEBÊS

Os pais ficam extremamente preocupados com a possibilidade de que um bebê acorde o outro estando eles no mesmo quarto. Por isso, correm para o quarto sempre que fazem o menor ruído. Isso é desnecessário e pode causar problemas de sono em bebês recém-nascidos. No geral, os bebês têm uma tolerância muito maior aos ruídos noturnos do que seus pais, e isso é claramente demonstrado por gêmeos que raramente perturbam um ao outro quando compartilham do mesmo quarto. Gêmeos apresentam desafios próprios, mas, para cada desafio, há uma solução.

Já estive em muitos lares de gêmeos para auxiliar os pais a ensinar seus bebês a se acomodar sozinhos e dormir a noite inteira. Nessas ocasiões, testemunhei casos de um dos bebês chorar tão alto que acordava a casa inteira, enquanto o outro gêmeo dormia tranquilamente a seu lado.

Se houver problema de inquietação quando dois bebês dormirem no mesmo quarto, uma tática será usar os ciclos de sono a seu favor, escalonando os horários de colocar os bebês na cama de forma que seus ciclos sobreponham-se. Como cada ciclo de sono dura em média quarenta minutos, colocar um dos bebês na cama 20 a 25 minutos depois do outro impede que eles entrem no estágio do sono leve ao mesmo tempo, agitando um ao outro.

MAMADAS NOTURNAS

Sempre aconselho meus clientes a tentar tratar os bebês gêmeos como se fossem únicos à noite. Não é justo acordar o segundo bebê para amamentar apenas porque o primeiro acordou e pediu comida. Sei que isso dificulta um pouco mais sua vida, pois precisa levantar de novo quando o segundo bebê acordar, principalmente se acabou de voltar a dormir, mas, a longo prazo, esta prática compensa porque você vai descobrir que os bebês começarão a dormir mais cedo a noite toda. É comum entre gêmeos que um deles durma a noite inteira uma ou duas semanas antes do outro. Lembre-se de que você não deve deixar um bebê lactente passar mais de cinco horas durante a noite sem uma mamada (ou seis horas, no caso de bebês alimentados com mamadeira, até que tenham recuperado o peso de nascimento e estejam pesando mais de 3 quilos). Isso significa que você vai precisar utilizar dois despertadores acertados para os diferentes horários de cada bebê.

A INTRODUÇÃO DE ALIMENTOS SÓLIDOS

Quando você tem mais de um bebê, vai constatar que é comum que um deles demonstre estar pronto para ingerir sólidos bem antes do outro ou dos outros. Se isso acontecer, mais uma vez será preciso observar as diferenças. Caso sinta que um dos bebês está pronto para uma dieta com sólidos, e ele comece a cochilar durante o dia e a acordar de novo à noite, ele realmente precisará começar com os sólidos. Você pode iniciar a dieta com cereal de arroz e maçã até o momento em que o outro ou os outros bebês estejam prontos, pois não é uma boa ideia oferecer ao primeiro bebê uma variedade de sabores sem oferecer também ao outro (ou aos outros), porque você poderá se atrapalhar quando tentar prestar atenção a alergias. É comum que pais de gêmeos alimentem todos de uma mesma tigela com uma mesma colher. Se todos estiverem saudáveis, não haverá problemas, mas, se um deles estiver doente ou mostrar sinais de doença, use uma tigela e uma colher para cada bebê.

QUANDO SE TRATA DAS ROTINAS

Como já disse antes, em muitas gestações múltiplas, os bebês não nascem a termo e, assim, costumam ser menores do que o normal. Se seus bebês forem prematuros, e você estiver amamentando, sugiro que adote minha rotina de amamentação de uma para duas semanas (página 174) como um guia até que os bebês atinjam o peso de 3 quilos antes de passarem para a próxima rotina. Se você estiver dando mamadeira de leite materno extraído ou de leite em pó, sugiro que adote minha rotina para bebês de 2 semanas (página 182) até que os bebês cheguem aos 3 quilos. Quando atingir essa meta, siga cada rotina por duas semanas. Quando chegar à rotina para 10 semanas, sua próxima troca de rotina será quando começar a dar aos bebês uma dieta com alimentos sólidos.

A seguir, um guia aproximado a ser utilizado quando iniciar uma dieta com alimentos sólidos para um bebê prematuro.

Prematuros de	Idade média recomendada para iniciar nos sólidos
4 semanas	17 semanas
6 semanas	18 semanas
8 semanas	19 semanas
10 semanas	12 semanas
12 semanas	20 semanas

Dica – Ao amamentar gêmeos, alterne entre as mamas a cada vinte e quatro horas. Consulte o exemplo de rotina a seguir para maiores detalhes.

ROTINAS AJUSTADAS PARA GÊMEOS

Você vai notar que chamo de exemplo de rotina aquelas contidas neste capítulo. Isso porque é preciso observar as necessidades dos bebês e criar suas próprias rotinas. Ao fazê-lo, responda as seguintes perguntas: um bebê leva mais tempo mamando do que o outro? Um deles demora mais para arrotar que o outro? Quanto tempo você demora para acomodá-los depois da mamada? A regra mais importante para fazer sua própria rotina ou ajustar uma das rotinas do exemplo a seguir é certificar-se de que eles estão ganhando peso, e suas necessidades individuais estão sendo atendidas.

EXEMPLO DE ROTINA PARA GÊMEOS AMAMENTADOS SEPARADAMENTE COM 1 A 2 SEMANAS DE VIDA E PESANDO MAIS DE 3 QUILOS

Horário das mamadas para o gêmeo A	Horário das mamadas para o gêmeo B	Horário dos sonos para o gêmeo A	Horário dos sonos para o gêmeo B
6h35/7h25	7h/7h45	7h50	8h15
9h35/10h25	10h/10h45	11h05	11h30
12h35/13h25	13h/13h45	14h05	14h30
15h35/16h25	16h/16h45		
17h35/18h35	18h/18h30	Hora de dormir: 19h	Hora de dormir: 19h
21h05	21h30		
2h25 (no máximo)			

6h35

Acorde o bebê **A** e amamente-o por vinte minutos na mama direita. Você deve acordá-lo e amamentá-lo mesmo que a última mamada tenha sido às 5h30, de forma que ele sempre comece o dia no mesmo horário e de barriga cheia. Como pode observar, estou reservando cinco minutos para a retirada dos gases, mas isso pode demorar um pouco mais; portanto, ajuste os horários, se necessário.

7 horas

Acorde o bebê **B** e amamente-o por vinte minutos na mama esquerda. Você deve despertá-lo e amamentá-lo mesmo que a última mamada tenha sido às 5h30, de forma que ele sempre comece o dia no mesmo horário e plenamente satisfeito.

7h25

Coloque o bebê **A** na mama *direita* e amamente-o por quinze minutos.

7h45

Coloque o bebê **B** na mama *esquerda* e amamente-o por quinze minutos.

7h50

Tire o bebê **B** da mama *esquerda* e envolva o bebê **A** num cueiro, colocando-o na cama acordado e deitado de costas, deixando que se acomode sozinho (consulte o guia sobre autoacomodação na página 206). Faça o bebê **B** arrotar e coloque-o de volta na mama *esquerda* para continuar a amamentar.

8h15

Envolva o bebê **B** num cueiro e coloque-o na cama acordado e deitado de costas, deixando que se acomode sozinho.

9h55

Acorde o bebê **A** e amamente-o por vinte minutos na mama *direita*.

10 horas

Acorde o bebê **B** e amamente-o por vinte minutos na mama *esquerda*.

10h25

Coloque o bebê **A** de volta na mama *direita* e amamente-o por quinze minutos.

10h45

Coloque o bebê **B** na mama *esquerda* e amamente-o por quinze minutos.

11h05

Envolva o bebê **A** num cueiro e coloque-o na cama acordado e deitado de costas, deixando que se acomode sozinho.

11h30

Envolva o bebê **B** num cueiro e coloque-o na cama acordado e deitado de costas, deixando que se acomode sozinho.

12h35

Acorde o bebê **A** e amamente-o por vinte minutos na mama *direita*.

13 horas
Acorde o bebê **B** e amamente-o por vinte minutos na mama *esquerda*.

13h25
Coloque o bebê **A** na mama *direita* e amamente-o por quinze minutos.

13h45
Coloque o bebê **B** de volta na mama *esquerda* e amamente-o por quinze minutos.

14h05
Envolva o bebê **A** num cueiro e ponha-o na cama acordado e deitado de costas, deixando que se acomode sozinho.

14h30
Envolva o bebê **B** num cueiro e coloque-o na cama acordado e deitado de costas, deixando que se acomode sozinho.

15h35
Acorde o bebê **A** e amamente-o por vinte minutos na mama *direita*.

16 horas
Acorde o bebê **B** e amamente-o por vinte minutos na mama *esquerda*.

16h25
Coloque o bebê **A** de volta na mama *direita* e amamente-o por quinze minutos.

16h45
Coloque o bebê **B** de volta na mama *esquerda*, amamentando-o por quinze minutos. Depois dessa mamada, deite os bebês em um lugar confortável e seguro. Assim, se eles sentirem vontade, poderão tirar uma pequena soneca. Mas não os

ponha na cama, porque eles poderão não querer dormir. A melhor opção nesse horário é sair para uma caminhada.

17h35
Alimente o bebê **A** por vinte minutos na mama *direita*.

18 horas
Alimente o bebê **B** por vinte minutos na mama *esquerda*.

18h25
Ponha o bebê de volta na mama *direita* e amamente-o por mais cinco minutos.

18h32
Ponha o bebê **B** de volta na mama *esquerda* e amamente-o por cinco minutos.

18h40
Dê banho nos bebês. Alguns pais preferem banhar seus bebês mais cedo. Nessa tenra idade, os bebês não precisam tomar banho todos os dias no mesmo horário.

19 horas
Envolva ambos os bebês em cueiros e coloque-os na cama acordados e deitados de costas, deixando que se acomodem sozinhos.

21h05
Acorde o bebê **A** e amamente-o por vinte minutos na mama *direita*, depois o leve direto para a cama.

21h30
Acorde o bebê **B** e amamente-o por vinte minutos na mama *esquerda*, depois leve-o direto para a cama.

Mamadas noturnas

Coloque o relógio para despertar às 2h25 todas as noites, caso os bebês não acordem para mamar. É muito importante que você não passe mais de cinco horas sem amamentar um dos seus bebês na primeira semana. Se acontecer de um dos bebês acordar à 0h30, por exemplo, e mamar, então reajuste o despertador para as 5h30. Caso precise despertar um dos bebês para uma mamada à noite, aconselho que alimente o menor. Mas, se um deles ou ambos acordarem antes da 1h55 e mamarem, reajuste o despertador para um pouco antes das 7 horas, de forma que você possa acordar e amamentar. Durante as mamadas noturnas, tente não falar com os bebês, mantendo o quarto na penumbra para que eles comecem a entender a diferença entre o dia e a noite.

Alternância entre as mamas

Em dias alternados, você vai pegar o bebê **B** primeiro e amamentá-lo na mama direita o dia inteiro. O primeiro motivo para isso é que o bebê que acorda primeiro terá menos horas de sono num período de vinte e quatro horas. Se você alternar o horário de despertar dos bebês, haverá menos probabilidade de que um deles fique muito cansado. O segundo motivo pelo qual recomendo alternar os bebês entre as mamas em vinte e quatro horas de amamentação é que isso oferece às suas mamas oportunidades iguais para produzir leite. Se amamentar o bebê **A** na mama direita começando às 7 horas e depois o mesmo bebê de novo na mama direita às 10 horas, haverá aí um intervalo de três horas. Entretanto, se você amamentar às 10 horas na mama esquerda o bebê **A**, que você começou a aleitar por último às 7h25, essa mama terá apenas duas horas e 35 minutos de descanso, o que não acredito ser um intervalo suficientemente longo para a produção de um leite ideal. Descobri também que esse método reduz a probabilidade de a mãe que está aleitando mais de um bebê desenvolver mastite. Você continua alternando entre as mamas, o que é recomendado pela maioria dos profissionais de saúde, mas faz isso a cada vinte e quatro horas, não em cada mamada. É melhor alternar as mamas logo na primeira mamada da manhã, porque é quando estão mais descansadas, de forma que tenham a chance de acumular uma boa quantidade de leite. Além disso, é mais fácil lembrar-se de alternar as mamas pela manhã.

EXEMPLO DE ROTINA PARA BEBÊS GÊMEOS DE 6 A 8 SEMANAS AMAMENTADOS SEPARADAMENTE

Este é um exemplo de rotina para dois gêmeos com 42 a 56 semanas. Você precisa lembrar-se de alimentar um dos bebês em cada mama o dia inteiro.

Horário das mamadas para o gêmeo A	Horário das mamadas para o gêmeo B	Horário de sono para o gêmeo A	Horário de sono para o gêmeo B
6h30	7h	8h	8h30
10h30	11h	12h	12h30
14h15	14h45	Soneca: 15h45	Soneca: 16h15
17h20	17h50	Hora de dormir: 18h30	Hora de dormir: 19h
Mamada do sonho: 21h30	Mamada do sonho: 22h		

6h30

Acorde o bebê **A** e amamente-o por vinte e cinco minutos na mama *direita*. Você deve acordá-lo e alimentá-lo mesmo que a última mamada tenha sido às 5h30, de forma que ele sempre comece o dia no mesmo horário e plenamente satisfeito.

7 horas

Acorde o bebê **B** e amamente-o por vinte e cinco minutos na mama *esquerda*. Você vai acordar o bebê e alimentá-lo mesmo que a última mamada tenha sido às 5h30, de modo que ele sempre comece o dia no mesmo horário e plenamente saciado. Depois de ter amamentado e eliminados os gases do bebê **B**, coloque o bebê **A** de volta na sua mama *direita* por mais quinze minutos. Depois, ponha o bebê **B** de volta na mama *esquerda* por mais quinze minutos.

8 horas

Envolva o bebê **A** num cueiro e coloque-o na cama acordado e deitado de costas, deixando que se acomode sozinho (veja o guia sobre autoacomodação na página 206).

8h30

Envolva o bebê **B** num cueiro e ponha-o na cama acordado e deitado de costas, deixando que se acomode sozinho.

10h30

Acorde o bebê **A** e amamente-o por vinte e cinco minutos na mama *direita*.

11 horas

Acorde o bebê **B** e amamente-o por vinte e cinco minutos na mama *esquerda*. Depois de ter aleitado e retirado os gases do bebê **B**, coloque o bebê **A** de volta na mama *direita* por mais quinze minutos. Depois, ponha o bebê **B** na mama *esquerda* por mais quinze minutos também.

Meio-dia

Envolva o bebê **A** num cueiro e coloque-o na cama acordado e deitado de costas, deixando que se acomode sozinho.

12h30

Envolva o bebê **B** num cueiro e coloque-o na cama acordado e deitado de costas, deixando que se acomode sozinho.

14h15

Acorde o bebê **A** e amamente-o por vinte e cinco minutos na mama *direita*.

14h45

Acorde o bebê **B** e amamente-o por vinte e cinco minutos na mama *esquerda*. Depois de ter amamentado e extraído os gases do bebê **B**, coloque o bebê **A** de volta na mama *direita* por mais quinze minutos. Depois, coloque o bebê **B** na mama *esquerda* por mais quinze minutos também.

15h45

Leve os bebês para um passeio a pé ou de carro para incentivá--los a dormir em outros lugares que não suas camas.

16h45
Acorde os bebês se necessário. Ultrapassar o horário das 16h45 pode afetar o horário do sono noturno.

17h
Dê banho nos bebês. Alguns pais preferem banhar os bebês dia sim, dia não.

17h20
Amamente o bebê **A** por vinte e cinco minutos na mama *direita*.

17h50
Amamente o bebê **B** por vinte e cinco minutos na mama *esquerda*. Depois de ter amamentado e extraído os gases do bebê **B**, coloque o bebê **A** de volta na mama *direita* por mais dezoito minutos. Depois, ponha o bebê **B** de volta na mama *esquerda* por mais dezoito minutos também.

18h40
Envolva o bebê **A** em um cueiro e ponha-o na cama acordado e deitado de costas, deixando que se acomode sozinho.

19 horas
Envolva o bebê **B** em um cueiro e ponha-o na cama acordado e deitado de costas, deixando que se acomode sozinho.

21h30
Dê ao bebê **A** a mamada do sonho.

22 horas
Dê ao bebê **B** a mamada do sonho.

Mamadas noturnas
Amamente os bebês quando acordarem durante a noite. Nessas ocasiões, tente não falar com eles, mantendo o quarto na penumbra, de forma que eles comecem a entender a diferença entre o dia e a noite.

EXEMPLO DE ROTINA PARA GÊMEOS ALIMENTADOS COM MAMADEIRA SEPARADAMENTE DESDE O NASCIMENTO ATÉ 2 SEMANAS E COM MAIS DE 3 QUILOS

Horário das mamadas para o gêmeo A	Horário das mamadas para o gêmeo B	Horário de sono para o gêmeo A	Horário de sono para o gêmeo B
6h15	7h	7h30	8h15
9h45	10h30	11h	11h45
13h15	14h	14h30	15h15
17h15	18h	Hora de dormir: 18h15	Hora de dormir: 19h
20h45	21h30		

Aviso importante: Sempre alimente o bebê até ele se fartar – nunca dê ao bebê uma quantidade estipulada.

6h15
Acorde o bebê **A** e dê-lhe uma mamadeira. Você deve acordá-lo e alimentá-lo mesmo que a última mamada tenha sido às 5h30, de forma que ele sempre comece o dia no mesmo horário e plenamente saciado.

7 horas
Acorde o bebê **B** e dê-lhe uma mamadeira. Você deve acordá-lo e alimentá-lo mesmo que a última mamada tenha sido às 5h30, de forma que ele sempre comece o dia no mesmo horário e plenamente saciado.

7h30
Envolva o bebê **A** num cueiro e coloque-o na cama acordado e deitado de costas, deixando que se acomode sozinho (veja guia sobre autoacomodação na página 206).

8h15
Envolva o bebê **B** num cueiro e coloque-o na cama acordado e deitado de costas, deixando que se acomode sozinho.

9h45
Acorde o bebê **A** e dê-lhe uma mamadeira.

10h30
Acorde o bebê **B** e dê-lhe uma mamadeira.

11 horas
Envolva o bebê **A** num cueiro e coloque-o na cama acordado e deitado de costas, deixando que se acomode sozinho.

11h45
Envolva o bebê **B** num cueiro e coloque-o na cama acordado e deitado de costas, deixando que se acomode sozinho.

13h15
Acorde o bebê **A** e dê-lhe uma mamadeira.

14 horas
Acorde o bebê **B** e dê-lhe uma mamadeira.

14h30
Envolva o bebê **A** num cueiro e coloque-o na cama acordado e deitado de costas, deixando que se acomode sozinho.

15h15
Envolva o bebê **B** num cueiro e coloque-o na cama acordado e deitado de costas, deixando que se acomode sozinho.

16h45
Acorde o bebê **A** e dê-lhe um banho. Mesmo que decida não o banhar todas as noites, terá que acordá-lo nesse horário para que não durma demais durante o dia.

17h15
Dê uma mamadeira ao bebê **A**.

17h30
Acorde o bebê **B** e, se tiver ajuda, dê-lhe um banho. Se

não contar com ajuda, coloque-o numa cadeira de balanço ou, então, num lugar para brincar até você terminar de amamentar o bebê **A** (pode dar banho no bebê **B** antes da mamada das 21h30).

18 horas

Dê uma mamadeira para o bebê **B**.

18h15

Interrompa a mamada do bebê **B** e envolva o bebê **A** num cueiro e coloque-o na cama acordado e deitado de costas, deixando que se acomode sozinho.

19 horas

Envolva o bebê **B** num cueiro e coloque-o na cama acordado e deitado de costas, deixando que se acomode sozinho.

20h45

Acorde o bebê **A** e dê-lhe uma mamadeira.

21h30

Acorde o bebê **B** e dê-lhe uma mamadeira.

Mamadas noturnas

Até que os bebês tenham recuperado o peso de nascimento e estejam pesando mais de 3 quilos, não se deve permitir que durmam mais do que seis horas à noite sem alimentá-los. Caso os bebês não acordem por conta própria, ajuste o despertador para 3h30 todas as noites. Se acordarem sozinhos, dê a mamadeira ao bebê menor primeiro, depois acorde o outro bebê. Se, por exemplo, o gêmeo **B** acordar as 23h30 e mamar, reajuste o despertador para o gêmeo **B** para as 5h30. Se ele acordar antes desse horário, reajuste o despertador para um pouco antes das 7 horas, para que você possa levantar e começar a alimentá-lo. Durante as mamadas noturnas, tente não falar com os bebês, mantendo o quarto na penumbra para que eles comecem a entender a diferença entre o dia e a noite. Se seus bebês já recuperaram o peso de nascimento e estiverem com mais de 3 quilos, pode permitir que durmam à noite até que acordem pedindo comida.

AMOSTRA DE ROTINA PARA BEBÊS GÊMEOS ALIMENTADOS COM MAMADEIRA SEPARADAMETE COM 6 A 8 SEMANAS

Horário das mamadas para o gêmeo A	Horário das mamadas para o gêmeo B	Horário de sono para o gêmeo A	Horário de sono para o gêmeo B
6h30	7h	8h	8h30
10h30	11h	12h	12h30
14h30	15h	Soneca: 16h	Soneca: 16h30
17h50	18h20	Hora de dormir: 18h30	Hora de dormir: 19h
Mamada do sonho: 21h30	Mamada do sonho: 22h		

6h30
Acorde o bebê **A** e dê-lhe uma mamadeira. Você deve acordá-lo e alimentá-lo mesmo que a última mamada tenha sido às 5h30, de forma que ele sempre comece o dia no mesmo horário e plenamente saciado.

7 horas
Acorde o bebê **B** e dê-lhe uma mamadeira. Você deve acordá-lo e alimentá-lo mesmo que a última mamada tenha sido às 5h30, de forma que ele sempre comece o dia no mesmo horário e plenamente saciado.

8 horas
Envolva o bebê **A** num cueiro e coloque-o na cama acordado e deitado de costas, deixando que se acomode sozinho (veja guia sobre autoacomodação na página 206).

8h30
Envolva o bebê **B** num cueiro e coloque-o na cama acordado e deitado de costas, deixando que se acomode sozinho.

10h30
Acorde o bebê **A** e dê-lhe uma mamadeira.

11 horas
Acorde o bebê **B** e dê-lhe uma mamadeira.

Meio-dia
Envolva o bebê **A** num cueiro e coloque-o na cama acordado e deitado de costas, deixando que se acomode sozinho.

12h30
Envolva o bebê **B** num cueiro e coloque-o na cama acordado e deitado de costas, deixando que se acomode sozinho.

14h30
Acorde o bebê **A** e dê-lhe uma mamadeira.

15h
Acorde o bebê **B** e dê-lhe uma mamadeira.

16 horas
Leve os bebês para um passeio a pé ou de carro para incentivá-los a tirar um cochilo em outros lugares que não suas camas.

17h15
Certifique-se de que ambos os bebês tenham acordado da soneca.

17h20
Dê banho nos bebês.

17h50
Dê uma mamadeira ao bebê **A**.

18h20
Dê a mamadeira do bebê **B**.

18h30
Envolva o bebê **A** num cueiro e coloque-o na cama acordado e deitado de costas, deixando que se acomode sozinho.

19 horas

Envolva o bebê **B** num cueiro e coloque-o na cama acordado e deitado de costas, deixando que se acomode sozinho.

21h30

Dê a mamada do sonho para o bebê **A**.

22h

Dê a mamada do sonho para o bebê **B**.

Mamadas noturnas

Alimente os bebês quando acordarem durante a noite. Nessas ocasiões, tente não falar com eles, mantendo o quarto na penumbra para que comecem a entender a diferença entre o dia e a noite.

PRIMEIROS DIAS COM GÊMEOS

Os primeiros meses após a chegada de um novo bebê podem ser muito difíceis para os pais, tanto emocional quanto fisicamente, mas, para pais de múltiplos, é ainda mais complicado. Fazer malabarismos para cuidar de dois ou mais recém-nascidos é um serviço 24 horas. Além disso, a privação do sono junta-se ao cansaço físico e aos desequilíbrios hormonais pós-parto, que intensificam as emoções. Mesmo pais experientes podem se atrapalhar. A seguir, algumas dicas para ajudar os pais a vencer os primeiros meses com um pouco mais de facilidade.

Suprimentos

Com mais de um bebê, os suprimentos são consumidos a um ritmo veloz. Faça estoque das coisas de que mais vai precisar, como fraldas, lencinhos de papel, algodão, mamadeiras, bicos de mamadeira e leite em pó. Um grande suprimento de roupas de cama e de bebê é uma obrigatoriedade. Tente tomar emprestadas algumas roupas de bebê descartadas por familiares e amigos, pois nem sempre terá tempo para lavar e secar tudo.

Cochilos

Pode parecer óbvio, mas esse conselho encontra grande ressonância em pais de múltiplos. Quando os bebês estão dormindo, a tentação dos pais é aproveitar esse momento tranquilo para fazer uma arrumação e limpeza geral na casa, porém aquilo de que vocês realmente precisam é descansar. O ideal é tirar uma soneca enquanto os bebês dormem.

Carrinhos de bebê e cadeirinhas com rodas

Uma das situações mais complicadas no trato com múltiplos é a logística de sair de casa, mas esteja atenta ao fato de que, se você não der umas saídas, por pouco não sentirá que está ficando maluca! Um bom carrinho ou cadeirinha de rodas tornam as coisas bem mais fáceis. Alguns pais preferem o estilo comboio, ou seja, um carrinho na frente do outro, porque essa disposição oferece maior possibilidade de manobra em locais apertados, enquanto outros pais consideram o modelo lado a lado mais confortável para os bebês. Existem carrinhos próprios para trigêmeos e quadrigêmeos.

Confundindo os bebês

O mais difícil no cuidado de gêmeos é lembrar quem fez o quê, ou seja, quem já foi alimentado e quem já dormiu. Estabelecer um sistema organizado para manter as coisas nos eixos vai garantir que as necessidades de cada um sejam atendidas. Faça um gráfico para registrar os horários de alimentação e as quantidades dadas, as trocas de fraldas, a administração de medicamentos e outras informações importantes.

Aceite toda ajuda que lhe for oferecida.

As pessoas adoram bebês e querem verdadeiramente ajudar. Aproveite todas as ofertas. Deixe que seus ajudantes cuidem das refeições, executem pequenas missões, cuidem dos irmãos, façam trabalhos domésticos, cuidem do jardim, levem o cachorro para passear, lavem as roupas, façam compras e cuidem de todos os detalhes da vida, de forma que você possa se concentrar em você e nos seus bebês.

Reservem um tempo para vocês como casal.

Mesmo que a identidade do casal tenha mudado para abraçar o novo papel de pais, vocês não podem dar-se ao luxo de negligenciar a vida conjugal. É importante reservar um tempo para se concentrar em vocês mesmos, aproveitar a boa vontade de parentes e amigos para tirar um tempinho só para vocês, nem que seja para sair para tomar um café. Vocês podem se revezar durante o dia, um dando um tempo para o outro, mesmo que seja para tomar um banho demorado.

Junte-se a um grupo de pais de gêmeos.

Reunir-se com outros pais de gêmeos, trigêmeos ou mais pode ser extremamente tranquilizador e recompensador. Eles não apenas lhe mostrarão que a vida com múltiplos é viável, mas também lhe darão sólidos conselhos. É crucial estabelecer uma rede de amigos que já compartilharam ou estão compartilhando a mesma experiência.

Eles vão crescer.

Não importa quão difícil pareça atualmente, vai melhorar. Seus bebês vão crescer e sair de casa um dia. Agora, o mais importante é desfrutá-los enquanto estiverem com vocês.

Dicas

- Se seu bebê tiver que passar algum tempo numa unidade de terapia intensiva neonatal de um hospital, é bom medir a temperatura ambiente do hospital uns dias antes de deixá-lo. Assim, você poderá ajustar a temperatura do quarto onde o bebê irá dormir para a mesma do hospital. Observe as roupas de cama que as enfermeiras usam no hospital e use a mesma quantidade quando for para casa.

- Lembre-se de que a maioria dos bebês que já passaram um tempo num hospital nunca dormiu em completo silêncio nem na escuridão total. Tente manter uma luz fraca nas primeiras noites em que o bebê estiver em casa, reduzindo gradualmente a intensidade.

PERGUNTAS COMUNS

Minhas filhas gêmeas de 7 meses começaram a despertar à noite, e uma está tentando acordar a outra. O que devo fazer? Eu não me preocuparia, porque essa é uma fase que vai passar sem muita complicação se você não interferir para tentar fazê-las voltarem a dormir. Suas filhas têm mais probabilidade de voltar a dormir se você não entrar no quarto delas tentando ajudá-las, pois essa atitude só vai servir de estímulo para que continuem acordadas. Além disso, pode gerar um hábito difícil de ser quebrado.

Grávida de gêmeos, estou confusa em relação à alimentação deles. Será que alimentá-los com leite em pó e leite materno pode prejudicá-los? É perfeitamente seguro oferecer aos bebês os dois leites. Desde que não os misture na mesma mamadeira, pode dá-los numa mesma refeição. O leite materno é o melhor alimento para os bebês; assim, uma mistura de ambos é melhor do que nenhum leite materno. Quanto mais leite materno der, mais barato será o custo de cuidar de dois.

Tenho duas meninas gêmeas, e uma delas parece ficar com fome antes da outra. Ainda assim é possível seguir as rotinas? É comum que um dos gêmeos seja maior, mais forte e mais capaz de ingerir leite em maior quantidade e ficar saciado mais tempo do que o outro. Nas primeiras duas semanas, poderá ser difícil obedecer a uma rotina se estiver alimentando os dois ao mesmo tempo. Minha sugestão é que alimente primeiro o bebê que parece não conseguir esperar até a próxima refeição por um período de tempo mais longo do que o bebê saciado. Isso pode significar fazer uma pausa de alguns minutos até que o bebê esteja pronto para ingerir um pouco mais.

Tenho dois gêmeos de 4 meses que são amamentados com mamadeira. Como fazer para seguir sua rotina? Siga a mesma rotina que adotaria para um único bebê. Se estiver alimentando os bebês ao mesmo tempo, aplique as rotinas normais que constam nas páginas 114 a 127. Se estiver alimentando os bebês com 30 a 45 minutos de intervalo entre eles, ajuste a rotina gradualmente, como mostrado na tabela da página 182.

9

RESOLUÇÃO DE PROBLEMAS DE SONO

A melhor forma de evitar problemas de sono é a prevenção. Se seu filho tem menos de 8 semanas, estabelecer uma boa e comprovada rotina e ensiná-lo a se acomodar por contra própria vai impedir a ocorrência da maioria dos problemas de sono antes que comecem. Entretanto, mesmo adotando uma boa rotina, as coisas podem mudar do dia para a noite, causando o surgimento de padrões de sono turbulentos na sua casa. A seguir, a maioria dos problemas de sono com os quais me deparo e como solucioná-los.

DIÁRIO DO SONO

Uma boa ideia é fazer um diário do sono do bebê antes de começar a tentar mudar os hábitos de sono dele e de crianças de 2 a 3 anos. É incrível a rapidez com que você esquecerá como as coisas eram ruins, e fazer esse diário vai ajudá-la (principalmente se, em algum momento, você sentir vontade de desistir). Uma vez que tenha começado a corrigir os hábitos de sono, anote tudo o que puder no diário.

Você pode usar qualquer bloco de anotações ou caderno e fazer colunas para inserir informações tais como estas.

- A que horas seu filho acorda pela manhã?
- A que horas você o deitou para dormir para cada sono?
- Quanto tempo seu filho demorou a pegar no sono?
- A que horas ele acordou?
- A que horas colocou seu filho para dormir à noite?
- Quanto tempo ele demorou a pegar no sono?
- A que horas seu filho acordou durante a noite?

- Quanto tempo levou para se reacomodar?
- No final de um período de 24 horas, quantas horas dormiu no total?
- No final de vinte e quatro horas, quanto tempo seu filho levou para se acomodar, uma vez posto na cama?

Dica – Informe seus vizinhos de que eles talvez ouçam alguns protestos (veja a história de Zane mais adiante).

GATILHOS QUE DISPARAM PROBLEMAS DE SONO

Exaustão

A exaustão é um problema muito comum em bebês, e surpreende-me o fato de não ser detectada. Quando um adulto está cansado, tende a desacelerar, mas, quando um bebê ou uma criança pequena estão exaustos, aceleram o ritmo, ficando hiperativos.

Há alguns sinais indicativos de que um bebê está muito cansado. É comum um bebê de 2 a 12 semanas extremamente cansado chorar por longos períodos à noite entre as 18 horas e a meia-noite, e isso muitas vezes é interpretado erroneamente como cólica. Um bebê com mais de 4 semanas pode começar a se recusar a mamar e a pegar no sono enquanto mama. Mais ainda, um bebê muito cansado fará qualquer coisa para permanecer acordado, até mesmo se recusar a comer. Já encontrei muitos bebês que começam a mamar normalmente, mas, de repente, choram alto por cerca de dez minutos. Se observarmos mais atentamente, na realidade, eles estão começando a relaxar e cair no sono naquele momento, no entanto esse comportamento (parar de mamar e começar a chorar) é muito semelhante à maneira como um bebê reage quando está sofrendo de refluxo. Assim, um bebê exausto é frequentemente diagnosticado erroneamente.

Um bebê muito cansado de 6 meses ou mais vai protestar sempre que você o colocar numa situação em que acidentalmente ele possa cair no sono, como no assento do seu carro ou no carrinho dele. Um adulto exausto deita na cama e pega no sono com facilidade, mas, quanto mais cansado um bebê ou uma criança mais velha estiver, mais tempo vai lutar contra o sono e gritar com você. Quando os pais me procuram para relatar as dificuldades para levar os filhos para um passeio no carro da família ou no carrinho estão falando justamente dos casos em que esse comportamento é provocado pelo cansaço excessivo.

A história de Zane

Quando conheci Zane, ele tinha 14 meses e estava tão exausto que achava sua vida diária normal muito difícil. Todas as vezes em que seus pais levavam-no para uma saída, Zane chorava tão alto que chegou a um ponto que eles simplesmente desistiram de sair, a menos que fosse absolutamente necessário. Os passeios no parque ou as visitas a amigos e familiares escassearam, porque Zane não suportava ficar confinado por mais de cinco sem começar a protestar aos gritos. Os pais já tinham tentado tudo para acalmá-lo, mas nada parecia funcionar.

Desde minha primeira conversa ao telefone com os pais de Zane, tive uma impressão exata do que estava acontecendo. Quando os pais de Zane o colocavam no carro ou no carrinho, a princípio ele parecia satisfeito, mas, depois de cinco ou dez minutos, seus olhos começavam a ficar pesados à medida que o carro gentilmente o embalava em direção ao sono. Assim que Zane dava-se conta de que estava caindo no sono, a choradeira começava.

Os pais de Zane, então, partiam o mais rapidamente possível na direção do seu destino para tirá-lo do carrinho ou do carro da família. Às vezes, paravam o carro no meio do caminho se a choradeira se tornasse insuportável. O que eles nunca consideraram foi que reagir aos protestos de Zane estava na verdade ensinando-o a chorar quando queria sair do carrinho ou do carro. Na sua pequena mente em rápido desenvolvimento, concluíra que eles paravam e liberavam-no porque tinha protestado suficientemente alto, e não porque tinham chegado ao seu destino.

Em muitos casos em que um bebê está lutando contra o advento do sono, a solução é tão simples quanto eu entrar no carro com os pais e rodar por aí pelo tempo necessário para o bebê cair no sono. Outra alternativa é passear no shopping center com um bebê aos berros, tentando fazer o melhor para ignorar os olhares de desaprovação das outras pessoas.

O caso de Zane era um pouco diferente. Precisamos investigar toda a situação, e não apenas um único fator contribuinte para o caso. Como acontece com muitos bebês, até cerca de 6 meses de idade, Zane ficava bem no automóvel ou no carrinho. É nessa idade que começa a aparecer um monte de problemas de sono, pois, aos 6 meses, o bebê que se acostumou a receber ajuda para dormir (como chupeta, uma mamada, embalos ou tapinhas nas costas), geralmente dormindo a noite toda, começará a acordar no meio da noite devido aos recentes desenvolvimentos dos ciclos de sono.

A mãe vinha colocando Zane na cama todas as noites em torno das 19 horas, depois que ele adormecia tomando uma mamadeira. Ela o punha no berço com muito cuidado, rezando para que se mantivesse lá a noite inteira, mas ele parecia capaz de perceber o momento em que ela mesma ia para a cama e aí então despertava com toda a energia, ficando de pé no berço, gritando para ela vir pegá-lo. A essa altura, privada do sono por um longo período de tempo, a mãe achava mais fácil simplesmente o levar para sua cama pelo restante da noite. Zane costumava tomar uma mamadeira de duas em duas horas, mas ingeria somente 10 mililitros; ainda assim, isso parecia mais fácil do que aguentar a choradeira.

Desde que completou 6 meses, Zane nunca mais pegou no sono por conta própria e sem uma mamadeira. Nessas circunstâncias, provavelmente ele nunca mergulharia num sono profundo. Pela minha experiência, bebês que precisam de ajuda para adormecer não dormem um sono profundo e consistente como os que dormem por conta própria. Isso, por sua vez, significa que eles não conseguem passar de um ciclo de sono para o próximo sem agitação. Portanto, no caso de Zane, tivemos que solucionar o problema do sono primeiro, e, somente depois disso, sua resistência ao assento do carro ou ao carrinho melhorou. Uma vez resolvido o problema do sono noturno, começamos a sair com ele nos horários do sono diurno, para acostumá-lo a ficar no carrinho ou no assento do carro da família. O que aconteceu foi que seus protestos não duraram mais que três minutos antes que adormecesse profundamente.

A seguir, algumas práticas que podem ser adotadas quando você decidir acabar com a resistência do bebê a viajar de carro ou sair no seu carrinho.

- Consiga uma amiga para sair com você em caminhadas ou passeios de carro, pois apoio é o melhor amigo de uma mãe.
- Lembre-se de que vão ficar mais fáceis e menos duradouras a cada vez que você vencer, portanto não se renda a choradeiras.
- Permaneça sempre calma, ponderada e confiante - você está fazendo a coisa certa.
- Pense em todos os passeios divertidos que você poderá fazer uma vez que tenha vencido a batalha.
- Durante os episódios de choradeira, não faça contato visual, pois isso incentivará a continuação dos protestos.
- Sempre verifique se seu bebê ou criança mais velha está com o cinto de segurança firmemente apertado.

Soneca

Minha definição de soneca é uma dormida diurna que dura menos de 40 minutos. A primeira vez que a soneca transforma-se em problema é quando o bebê começa a dormir em ciclos de sono (o processo de passar do sono leve para o profundo) diurnos. Os adultos mudam de ciclo de sono a cada 90 minutos, mas, em bebês, esses ciclos podem durar apenas 20 minutos. Os ciclos de sono diurnos geralmente começam quando a criança está pesando 6 quilos ou está com cerca de 8 meses. A maioria dos pais que entram em contato comigo preocupados com as sonecas o faz quando seus bebês têm entre 8 e 25 semanas. É geralmente aceito que bebês nessa faixa etária tenham duas dormidas diurnas por dia de 80 a 100 minutos de duração cada e, possivelmente, mais uma soneca rápida.

Muitos pais descobrem que, quando finalmente conseguem que seu bebê durma, ele acorda depois de 20 a 40 minutos, começando a chorar. Isso não acontece porque a criança já dormiu suficiente e está pronta para levantar, mas porque ela não aprendeu a se reacomodar entre um ciclo de sono e o próximo. À medida que os bebês ficam mais conscientes do seu ambiente e das suas distrações, é responsabilidade dos pais ensiná-los a passar de um ciclo de sono para o próximo o mais rápida e calmamente possível.

Um bebê nunca aprenderá a desenvolver a habilidade de se reacomodar sozinho até que tenha aprendido a dormir por conta própria. Se ele não conseguir se reacomodar sozinho, invariavelmente vai começar a chorar, já que essa é sua única forma de comunicação. Isso não necessariamente significa que existe algo muito errado. Entretanto, na minha experiência, 95% dos bebês que conseguem dar apenas cochilos curtos, sem encadear múltiplos ciclos de sono, passarão a maior parte do dia mal-humorados e irritadiços devido à falta de boas horas de sono. Isso é independente da qualidade de sono dele durante a noite.

Alguns motivos levam um bebê a tirar sonecas. O primeiro e mais comum deles é o fato de ele ser sempre ajudado a dormir, seja com uma chupeta para sugar, uma refeição, embalos ou sons emitidos pelos pais para fazê-lo sossegar. O segundo motivo para os bebês tirarem sonecas é a fome, que pode ser causada por "lanchinhos" ou pelo uso da chupeta, pois acredito que o reflexo de sugar faz com que o aparelho digestivo do bebê trabalhe mais depressa. A fome talvez decorra do fato de o bebê não estar recebendo leite suficiente ou apenas o leite não o satisfazer e estar na hora de começar a oferecer a ele alimentos sólidos. Se seu bebê estiver com 4 ou mais meses, você deverá incluir alimentos sólidos nas refeições dele. Outra razão é que o bebê pode estar com frio. É comum que, se ele não estiver vestido adequadamente nem coberto com um número suficiente de camadas, possa estar passando muito frio para se reacomodar quando acorda após um ciclo de sono. Para maiores informações, consulte a seção sobre frio na hora de dormir na página 202.

Para determinar o motivo pelo qual o bebê está cochilando e o que pode ser feito para resolver esse problema, o primeiro e mais importante passo é acompanhar a rotina de 24 horas para a faixa etária da criança. É extremamente importante respeitar os horários de sono recomendados e só colocar a criança na cama nesses horários. Outro motivo para os cochilos é você estar colocando o bebê na cama aos primeiros sinais de cansaço. Entretanto, quando o bebê começa a mostrar sinais de cansaço, ele pode estar cansado o suficiente apenas para tirar uma soneca, e não para dormir.

Minha recomendação é que a criança seja mantida acordada até o horário especificado na rotina para garantir que esteja suficientemente cansada para dormir bem. Isso pode ser difícil nos primeiros dias do estabelecimento de uma rotina ou no momento de passar de uma rotina para a próxima. Se encontrar dificuldade para manter o bebê desperto, tente dar-lhe um banho, passear com ele no jardim ou, ainda, fazer brincadeiras com ele com a fralda para mantê-lo estimulado pelo tempo extra necessário.

Se o bebê acordar depois de quarenta minutos ou antes desse tempo, a melhor coisa a fazer é retirá-lo da cama e elogiá-lo por ter dormido. Caso esteja com menos de 16 semanas, mantenha-o envolvido no cueiro e sente-se com ele numa cadeira, abraçando-o e dando-lhe tapinhas nas costas no ritmo dos seus batimentos cardíacos para incentivá-lo a dormir um pouco mais no tempo determinado. Se a criança tiver mais de 16 semanas, pode tentar colocá-la no carrinho e sair para um passeio ou dar umas voltas de carro. Caso ela volte a dormir, uma possível pressuposição é que ela precisa apenas aprender a se reacomodar. Sugiro que siga minhas diretrizes sobre reacomodação apresentadas mais adiante neste capítulo. Outra medida é observar bem as cobertas do bebê, pois reacomodar-se enquanto está deitado sobre você, no carrinho dele ou no seu carro pode indicar que está com frio.

Se o bebê ficar se contorcendo e chorando quando o estiver posicionando para dormir, a causa dos cochilos pode ser fome, e você precisa tratar de alimentá-lo com mais leite. Isso envolve oferecer sempre as mamas e, possivelmente, uma mamadeira reforçada de leite extraído do peito logo após a mamada no peito. E, no caso de o bebê estar sendo alimentado com mamadeira, oferecer mais leite preparado a partir de leite em pó, caso ele esvazie a mamadeira. Se seu filho tiver mais de 16 semanas, pode ser que apenas o leite não mais o satisfaça, e você deve pensar em incluir alimentos sólidos na dieta dele (veja meus conselhos sobre desmame da página 132 em diante). Caso o bebê fique satisfeito em permanecer deitado depois de ser acordado e queira voltar a dormir sem chorar pedindo comida, você pode pensar em lhe permitir quinze minutos adicionais de tempo acordado antes que ele durma ou passe para a próxima rotina.

Se achar que o problema das sonecas possa ser resultado do fato de ele não saber como se acomodar sozinho, siga as diretrizes sobre autoacomodação mais adiante neste capítulo.

A história de Amy

Quando a conheci, Amy estava com 15 meses e seus pais tinham contratado duas babás especialistas em sono, mas nenhuma delas foi capaz de ajudar. Depois de conversar com os pais, Gail e Enan, descobri que a rotina de Amy era muito parecida com a minha e que ela era colocada no berço sem ajuda para dormir, somente com seu consolo, portanto esses fatos não eram o problema. Então, onde estava o problema? Descobri que Amy não era capaz de se acomodar sozinha antes da chegada das babás. Quando Gail e Enan colocavam Amy no berço e pediam que dormisse, usualmente ela demorava de dez minutos a uma hora e vinte minutos para se acomodar, sempre despertando após apenas um ciclo de sono. Gail fora instruída pelas babás a tentar reacomodá-la até a hora da próxima mamada.

Infelizmente, os pais nunca conseguiram reacomodar Amy, e eu senti que o problema derivava dessas tentativas fracassadas. Sugeri que a pusessem no berço, pedissem que dormisse e a tirassem do berço da próxima vez que ela acordasse, independentemente do pouco tempo de sono que tivesse tido. Então, quando chegasse a hora da próxima dormida, o tempo de acomodação seria reduzido a cerca de metade, repetindo-se a cada dormida subsequente. Isso aconteceria porque eles estariam enviando a Amy uma mensagem clara de que iriam levantá-la depois de cada dormida. Se eles continuassem a lhe pedir que se acomodasse e então, depois de quarenta minutos do desafio da reacomodação, entrassem no quarto e pegassem-na, tudo o que estariam fazendo era ensinar a Amy que, se ela combatesse o sono, eles acabariam indo tirá-la do berço. Por esse motivo é que o tempo de se acomodar para dormir não estava encurtando. Expliquei que, uma vez que Amy fosse dormir sem protestar, ela se reacomodaria naturalmente e dormiria por mais tempo.

No dia seguinte, Gail colocou Amy no berço às 9 horas, e ela demorou até as 9h40 para dormir. Então, com a precisão de um relógio, Amy acordou às 10h20, e Gail tirou-a da cama. A mãe estava preocupada com a forma de manter Amy acordada até às 13 horas, mas conseguiu. No momento da dormida das 13 horas, Amy demorou apenas dezoito minutos para pegar no sono; contudo, mais uma vez, estava acordada depois de quarenta minutos. Naquela noite, às 19 horas, levou apenas oito minutos para dormir.

No segundo dia, Amy levou doze minutos para dormir às 9 horas, mas, às 9h52, já estava acordada. Agora, Gail estava realmente preocupada com o que iria fazer para mantê-la acordada até as 13 horas, pois, como Amy tinha se reacomodado mais depressa, agora teria mais tempo para ficar acordada antes da próxima dormida. Para Gail, o problema tinha piorado. Estava muito quente lá fora para uma saída e, assim, decidimos colocar Amy no balanço, onde, se quisesse, poderia tirar uma soneca antes da próxima refeição.

Às 13 horas, Amy dormiu sem agitação, e Gail teve que acordá-la às 15 horas para uma mamada. Gail ficou convencida de que isso acontecera somente porque Amy estava muito cansada depois de ficar acordada por mais de três horas, porém, no dia seguinte e em todos os dias a partir dali, Amy não mais tirou sonecas.

Dicas – Antes de tentar resolver os problemas de cochilo do bebê, leia as informações sobre cochilo na página 195.

BEBÊ MADRUGADOR

Acredito que todos os bebês são capazes de dormir até às 7 horas, e não existe algo como "bebê madrugador". Se você vir que seu bebê acomoda-se e dorme bem às 21 horas e acorda às 5 horas todas as manhãs pronto para começar o dia, dê uma olhada nas causas que descobri para esse comportamento.

O ritual da hora de ir para a cama

Se a última mamada ou a última historinha é oferecida muito próxima da hora da cama, seu bebê pode estar usando isso como uma ajuda para dormir e para ir para a cama já adormecido. Então, quando ele acorda às 5 horas, está procurando ajuda para voltar a dormir. Muitas vezes, simplesmente alterei o ritual da hora de dormir, utilizando os últimos 20 minutos antes da cama com brincadeiras estimulantes que ajudarão o bebê a dormir até as 7 horas.

Para maiores informações, consulte os exemplos de ritual para ir para a cama na página 162.

Seu bebê está suficientemente aquecido para dormir a noite inteira?

Um fator que muito contribui para que bebês e crianças mais velhas não durmam a noite inteira é a temperatura. O quarto do bebê deve ser aquecido a 20°C. Frequentemente, descubro que basta adicionar uma ou duas camadas extras de cobertores de algodão à cama do bebê, juntamente com o vestuário apropriado, para seu bebê dormir até as 7 horas. Se você achar que está muito quente para acrescentar camadas extras às 21 horas, pode adicioná-las na mamada do sonho ou, então, na hora de você se recolher para o seu quarto.

O horário do sono diurno

Pode ser que seu bebê esteja tendo o sono diurno muito cedo. O horário que um bebê dorme o primeiro sono durante o dia afeta o horário em que ele acorda no dia seguinte. Assim, se o aconchego e o ritual de ir para a cama não forem problemas, comece a alterar o horário das dormidas diurnas. Se seu bebê atualmente está indo para a cama às 9 horas para o primeiro sono do dia, transfira o horário de sono noturno para as 21h40. Se o bebê já estiver dormindo às 21h50, passe o sono da manhã para as 10 horas. Caso você tenha uma criança maior, com 2, 3 anos, sugiro avançar o horário do sono diurno dela em 20 minutos a cada três dias, até encontrar o horário em que ela passe a dormir até as 7 horas.

Excesso de dormidas diurnas

Alguns bebês e crianças mais velhas precisam de menos sono diurno, portanto você pode tentar reduzir o número de horas de sono diurno para ver se isso ajuda o bebê a dormir até as 7 horas. A quantidade média de horas de sono para bebês com menos de 5 meses é de quatro horas e 45 minutos; um bebê entre 5 e 7 meses dorme em média quatro horas e 20 minutos; bebês com 7 a 9 meses geralmente dormem quatro horas; e, para um bebê com idade entre 9 e 12 meses, a média é de apenas três horas. Uma vez que a criança tenha completado 1 ano, ficará mais difícil definir o tempo de sono médio, mas eu não deixaria uma criança de 12 a 18 meses dormir mais de duas horas e 30 minutos; uma criança de 18 meses a 2 anos não deve dormir mais de duas horas e 15 minutos; uma criança de dois anos não deve dormir mais de duas horas; e, finalmente, uma criança de 3 anos deve dormir no máximo uma hora durante o dia.

A dieta do bebê

Alguns bebês acordam cedo porque suas necessidades nutricionais não estão sendo atendidas. Às vezes, incluir carne ou peixe na dieta acaba com o despertar prematuro das crianças. Em outros casos, descobri que o creme inglês (tipo de pudim à base de leite, ovos e açúcar), seja comprado pronto, feito em casa ou preparado a partir de um pó apropriado, é um problema, portanto vale a pena estar atento à dieta do bebê se ele estiver acordando cedo demais.

Alterando o horário de dormir das 19 horas

Se nada do que expliquei antes funcionar, qual será a solução? Sugiro alterar o horário de colocar o bebê na cama para a noite. No passado, já antecipei esse horário para as 18h30, e o resultado foi que o bebê ou a criança maior passaram a dormir até as 7 horas. Assim, se tudo mais fracassar, tente antecipar o horário de colocar a criança na cama para passar a noite.

O sono da manhã

Pela minha experiência, o horário em que deitamos a criança para o primeiro sono do dia afeta o horário em que ela acorda pela manhã. Ainda não descobri o motivo disso, mas posso afirmar que realmente tem um impacto; tenho testado essa teoria em muitos bebês e sempre obtido os mesmos resultados. Geralmente isso só se aplica a bebês com mais de 7 meses. Se você está adotando minhas rotinas e colocando o bebê de 7 a 9 meses para a primeira dormida do dia às 9h20 todas as manhãs, mas ele está acordando às 6h15 ou mais cedo em vez de despertar às 7 horas, transfira o horário de dormir das 9h20 para as 9h50. Caso seu bebê tenha mais de 9 meses, altere a hora de dormir das 9h50 para as 10h15. Nove em cada dez vezes, eles dormirão até as 9 horas todas as manhãs.

Frio no horário de dormir

Passei os últimos quatro anos fazendo minhas visitas domésticas na Austrália, mas, nos dez anos anteriores, estava no Reino Unido. Uma coisa que muito me surpreende é a diferença entre a forma de vestir os bebês para a noite entre esses dois lados do mundo.

No Reino Unido, os pais põem muita roupa nos bebês para a noite, e a temperatura das casas é mais quente do que a temperatura noturna da maioria dos lares que já visitei na Austrália. O tipo de aquecimento central usado no Reino Unido parece manter a casa numa temperatura mais uniforme nas noites de inverno. Na Austrália, durante o verão, percebi que os bebês passam frio se o ar-condicionado está ligado.

Não tenho certeza se esse é o aquecimento de que os bebês gostam nem se são as camadas extras de peças de vestuário ou cobertores que fazem com que eles se sintam mais aconchegados e mais protegidos. Mas sei que camadas extras podem evitar que os bebês acordem durante os sonos diurnos e noturnos.

A história de Rylen

Os pais do bebê Rylen, de 9 meses, estavam preocupados com seu sono agitado durante a noite e pelo fato de ele estar acordando muito cedo pela manhã. Na época, Rylen seguia a rotina do sono para sua idade e não tinha problemas para se acomodar para dormir.

Rylen ia para a cama às 19 horas e dormia em poucos minutos sem ajuda. Mas, quando a meia-noite chegava, ele começava a se movimentar no berço, muitas vezes batendo a cabeça e prendendo os bracinhos entre as grades. Esse sono inquieto durava a noite inteira até as 5 horas, quando acordava e não conseguia voltar a dormir.

Os pais de Rylen, Claire e John, não se importavam com o despertar dele às 5 horas, mas estavam preocupados com as noites inquietas. Assim, eles me convidaram para uma visita para ajudar Rylen a dormir profundamente.

Uma das coisas que fiz quando cheguei à casa deles foi olhar o lugar onde Rylen dormia e o que vestia para dormir. Vi que o berço tinha batentes e informei aos pais que havia uma pesquisa dizendo que os batentes de berço não eram seguros. Não havia roupas de cama nem no berço nem no quarto. Claire e John explicaram que foram informados de que roupas de cama eram inseguras, e o uso de um saco de dormir era uma alternativa segura para revesti-la. Como estudos sobre a síndrome da morte súbita (morte no berço) sugerem que essa é a maneira mais segura para um bebê dormir deitado de costas, sempre aconselhei meus clientes a colocar seus bebês em sacos de dormir. Mas sempre recomendei que estes fossem usados com roupas de cama, e não como uma alternativa.

Os sacos de dormir ajudam a manter crianças pequenas aquecidas à noite, além de impedir que elas rolem sobre o abdome e movimentem-se dentro do berço. Também impedem que os bebês chutem as roupas de cama, o que pode se tornar uma questão de segurança por si só, ajudando-os a se sentir seguros e protegidos. Alguns bebês até as usam como um consolo quando vão dormir.

Expliquei que, embora Claire e John tenham sido avisados para não superaquecer Rylen (pois poderia ser um fator contribuinte para a morte no berço), é vital, também, garantir que o bebê não fique com muito frio. Em minha opinião, as consequências de um bebê passar frio à noite podem ser tão perigosas quanto o superaquecer. Um bebê com frio vai deitar de bruços assim que tiver condições físicas. Uma vez deitado de barriga, poderá dormir com o rosto enterrado no colchão na tentativa de se aquecer. Ele também pode se movimentar pelo berço todo, muitas vezes batendo a cabeça e prendendo os braços e as pernas entre as grades.

Disse a eles que a razão para as noites alvoroçadas de Rylen era ele estar sentindo frio. Portanto, naquela noite, retiramos os batentes do berço, o vestimos com um macacãozinho, o colocamos num saco de dormir de 2,5 tog e o cobrimos com um lençol e quatro cobertores de bambu, pondo um último cobertor antes que todos se recolhessem. Rylen foi para a cama às 19 horas em ponto e, para alívio dos pais, não mudou de posição a noite inteira, dormindo até que o acordássemos um pouco antes das 7 horas.

No decorrer dos anos, observei resultados bastante semelhantes em muitos bebês e crianças pequenas. Durante os meses de inverno, milhares de pais entram em contato comigo, consultando-me sobre seus bebês, que vinham dormindo perfeitamente, mas, de repente, começaram a despertar às 4 horas. Uma vez colocados cobertores de algodão sobre o saco de dormir, esses bebês dormem tranquilamente a noite toda.

O quarto do bebê deve permanecer a uma temperatura confortável durante a noite inteira. Se tiver ar-condicionado, sugiro esfriar o quarto do bebê para 22° C no verão e aquecê-lo a 20°C no inverno. Caso você não disponha de aquecimento central, sugiro usar um aquecedor de coluna a óleo. Para controlar a temperatura do quarto do bebê, use um termômetro.

Para ajustar a temperatura corporal do bebê, acrescente ou remova cobertores. Recomendo usar cobertores de algodão ou bambu com um saco de dormir e, normalmente, não usar mais de duas camadas de roupa porque mais de duas camadas debaixo de um saco de dormir podem constituir um risco por si mesmas. Pode acontecer, por exemplo, que, aconselhada pelos fabricantes de saco de dormir, você acrescente camadas extras debaixo do saco de dormir do bebê. Assim, quando for verificar o bebê no meio da noite e descobrir que ele está muito aquecido, decidirá não se arriscar a erguer o bebê para retirar as camadas debaixo dele temendo acordá-lo. Eu e você gostamos de pensar que colocamos a segurança em primeiro lugar, mas é importante lembrar que, em algumas noites, podemos nos sentir tão cansadas para nos arriscar a acordar o bebê.

Por outro lado, se você achar que a criança está com muito frio por causa do número insuficiente de camadas debaixo do saco de dormir, simplesmente pegue a coberta mais próxima – como um edredom ou um cobertor de poliéster – e jogue sobre o bebê. O método mais garantido é ter roupas de cama seguras e corretas à mão e ensinar as pessoas que lidam com o bebê a colocar seu pequeno para dormir.

Dentição

A dentição, o surgimento dos primeiros dentes do bebê, é acusada de muitas coisas durante os primeiros dois anos da vida do bebê. Muitos pais acreditam erroneamente que a dentição é o motivo do súbito despertar noturno de bebês com cerca de 6 meses. Na maioria dos casos, a verdadeira causa é o começo dos ciclos de sono durante a noite.

Acredito que, se você colocar o bebê na cama às 19 horas, e ele dormir da forma normal, mas acordar dentro de uma hora chorando um choro emocional, o problema pode ser a dentição, contanto que seja um despertar apenas, e não um hábito. Nesse caso, sugiro pegar o bebê no colo e medicá-lo com o remédio que normalmente usa para dores, como um medicamento homeopático para dentição, algum paracetamol infantil, ou seja, o que for que costume administrar. Depois, mantenha o bebê acordado durante vinte minutos antes de colocá-lo de volta ao berço. **Não dê ao bebê nenhum novo medicamento no horário noturno para ele não correr o risco de reações alérgicas.**

Porém, se o bebê acordar mais de uma hora após ter pegado no sono, minha tendência é não acreditar que a dentição esteja provocando o problema, porque o sono provoca a queda da pressão sanguínea, aumentando a tolerância à dor. Quando você está acordada, sua pressão sanguínea eleva-se, fazendo com que a tolerância à dor diminua. Por isso você pode deitar-se com dor de cabeça, dormir bem a noite inteira e, ao acordar pela manhã e pensar que a dor se foi, dar-se conta de que ela está de volta cerca de uma hora depois, quando a pressão sanguínea subir.

A dentição também é tida como causadora do surgimento de assaduras provocadas pelas fraldas ou da diarreia. Já vi um bebê com assaduras e diarreia num dia, e, no dia seguinte, os sintomas haviam desaparecido com o surgimento de um novo dente. Entretanto, a Medicina nunca encontrou uma relação entre esses eventos. Tenho visto bebês apresentarem infecção no ouvido antes de nascer um novo dente, mas isso é muito raro e não prova que as duas coisas estejam conectadas.

Portanto, vá com cuidado antes de acariciar o bebê com abraços protetores e fazer caminhadas em torno da casa baseada na crença de que é a dentição que está causando noites insones. Em vez disso, essas ações são, muitas vezes, o começo de um problema de sono.

ENSINANDO SEU FILHO A SE ACOMODAR

GUIA DE AUTOACOMODAÇÃO PARA UM BEBÊ QUE AINDA NÃO FICA DE PÉ

No horário recomendado, envolva o bebê no cueiro (se ainda estiver no estágio de usar cueiro) e ponha-o na cama acordado e deitado de costas, sem chupeta. Saia do quarto deixando a porta semiaberta, de forma que seu filho possa ouvi-la. Permita que ele proteste (chore) pelo tempo que você se sentir suficientemente forte para ouvi-lo chorar. Se sua intenção for ensinar seu bebê a se acomodar por conta própria para dormir, terá que ficar fora do quarto pelo tempo mínimo recomendado na tabela a seguir.

GUIA DE AUTOACOMODAÇÃO *SAVE OUR SLEEP*

Idade	**Depois de deitar o bebê na cama, fique fora do quarto pelo tempo mínimo de**	**Quando você não aguentar mais o ouvir chorar, entre no quarto e tente acalmá-lo pelo tempo listado abaixo antes de fazer uma pausa.**	**Depois de uma pausa de 10 minutos, coloque o bebê de volta ao berço e comece de novo com os tempos mínimos indicados abaixo.**
Recém-nascidos até 2 semanas	2 minutos	22 minutos	2 minutos
2 a 8 semanas	4 minutos	22 minutos	4 minutos
8 a 12 semanas	6 minutos	22 minutos	6 minutos
3 a 4 meses	8 minutos	22 minutos	8 minutos
4 a 6 meses	12 minutos	46 minutos	12 minutos
6 meses até o bebê ficar de pé no berço	18 minutos	46 minutos	18 minutos
De pé no berço até 9 meses	Deite o bebê 15 vezes e depois fique fora do quarto por, no mínimo, 18 min.	46 minutos	Deite o bebê 15 vezes e depois fique fora do quarto por, no mínimo, 18 min.

Idade	Depois de deitar o bebê na cama, fique fora do quarto pelo tempo mínimo de	Quando você não aguentar mais o ouvir chorar, entre no quarto e tente acalmá-lo pelo tempo listado abaixo antes de fazer uma pausa.	Depois de uma pausa de 10 minutos, coloque o bebê de volta ao berço e comece de novo com os tempos mínimos indicados abaixo.
9 a 12 meses	Deite o bebê 15 vezes e depois fique fora do quarto por, no mínimo, 20 min.	Fique ao lado do bebê até ele dormir.	Não especificado
12 meses até dormir na cama	Deite o bebê 15 vezes e depois fique fora do quarto até que ele durma.	Sem necessidade de ajuda	Não especificado

Quando estiver cronometrando o tempo mínimo recomendado, conte somente o protesto contínuo. Se houver um intervalo de cinco minutos ou mais, será preciso recomeçar a contagem. Quanto mais tempo você conseguir ficar sem ajudar a criança a se acomodar, mais depressa ela será capaz de aprender a importante habilidade de se acomodar por conta própria. Ao empregar táticas de sono de transição como as aqui recomendadas, sempre cronometre o tempo de choro, pois um minuto pode parecer dez para uma mãe que está ouvindo seu bebê protestar.

É importante lembrar que um choro de protesto é normal e não necessariamente significa que algo está seriamente errado. Na hora de ensinar um bebê a se acomodar, inevitavelmente haverá choros de protesto. Se prestar atenção ao choro da criança, vai notar que se torna muito agudo após algum tempo. Os pais, na sua maioria, nunca ouviram esse registro de choro antes e, em consequência, ficam apavorados. Porém, trabalhando com eles e seus bebês, observei que esse é um momento decisivo, significando que você está vencendo, e logo o bebê estará adormecido. O choro alto e agudo frequentemente é descrito como “pico”.

Se você for forte o suficiente para não reagir a esses gritos agudos, o bebê começará a cair no sono. E, durante esse processo, haverá pausas nos protestos dele – essas pausas vão começar a ficar mais prolongadas, e a gritaria, mais curta, até que, finalmente, ele esteja profundamente adormecido. Quando for verificar se o bebê adormeceu, espere alguns minutos antes de reposicioná-lo na cama ou cobri-lo. Tente não mexer muito nele, porque pode acontecer de você, acidentalmente, tirá-lo da posição confortável que ele encontrou para pegar no sono.

Lembre-se de que o choro vai ser menos frequente e de menor duração à medida que a criança for desenvolvendo as habilidades para dormir sozinha. O desafio para os pais é resistir à tentação de confortar seu bebê sonolento sempre que ele chora.

Quando não conseguir mais lidar com os protestos, e o tempo mínimo para a idade do bebê houver acabado (veja quadro na página 206), volte para o quarto dele. Evite fazer contato visual enquanto o estiver acomodando. Delicadamente, dê tapinhas ou friccione a barriga do bebê. Outra alternativa é acariciar a testa dele, certificando-se de que permanece na posição segura, deitado de costas. Se o bebê estiver com menos de 16 semanas, dê continuidade a esse processo de acomodação por vinte e dois minutos. Se o bebê tiver mais de 16 semanas e ainda não estiver ficando de pé no berço, continue com o processo de acomodação por quarenta e seis minutos. Caso, depois desse tempo, seu bebê ainda não tenha se acomodado, tire-o do berço para fazer uma pausa de dez minutos, mas, se você ainda estiver se sentindo forte, calma, confiante e paciente, continue praticando as técnicas de acomodação, pois a pausa é para seu benefício, não para o benefício do seu bebê. Se decidir fazer uma pausa, comece o processo todo de novo, primeiro afastando-se do quarto do bebê pelo tempo mínimo recomendado. Não desista. Você vai vencer esse embate. Depois que o bebê adormecer, fique no quarto por alguns minutos para certificar-se de que ele continua dormindo profundamente.

É normal que, depois de ter se acomodado para dormir, o bebê acorde de novo após apenas um ciclo de sono. Por mais frustrante que isso possa parecer, durante o dia você precisa tirá-lo da cama e elogiá-lo por ter dormido. Você venceu a batalha de deitar para dormir! Dentro em breve, o bebê começará a se reacomodar e dormir por um tempo mais longo, mas só depois de ter aprendido a se autoacomodar. Se constatar que ele precisa de mais sono, dê um passeio a pé ou uma volta de carro com ele. Assim talvez tire uma soneca antes da próxima refeição de leite.

Se o bebê acordar durante a noite e ainda estiver recebendo mamadas noturnas, alimente-o; depois, acomode-o usando as técnicas apropriadas para a idade. Caso ele não esteja mais mamando à noite, não o acomode até que tenha terminado o tempo de protesto mínimo. Mas não esqueça que é mais provável que ele volte a dormir se você não entrar no quarto.

Autoacomodação para um bebê desde que começou a ficar de pé sozinho até 12 meses

Muitos pais entram em contato comigo quando os bebês têm cerca de 9 meses, trazendo uma queixa semelhante: uma criança de cerca de 6 meses que dormia bem até então começa a acordar durante a noite com frequência. Esses pais acreditam que a dentição é a causa do súbito surgimento do despertar noturno, pois essa é mais ou menos a época em que os dentes começam a despontar. Mas, na maioria dos casos, a verdadeira causa é o começo dos ciclos de sono noturnos. Durante os primeiros três meses, muitos pais passam a noite esperando que o problema desapareça, e seu bebê retome a rotina, dormindo a noite inteira de novo. Porém, por volta dos 9 meses, o despertar noturno torna-se mais frequente, e o bebê está começando a ficar de pé no berço.

Depois de avaliar o comportamento dos pais e o ambiente doméstico, muitas vezes fica evidente que esses bebês nunca aprenderam a adormecer sem algum tipo de ajuda, tal como ser embalado, receber tapinhas nas costas, ser alimentado ou ganhar uma chupeta. Antes dos 6 meses, esse problema no sono noturno não parece ser tão evidente, pois, nos primeiros estágios de desenvolvimento, se todas as necessidades foram satisfeitas, você pode ajudar o bebê a pegar no sono, e ele dormirá confortavelmente a noite inteira. Mas, em torno de 6 meses, isso muda porque o bebê começa a despertar durante a noite entre os ciclos de sono, estando mais consciente dos seus arredores, relacionamentos e necessidades. Portanto, se o bebê tem sido ajudado a cair no sono, ele começará a acordar no meio da noite em busca do mesmo conforto para se reacomodar.

Em tais circunstâncias, explico aos pais que precisamos ensinar ao bebê a habilidade de se autoacomodar. Pessoalmente, discordo do método de controlar o choro como um meio de ensinar os bebês a se autoacomodar e reacomodar. Em minha opinião, pegá-lo no colo e caminhar de um lado para outro é uma atitude de provocação que só servirá para perturbar tanto você quanto o bebê. Recomendo o que chamo de "método de deitar", que é mostrar ao bebê o que você quer que ele faça.

Dicas

Faça um quadro de contagem de pontos, atribuindo um ponto para o bebê se você desistir durante o processo de acomodá-lo ou um ponto para você se conseguir. Você vai se surpreender, porque, depois de alguns dias, estará ganhando todas as vezes. E lembre-se de que uma boa dormida diurna ajuda o bebê a ter uma boa noite de sono, pois uma complementa a outra.

Se seu bebê para de chorar assim que o toma no colo, provavelmente não há nada de muito errado com ele. Caso tenha alguma dúvida quanto a isso, pegue-o no colo novamente quando ele chorar e veja o que acontece. Se ele parar de chorar mais uma vez, pode ter certeza de que não pode ser nada grave.

Recomendo diminuir a altura do berço do bebê para seu ajuste mais baixo quando ele tiver 6 meses. São muito frequentes os casos de bebês que, ao ficarem de pé no berço pela primeira vez, caem para fora. Se você pretende solucionar o problema de sono deixando o bebê no berço protestando sozinho, então é muito importante que o berço seja abaixado.

Nota importante – Se você já usou minhas rotinas anteriormente, e seu bebê está se acomodando sozinho e dormindo bem, não precisa usar o método para deitar o bebê, pois ele saberá o que se espera dele quando for posto no berço. É comum acontecer de bebês que há meses estão satisfeitos com uma rotina de repente começarem a ficar de pé no berço quando aprendem essa nova habilidade. Recomendo que você ignore totalmente esse

comportamento, colocando a criança na cama normalmente e saindo do quarto. Ela saberá que sua expectativa é que se deite e vá dormir e, quanto menos atenção você lhe der, mais rapidamente vai parar de ficar de pé. Porém, se não tiver certeza de que ela aprendeu a se acomodar sozinha, recomendo que tente adotar o método a seguir.

O Método para Deitar o Bebê

Uso esta técnica com bebês que começaram a ficar de pé no berço até os 12 meses de idade porque nunca tenho certeza se eles realmente sabem o que você espera que façam quando os coloca no berço. O uso desta técnica nessa faixa etária comunica ao bebê a mensagem bem clara de que você gostaria que ele se deitasse e pegasse no sono.

O primeiro passo é aderir o mais rigorosamente possível a uma rotina aprovada de 24 horas adequada à idade do seu bebê. Comece uns dias antes dizendo ao bebê o que está planejando fazer, falando com uma voz firme mais suave, diga que você o estará pondo na cama acordado e sem a assistência usual e que, por mais que proteste, não irá tirá-lo do berço antes que ele dê uma boa dormida. Isso vai sustentar sua decisão, assim como vai ajudar o bebê. Creio que os pais nunca devem subestimar sua capacidade de se comunicar com seus bebês.

Algo interessante sobre esse método é que o bebê grita em vez de chorar. Inicialmente isso pode soar como um choro, mas, na realidade, ele está gritando para que você venha e o pegue no colo. Não está chorando porque sente dor ou desconforto, portanto você precisa ser forte e determinada se quiser vencer esse desafio – e você o vencerá.

A esta altura, é importante lembrar-se de que o fato de o beber estar barulhento não necessariamente quer dizer que haja algo realmente grave. Na hora de ensiná-lo a se acomodar, inevitavelmente haverá alguns protestos, no entanto os pais precisam aceitar que isso será menos frequente à medida que a criança desenvolver a habilidade de que precisa para se acomodar para dormir. O desafio para os pais é interpretar os sons emitidos pelo bebê e resistir à tentação de confortá-lo todas as vezes em que protestar.

Coloque o bebê na cama, enfatize que está na hora de dormir e que você estará lá de volta quando ele já estiver adormecido. Nesse ponto, é uma boa ideia adotar um ritual para a hora de ir para a cama que você vai praticar a cada dormida. Esse ritual pode ser dar boa-noite aos carros estacionados na rua e fechar as cortinas ou, simplesmente, desejar boa-noite a alguns de seus brinquedos favoritos. Depois, sugiro que dê ao bebê o seu consolo e inicie a aplicação da técnica de deitar para dormir.

Coloque o bebê no berço deitado de costas. Afaste-se um pouco e observe. Se ele já aprendeu a ficar de pé, fará isso nessa etapa. Quando ele ficar de pé, deite-o de novo, de forma delicada para transmitir uma mensagem bem nítida do que quer que ele faça. Cada vez que ele ficar de pé, você reage deitando-o de novo. Faça isso 15 vezes e depois saia do quarto. Nesse momento, o bebê emitirá protestos altos, mas não se preocupe, você vai ganhar essa competição, e ele vai cair no sono.

Fique fora do quarto pelo tempo mínimo recomendado na tabela da página 206. Cronometre o tempo, já que 5 minutos podem parecer 20 quando você estiver ouvindo os protestos da criança. Assim que terminar o tempo mínimo, e você estiver se sentindo suficientemente forte para aguentar resistir aos protestos um pouco mais, continue fora do quarto. O bebê vai aprender a se acomodar muito mais rapidamente se você não entrar no quarto. Mas, se sentir que vai precisar se aproximar do bebê, entre e deite-o novamente. Agora, você vai permanecer com o bebê até que ele durma.

Desta vez, você precisará deitar o bebê repetidas vezes até que ele durma. Isso pode chegar a mais de 40 vezes (confie em mim, vai funcionar). Quando notar que ele está demorando mais para ficar de pé, recomendo que ponha a mão nas costas ou na barriga do bebê e diga "bom menino", mas apenas uma vez. Se ele estiver tentando se levantar, não desista – tire a mão do bebê e continue a deitá-lo como antes. E, caso o bebê permaneça deitado, mantenha a mão nas costas ou na barriga dele como uma recompensa. Deixe-a lá por apenas um minuto e depois a retire. Se ele ficar de pé de novo, não desista, apenas continue com a técnica de deitar o bebê até que ele permaneça deitado e então use as mãos para confortá-lo. Permaneça ao seu lado até ele adormecer. Nesse ponto, sua presença pode parecer uma ajuda, mas, após algumas tentativas de se autoacomodar, ele começará a cair no sono sem sua presença.

A primeira tentativa é sempre a mais demorada e a mais difícil. Bebês fortes e saudáveis são capazes de protestar por um tempo tão longo que parece interminável. Você pode esperar que o segundo desafio demore cerca da metade do tempo do primeiro, e o terceiro, também a metade. Pela minha experiência, na quarta tentativa, o bebê geralmente deita com pouco ou nenhum alvoroço. Mas, justamente no momento em que você acredita que chegou a algum lugar, visto que ele deitou com pouco ou nenhum estardalhaço, ele lhe apresenta o maior desafio de todos. Isso acontece na terceira tentativa – e você conseguirá vencer porque já está esperando isso. Uma vez ultrapassado esse obstáculo, seus problemas com o sono do bebê estarão resolvidos. E, como acontece com todos os bebês com os quais já trabalhei, eles fazem uma última e grande tentativa de vencer e dominar seus pais, porém, depois de fracassarem, decidem se acomodar sem agitação dali em diante.

Essa prática precisa ser repetida todas as noites e dias até que o bebê pare de se erguer no berço. Pode ser tedioso, mas é melhor do que ser acordada todas as noites pelos próximos cinco meses ou mais. É importante, também, recolher a mão que está sobre o bebê antes que ele adormeça, para que ela não se transforme numa ajuda, e, desse jeito, a meta de autoacomodação não seja atingida. Sempre que encerrar esse ritual, afaste-se depois de tirar a mão, pois, se o bebê ficar de pé mais uma vez, você saberá o que fazer. O objetivo é afastar-se cada vez mais a cada noite, de forma que o bebê comece a adormecer sozinho.

Durante o dia, recomendo que, se seu bebê acordar depois de apenas um ciclo de sono, e você souber que ele precisa dormir mais, tire-o no colo. Elogie-o por ter dormido, e depois saiam para um passeio a pé ou de carro para incentivá-lo a dormir um pouco mais no horário recomendado na tabela do sono. Após alguns dias adotando essa rotina, seu bebê sonolento deve estar se reacomodando sozinho. Mas, à noite, seu comportamento tem que ser diferente – você precisa pedir que ele se acomode. É melhor não entrar no quarto para ajudá-lo a dormir, já que isso vai fazer com que permaneça mais tempo acordado, e você encontre ainda mais dificuldade para que volte a dormir. Vença a tentação de entrar no quarto, tente ficar fora pelo tempo mínimo recomendado para a idade dele, todavia, se, a certa altura, sentir que precisa entrar, aplique o método de deitar o bebê e fique ao lado dele até ele adormecer.

Dicas

- Deixe sempre as grades laterais do berço erguidas, mas nunca ajuste a lateral do berço quando o bebê estiver dentro, porque isso vai gerar nele a sensação de que o berço representa uma barreira entre vocês.
- Planeje dar início ao método para deitar o bebê para uma noite em que você e seu parceiro puderem perder um pouco de sono, numa sexta-feira, por exemplo.
- Adote sempre uma abordagem calma, confiante e coerente. Os bebês adoram pais confiantes.

Nota importante – Se você já usou minhas rotinas anteriormente, e seu bebê está se acomodando sozinho e dormindo bem, não precisa usar o método para deitar o bebê, pois seu bebê saberá o que se espera dele quando for posto no berço. É comum acontecer de bebês que há meses estão satisfeitos com uma rotina de repente começarem a ficar de pé no berço quando aprendem essa nova habilidade. Recomendo que você ignore totalmente esse comportamento, colocando a criança na cama normalmente e saindo do quarto. Ela saberá que sua expectativa é que se deite e vá dormir e, quanto menos atenção lhe der, mais rapidamente vai parar de ficar de pé. Porém, se você não tiver certeza de que ela aprendeu a se acomodar sozinha, recomendo que tente adotar o método a seguir.

Acordar noturno em bebês de mais de 12 meses

Muitos pais me contatam na época em que o bebê completa 1 ano totalmente frustrados com o comportamento dele, que normalmente acorda à noite necessitando de alimento. Nesse momento, também se torna necessário dar-lhe a chupeta e embalá-lo para que volte a dormir Na maioria dos casos, descubro, mais uma vez, que o bebê não aprendeu a se reacomodar quando acorda durante a noite.

Nenhum adulto, criança ou bebê dorme a noite inteira sem despertar, mas é na infância que desenvolvemos a capacidade de voltar a dormir com pouca ou nenhuma agitação. É responsabilidade dos pais ensinar essas habilidades aos bebês o mais cedo possível.

Em minha opinião, quando eles acordam à noite, estão procurando pela última coisa em que estavam pensando quando pegaram no sono. Quando pergunto aos pais se eles deitaram o bebê no berço acordado, eles geralmente respondem que sim. Mas o que eles não percebem é que, embora o bebê pareça estar acordado, já começou a atingir aquele estágio em que os olhos pesam, uma indicação de que está caindo no sono enquanto mama, suga a chupeta ou é embalado. Na verdade, ele foi ajudado a entrar nesse estado de sonolência e, portanto, quando acorda durante a noite, quer a mesma ajuda para voltar a dormir. Infelizmente, quando os pais cedem ao choro do bebê e alimentam-no, embalam-no ou dão-lhe a chupeta, alguns estão acordados, o que torna a reacomodação mais difícil.

Para onde vamos a partir daqui?

Você tem três opções simples.

- Continuar com o que vinha fazendo, na esperança de que, algum dia, o problema desapareça. Mas isso não é recomendável para a sanidade a longo prazo dos bebês e de seus pais.
- Utilizar uma técnica de controlar o choro, um método recomendado em muitos livros e por profissionais de saúde infantil. Isso, às vezes, funciona, contudo pode ser traumatizante tanto para os bebês quanto para os pais, e eu não recomendo essa técnica para bebês de qualquer idade. Eles ficam contrariados quando seus pais ficam andando de um lado para outro com eles no colo, porque as regras são difíceis de aprender. Efetivamente você está provocando o bebê e, frequentemente, ensinando-o a chorar por períodos mais longos.
- Então, há o chamado "método profundo", que eu recomendo aos pais para bebês com mais de 1 ano. Em vez de ir devagar, acredito que é melhor ir direto ao fundo da questão.

Creio que esse método gera resultados rápidos, e o bebê e a família ficam mais felizes e tranquilos.

O método profundo

Esse método é quase igual ao meu método de deitar o bebê. Comece da mesma forma, dizendo ao seu filho, nos dias que antecedem às mudanças, o que vai acontecer. Explique de forma firme, mas com uma voz suave, que você vai colocá-lo na cama acordado e que, não importa quantas vezes ele fique de pé ou grite, não vai tirá-lo da cama até que ele tenha cumprido seu tempo de sono. Seu bebê vai entender muito mais do que você imagina.

Essa tática vai provocar um ataque de raiva no seu filho por ele não querer ir para a cama, em vez de um choro emocional, como acontece quando é utilizada a técnica de controlar o choro.

Como funciona

Leve seu bebê para a cama e diga-lhe que está na hora de dormir. Dê boa-noite como de costume e deite-o na cama. Permaneça no quarto e espere que ele fique de pé. Quando ficar de pé, com carinho, deitei-o novamente, tomando cuidado para não ser áspera. Essa conduta vai transmitir à criança uma mensagem clara daquilo que ela deve fazer. Cada vez que ela levantar, deite-a de novo. Ela vai protestar, mas não se preocupe, você vai vencer esse embate. Depois de tê-la deitado dez vezes, saia do quarto.

É aí que os protestos vão realmente começar, pois o bebê vai começar a gritar para que você volte. Depois de cerca de vinte minutos – embora esse tempo possa ser consideravelmente mais longo se o bebê aprendeu a chorar até que você volte ao quarto–, ele vai parar de chamar por você. Confie em mim. Ele vai acabar se acalmando por um ou dois segundos. Então, vai se dar conta de que está caindo no sono, e, nesse ponto, a choradeira vai mudar de tom, passando para um tom mais desesperado, como se estivesse sendo picado por uma abelha. Isso acontece porque o bebê fica zangado consigo mesmo por desistir. Muitos pais nunca ouviram gritos nesse tom e, apavorados, desistem, achando que há algum problema. Mas, quando estou trabalhando com pais e seus bebês, noto que esse é um momento crucial.

O segundo estágio da gritaria geralmente dura o mesmo tempo do primeiro, antes que o terceiro e último estágio inicie-se. É nesse ponto que o bebê começa a pegar no sono. Não se preocupe se ele estiver de pé ou sentado na cama, pois vai deitar antes de cair no sono profundo. Durante esse estágio, haverá pausas nos protestos do bebê, os intervalos ficarão cada vez mais longos, e o choro alto ficará cada vez mais curto, até que finalmente o bebê esteja profundamente adormecido. Quando tiver certeza de que ele adormeceu, espere seis minutos antes de entrar no quarto para reposicioná-lo na cama e cobri-lo. Procure não movimentá-lo demais, porque isso pode, sem querer, afastá-lo de algo que ele estava usando para consolá-lo antes de cair no sono.

O primeiro desafio é sempre o mais longo e mais difícil. Bebês fortes e saudáveis são capazes de protestar por um tempo que parece interminável. Espere que a segunda tentativa demore a metade do tempo, e a terceira, também. Pela minha experiência, na quarta tentativa, o bebê geralmente dorme fazendo pouco ou nenhum alvoroço.

Recomendo que, se durante o dia o bebê acordar após apenas um ciclo de sono, e você souber que ele precisa dormir mais, tire-o da cama, elogie-o por ter dormido e depois dê um passeio a pé ou de carro para tentar incentivá-lo a completar o tempo de sono recomendado. Depois de alguns dias seguindo a rotina à risca e adotando o método profundo, ele começará a dormir com pouca ou nenhuma agitação. Daí em diante, seu bebê vai tirar longos sonos durante o dia também.

À noite, você vai pedir que ele se reacomode. Para tanto, é melhor não entrar no quarto, porque isso o estimulará a manter-se acordado por mais tempo. Se, num determinado ponto, sentir que não consegue continuar com esse método e quiser ir até o bebê, você precisará entrar, posicioná-lo na cama e esperar ao seu lado que ele adormeça. Caso ele levante, continue deitando-o, um movimento que poderá ser repetido mais de 40 vezes, até você notar que ele não mais se põe de pé. A essa altura, coloque a mão nas costas ou no abdome do bebê quando o deitar. Se ele tentar ficar de pé, não desista, recolha a mão e continue a deitá-lo como fez antes. Mas, se ele ficar deitado, deixe a mão sobre ele como recompensa, porém por apenas um minuto, e, depois, retire-a. Não desista se o bebê se levantar novamente, continue aplicando a técnica para deitá-lo até que ele comece a permanecer deitado e depois use a mão para confortá-lo. Permaneça ao lado dele até ele adormecer. Nesse ponto, sua presença pode parecer uma ajuda, mas, depois de algumas noites, o bebê começará a se reacomodar sem precisar da sua presença. Mais uma vez, lembre-se de que, quanto mais tempo permanecer firme e deixar o bebê se acomodar por contra própria, mais depressa ele vai aprender essa habilidade. Entrar no quarto pode fazer você se sentir melhor, entretanto isso tem como resultado deixá-lo ainda mais acordado.

As próximas noites

Na segunda noite da aplicação deste método, recomendo que coloque novamente o bebê no berço apenas oito vezes antes de sair do quarto. E, na terceira noite, deite-o apenas seis vezes. Na terceira noite, eu não o deitaria novamente, pois, a essa altura, já está claro o que você quer que ele faça.

Aviso – Justamente quando você começar a acreditar que está chegando a algum lugar porque o bebê deitou para o último sono com pouco alvoroço, ele vai fazer o maior de todos os protestos. Isso vai acontecer no terceiro dia – e você vai conseguir vencer porque já estará esperando. Uma vez ultrapassado esse obstáculo, seus problemas com o sono do bebê estarão resolvidos. Parece que todos os bebês com os quais já trabalhei fazem uma última e grande tentativa de vencer e dominar os pais, mas, depois de fracassar, decidem se acomodar sem grandes agitações a partir daí.

Você precisa ser forte e determinada se quiser vencer esse desafio, e vencerá. Não permita que seu filho se imponha; é você que tem que estar no controle para que ele se sinta seguro e protegido sob seus cuidados.

Regras importantes a serem seguidas

- Quando for tirar a chupeta (veja próxima seção), seja forte e simplesmente o faça. Não caia na tentação de permitir que seu bebê sugue a chupeta fora da cama, pois isso causará confusão.
- Deixe sempre as laterais do berço levantadas e nunca as ajuste para cima ou para baixo quando o bebê estiver no berço, para evitar gerar uma barreira entre você e o bebê, o que poderia deixá-lo inseguro.

- Mantenha a porta do quarto sempre aberta. Procure fazer com que você e seus familiares não fiquem andando na ponta dos pés em torno do quarto do bebê e continue com os barulhos normais da casa, de forma que o bebê possa escutá-los. Isso será reconfortante para ele, que não vai chorar tão alto.
- Coloque brinquedos aconchegantes e lenços de algodão perto do bebê no berço. Ele não necessariamente vai usá-los como ajuda para dormir, mas é provável que os atire para fora num ataque de raiva, o que permite que alivie a ira. É importante assegurar-se de que esses brinquedos sejam seguros. Bichinhos de pelúcia com enchimento de feijões podem impedir que o ar entre na boca ou no nariz do bebê se ele cobrir o rosto com eles. Também é preciso tomar cuidado com brinquedos cobertos de pelos porque o bebê pode inalar os pelos e ter acessos de tosse, o que talvez não seja perigoso, mas pode causar um desconforto desnecessário. Para garantir que o brinquedo com pelos é seguro, puxe um pelo para ver se solta.

Quando acabar com o problema de vez

Muito raramente acontece de um bebê ter mais força de vontade do que você jamais poderia imaginar. Em toda a minha vida, só me deparei com seis bebês para os quais precisei dizer basta, porque, no caso deles, os estágios normais de ataques de raiva/choro de protesto eram simplesmente intermináveis. Acredito firmemente que não causaria nenhum prejuízo emocional ou psicológico a um bebê protestar durante seis ou sete horas, se isso fosse necessário para acabar com os ataques de raiva. No entanto, eu me preocuparia com os danos emocionais e psicológicos que esse choro contínuo poderia causar aos pais e ao relacionamento deles. Poucos pais, não importando o grau de privação de sono ou quanto são fortes, conseguiriam ouvir ataques de raiva por protesto por mais de duas horas e meia, então digo aos pais que vivem essa maratona para intervir nesse ponto e ajudar seu bebê a dormir. Embora não seja esse o cenário ideal, o protesto tem que acabar, e desistir e pegar o bebê no colo seria um desfecho muito pior, que o ensinaria que gritar e ter ataques de raiva por duas horas e meia faz com que seja tomado no colo.

Por isso, acredito que entrar no quarto e ajudá-lo a dormir é uma boa solução conciliatória.

Entre no quarto e, sem fazer contato visual nem falar, deite o bebê na cama todas as vezes em que ele se levantar até perceber que ele está demorando mais para se levantar. Nesse ponto, recomendo que coloque a mão nas costas ou no abdome dele quando deitá-lo. Se ele estiver tentando se erguer, não resista, recolha a mão e continue a deitá-lo como antes. Mas, se ele permanecer deitado, mantenha a mão nas costas ou no abdome dele como recompensa. Deixe a mão lá por apenas um minuto e depois a retire. Não se deixe vencer se ele ficar de pé novamente, apenas continue com a técnica de deitá-lo até que permaneça deitado. Depois, use a mão para dar-lhe apoio. Fique ao lado do bebê até ele cair no sono. Sua presença pode parecer uma ajuda (algo que usualmente desaprovo), mas há poucas alternativas nesse ponto, se você pretende acabar com problemas de sono. Depois de alguns embates, seu bebê começará a adormecer sozinho uma vez posicionado no berço. Lembre-se de que é preciso coerência para vencer esse confronto.

Se você teve que dar um basta à maratona de choro do bebê, então está em condições de ensiná-lo a se acomodar para dormir às 19 horas. Passeios a pé ou de carro durante o dia ajudam o bebê a dormir melhor. Uma vez que ele esteja se acomodando sozinho à noite, enfrente os desafios de sono diurno.

Como ensinar um bebê dependente da chupeta a acomodar-se sozinho para dormir

Se seu filho precisa de chupeta para dormir, leia meu conselho sobre o uso dela na página 80. Caso decida tirá-la do bebê, recomendo que siga alguns passos. Primeiramente, siga o mais rigidamente possível a rotina de 24 horas para a faixa etária do seu filho por no mínimo quatro dias antes de tentar fazer com que ele abandone a chupeta. No quinto dia, na primeira dormida do dia, tire a chupeta e siga o guia de acomodação para a idade do bebê. Jogue no lixo todas as chupetas, para garantir que você não será tentada a usá-las novamente, mesmo fora dos horários de sono. Dar ao bebê a chupeta fora do horário de sono só provocará confusão.

Se a criança usa chupeta, e você também a embala, dá tapinhas nas costas ou a alimenta para que durma, tire somente a chupeta no primeiro dia da rotina, depois abandone as outras práticas de ajuda no quinto dia. O motivo para isso é que, se o bebê estava usando a chupeta como uma ajuda para dormir, você não precisará oferecer-lhe uma segunda ajuda, assim é improvável que ele fique dependente da chupeta para adormecer.

A história de Félix

No meu site na web, *SaveOurSleep*, a mãe de Félix me fez a seguinte pergunta: "Venho embalando meu filho de 3 meses, Félix, com uma chupeta antes de dormir, mas estou descobrindo que, à medida que ele vai crescendo, fica mais difícil fazer isso. Ele também está dormindo em períodos mais curtos durante o dia. Gostaria de ensiná-lo a dormir sem a chupeta e sem precisar embalá-lo".

Expliquei à mãe de Félix que havia uns poucos passos que ela poderia dar para ensiná-lo a como se autoacomodar. A primeira medida era fazê-lo sentir-se seguro e protegido. Sugeri que o pusesse na rotina de 24 horas por quatro dias, acomodando-o como ela fazia antes, e que, no quarto dia, parasse de embalá-lo e de dar-lhe a chupeta. Como Félix tinha 3 meses, aconselhei o uso da rotina a seguir.

MAMADAS NOTURNAS

Alimente Félix quando ele acordar à noite. Durante as mamadas noturnas, tente não conversar com ele, mantendo o quarto na penumbra, de forma que ele possa sentir a diferença entre a noite e o dia.

7 horas

Acorde Félix e dê-lhe uma refeição de leite. Você tem que acordá-lo e alimentá-lo, mesmo que a última refeição tenha sido às 5h30, para que ele sempre comece o dia no mesmo horário e de barriga cheia.

9 horas

Envolva Félix num cueiro por cima do saco de dormir e coloque-o na cama acordado e deitado de costas, deixando que se acomode sozinho.

11 horas
Se Félix ainda estiver dormindo, acorde-o e alimente-o.

13 horas
Ponha um cueiro em Félix por cima do seu saco de dormir e coloque-o na cama acordado e deitado de costas, deixando que se acomode sozinho.

15 horas
Se Félix ainda estiver dormindo, acorde-o e alimente-o.

16h30
Saia para um passeio a pé ou de carro para incentivar Félix a dormir em lugares diferentes da sua cama. Lembre-se de vesti-lo como se ele estivesse indo para a cama e ajuste as cobertas de acordo com a temperatura externa. Não se preocupe se ele não cochilar, porque alguns só tiram uma soneca nesse horário em dias alternados.

17h15
Acorde Félix e dê-lhe um banho.

18 horas
Dê a Félix o seu leite.

19 horas
Envolva Félix num cueiro e coloque-o na cama acordado e deitado de costas, deixando que ele se acomode sozinho.

22h30
Dê a Félix sua mamada do sonho.

No quarto dia, comece com a dormida das 9 horas. Envolva o bebê num cueiro por cima do saco de dormir e coloque-o no berço deitado de costas e sem a chupeta. Permita que ele proteste ao menos por oito minutos a partir do momento em que começou a chorar, porque, a princípio, ele pode ficar quieto por alguns minutos. Quando estiver empregando táticas de transição no regime de sono como recomendo aqui, sempre cronometre o tempo de choro, já que, para você, um minuto pode parecer dez.

Quando ele começar a chorar, preste atenção no tipo de choro. Se ele estiver lutando contra o sono, o choro é de protesto. Um choro de protesto tem muitas modulações de som. Pode soar algo como *uáááá ... Pausa... uá, uááá ...* Pausa ... *uáá... uáá ... uááááááá...* Pausa. O registro vai subir e descer, e haverá pausas na choradeira. Normalmente, as pausas vão ficando mais longas, pois Félix começará a cair no sono. Se você o estiver observando, verá que ele fecha os olhos e cabeceia, depois dá um salto quando se dá conta de que está caindo no sono, chorando novamente.

Se houver algum problema, por exemplo, se Félix sujar a fralda, o choro será emocional. O choro emocional ou de fome é contínuo, sem pausas nem mudanças no registro ou no tom. Soa como *uáá, uáá, uáá, uáá, uáá, uáá, uáá, uáá.* Se o choro de Felix for emocional, entre no quarto e veja qual é o problema. Se não houver nenhum problema visível, abrace-o e extraia o ar dele por quinze minutos antes de tentar reacomodá-lo.

É importante ter em mente que chorar é normal e não necessariamente significa que algo está errado. Ao ensinar Félix a se acomodar sozinho, inevitavelmente haverá alguma choradeira. A choradeira de Félix irá ficando menos frequente e menos duradoura à medida que ele desenvolver as habilidades para se acomodar por contra própria. Seu desafio é resistir à tentação de consolá-lo todas as vezes em que ele chorar. Se ele chorar durante oito minutos contínuos sem pausas de mais de 30 segundos, deverá entrar no quarto e ajudá-lo a se acomodar. Deite-o de lado, lembrando-se de voltar e deitá-lo de costas quando estiver adormecido.

Tente evitar contato visual enquanto estiver acomodando o bebê. Deixe Félix de costas e dê tapinhas nelas ou esfregue o abdome dele ou, ainda, acaricie sua cabecinha. Se, passados vinte e dois minutos, Félix ainda não tiver se acomodado, levante-o do berço e, após uma pausa de dez minutos, reinicie os procedimentos para choro de protesto.

Quando finalmente Félix adormecer, ele poderá acordar novamente depois de apenas um ciclo de sono. Não há motivo para ficar perturbada com isso. Concentre-se no fato de que adormeceu. Não espere que ele tenha sonos longos nem que se reacomode até que comece a dormir com pouco ou nenhuma agitação. O mais importante quando estamos ensinando um bebê a dormir sem ajudas como uma chupeta ou um embalo é seguir a rotina. Combinar as rotinas com as técnicas descritas ajudará Félix a se acomodar sozinho e a começar ter dormidas diurnas mais longas dentro de poucos dias.

Se ele acordar durante o dia após apenas um ciclo de sono e você souber que precisa de mais sono, pegue-o no colo, elogie-o por ter dormido e saia para um passeio a pé ou de carro para tentar levá-lo a dormir mais um pouco segundo o tempo de sono recomendado. Um bebê que não sabe se acomodar não será capaz de se reacomodar. Durante a noite, você pode entrar no quarto quando ele acordar, pegá-lo no colo e alimentá-lo. Depois da mamada, coloque-o de volta na cama e acomode-o da forma descrita anteriormente.

Dicas

- Cronometre o tempo do choro de protesto do bebê para ter certeza de que dura menos do que parece.
- Coloque um espelho na porta do quarto para que você possa vigiar o bebê sem ser vista.
- Assegure-se de que o berço está de acordo com os padrões de segurança e posicionado de forma segura dentro do quarto.
- O bebê pode acordar de novo depois do primeiro ciclo de sono durante a noite. Se isso acontecer, seja forte e use a técnica de acomodação que já ensinei para casos de despertar noturno para a idade do bebê.

Conduta incoerente

É frequente encontrar pais que tentam arduamente ensinar o filho a se acomodar sozinho, mas, como não são persistentes, não chegam a lugar nenhum e acabam frustrados e com um bebê confuso. A seguir, alguns exemplos para que você entenda o que quero dizer quando falo em conduta incoerente.

Paul, de 1 ano, estava acordando algumas vezes à noite e, em seu segundo ou terceiro despertar, era levado para a cama dos pais. Depois de decidirem usar o método de deitar para resolver os problemas de sono, Paul foi posto no berço na primeira noite e chorou alto por cinquenta minutos antes de adormecer. Na segunda noite, chorou alto por trinta minutos e continuou melhorando a cada noite até a quinta noite, quando não emitiu qualquer ruído antes de cair direto no sono. Da quinta até a décima noite, Paul acomodou-se para dormir e dormiu a noite inteira. Mas, na 11.ª noite, ele acordou logo depois de os pais irem para a cama, chorando alto por cinco minutos. Os pais decidiram que isso já era o bastante, levantaram-se e pegaram-no no colo, permitindo que ele passasse o resto da noite na cama deles. Eles não viram nada demais nisso, mas, na noite seguinte, quando Paul foi colocado no berço, chorou alto por mais de uma hora antes que os pais cedessem novamente. Num caso como esse, os pais costumam desistir completamente, depois começam tudo de novo poucas semanas depois do episódio que os fez achar que já tinham aguentado o bastante. Essa conduta foi injusta com Paul, que acabou ficando muito perturbado.

Outro exemplo seria o dos pais que não entendem que um bebê precisa primeiro adormecer por conta própria antes de pedirem que ele se reacomode. É comum os pais esforçarem-se arduamente em manter o filho na rotina enquanto tentam resolver o problema do sono sem adotar meus conselhos sobre reacomodação. Esses pais têm uma boa noite de sono graças ao comportamento do bebê e depois o colocam para uma dormida matinal, ocasião em que ele combate a sonolência por cinco minutos e depois dorme apenas quarenta minutos. Alguns pais acham realmente difícil concentrar-se no fato de que o bebê foi dormir; tudo o que eles enxergam é que ele não dormiu um tempo suficientemente longo e, assim, decidem deixá-lo na cama até que ele volte a dormir. Quase sempre essa atitude dá errado porque nove entre dez vezes ele não vai se reacomodar. Em vez disso, vai protestar por um tempo tão longo que, no final, os pais desistem, e tudo o que conseguiram foi ensinar a criança a protestar até eles irem buscá-la. Da próxima vez em que ela for posta para dormir, reclamará por um longo tempo de novo para ver se eles vão pegá-la.

O segredo é a coerência. Se você achar que realmente não consegue ser coerente, então esse não é o momento de tentar corrigir os maus hábitos de sono do bebê. Desista e tente mais uma vez mais adiante.

Falta de apoio do parceiro

Quando forem ensinar ao bebê novos hábitos de sono, os pais vão ter que suportar alguma reclamação. Eles ficam muito aflitos ao ouvir o bebê protestar, principalmente no meio da noite. Acredito que o mais difícil é não fazer nada porque eles sabem que ir até o bebê, acariciá-lo ou dar-lhe algo para beber vai fazê-lo voltar a dormir dentro de poucos minutos, enquanto os protestos podem durar muito mais. Vocês precisam lembrar-se de que ir até o bebê é uma solução de curto prazo, e que, sim, vocês estarão de volta a sua cama rapidamente, mas também poderão ser acordados todas as noites durante os próximos anos. Se aguentarem os protestos, todos da casa poderão dormir a noite inteira todas as noites a partir da próxima noite. Não seria muito melhor?

Uma coisa que tem me surpreendido ao longo dos anos é o grande número de pais que conheci que acham impossível ouvir seu bebê protestar. Muitas vezes presumi que as mães seriam a parte mais "mole" do casal para lidar com essas circunstâncias, mas, na realidade, são os pais que tento tranquilizar quando o bebê está reclamando. Durante algum tempo, pensei comigo que eram os pais que continuavam dormindo quando os bebês despertavam e faziam todo aquele fuzuê, enquanto as mães levantavam e acomodavam a criança e, por causa disso, não sentiam a necessidade de se expor aos protestos do bebê, pois não viam o problema. Mas descobri que as coisas não são bem assim. Com muita frequência, deparo-me com pais que levantam à noite e acomodam o bebê simplesmente porque não suportam ouvir seus protestos.

Se um de vocês for muito mais forte do que o outro para aguentar a choradeira do bebê, então pense em pedir ao parceiro "mais mole" que passe algumas noites fora ou, ao menos, vá para um quarto distante daquele onde dorme. Este pode retornar no dia seguinte durante o dia e, se possível, participar do ritual inicial para colocar o bebê na cama, de forma que a criança perceba que se trata de um esforço conjunto. O mais forte dos dois pode ainda precisar pedir a um amigo ou parente que venha à casa de vocês para dar apoio ou apenas fazer companhia enquanto bebem algumas xícaras de café. Mandar as crianças mais velhas passar a noite fora também ajuda a aliviar a tensão.

Às vezes, o pai pressiona para que o bebê seja ensinado a se autoacomodar, mas a mãe não está pronta. Digo a meus clientes que esse tem que ser um esforço conjunto. Se vocês estiverem em discordância em relação a essa situação, o bebê vai perceber a tensão, e esse não será um bom momento para tentar mudar seus hábitos. Chegará o momento em que vocês estarão prontos.

REVANCHE DO BEBÊ

É incrível perceber como os bebês podem ser espertos. Já vi uns que tentam qualquer coisa para escapar de ir para a cama.

Defecar depois de estar acomodado na cama

A história de James

A primeira vez em que percebi que os bebês eram capazes de defecar para sair da cama foi quando visitei James, com 11 meses na época. Seus pais tinham tentado controlar o choro dele para acomodá-lo, mas chegou a um ponto em que, cada vez que James era posto no berço, ele vomitava.

Deitamos James no berço e colocamos à sua volta um monte de toalhas para coletar o vômito. Quando James vomitava, a mãe ia até ele e limpava seu rostinho, recolhia as toalhas sujas e saía do quarto. Tudo isso era feito em total silêncio e sem contato visual.

Sentamos do lado de fora do quarto e ficamos ouvindo para verificar se haveria um segundo vômito, mas logo percebemos que, em vez de vomitar, ele defecou. Depois de retirá-lo da cama, trocar a fralda e o colocá-lo novamente no berço, James defecou de novo. Nesse ponto, compreendemos que ele estava fazendo um jogo, assim esperamos até que adormecesse e então entramos no quarto e trocamos a fralda. Isso acabou com o joguinho dele, e, quando ele percebeu que não íamos voltar, conseguiu acomodar-se sozinho e dormir.

Desde então, tenho visto muitos bebês defecarem quando são postos na cama. Se a fralda do bebê é trocada com muita frequência antes de ele ir para o berço, não vejo problema nisso. Mas, se isso estiver se transformando num jogo, e o bebê continuar evacuando de forma que você precise trocá-lo dez vezes antes que adormeça, então sugiro que não o troque até que ele durma. Então troque a fralda sem tirar o bebê do berço. Se ele acordar, continue trocando-o sem falar com ele nem fazer contato visual. Não se preocupe caso não consiga limpá-lo perfeitamente; um pouco de fezes não causará maiores danos até o amanhecer.

Vomitando na cama

Volta e meia, deparo-me com um bebê que aprendeu a vomitar na hora de ir para a cama durante tentativas fracassadas de controlar seu choro. Se tiver um bebê com esse comportamento, ele precisará aprender que o vômito não fará com que obtenha sua atenção nem com que ganhe um tempo extra. Isso é difícil, mas precisa ser feito para impedir que ele continue vomitando.

A forma de conseguir é forrar o berço e também o chão com duas camadas de toalhas para facilitar o recolhimento do vômito. Quando o bebê vomitar, entre no quarto, retire a primeira camada de toalhas, deixando a segunda para o caso de haver um próximo ataque de vômito. Se o vômito sujar a roupinha dele, dispa-o e coloque roupas limpas nele sem retirá-lo do berço. Não faça contato visual nem converse com ele enquanto estiver fazendo isso, mantendo-se calma e confiante durante todo o processo, assim você o engana, levando-o a pensar que não está se importando com o vômito.

Quando ele adormecer, retire as toalhas extras para que não se enrole nelas durante a noite. Uma alternativa é posicionar o bebê num berço portátil e, se ele vomitar, colocá-lo no berço usual.

PERGUNTAS COMUNS

Meu filho de 9 meses segue sua rotina perfeitamente desde o nascimento, mas, nas últimas duas semanas, tem acordado às 5h30 todas as manhãs. Venho colocando-o de volta na cama às 8h30 em vez de às 9 horas, para que tenha suas horas de sono completas. O que você acha que está provocando o despertar prematuro? Não tenho certeza do que poderia ter causado o primeiro despertar às 5h30, mas sei que você pode ter reforçado esse comportamento, colocando-o na cama às 8h30. Por alguma razão que ainda não descobri, bebês dessa idade contam todas as horas de sono que têm antes das 9h30 como parte das doze horas que deveriam ter à noite. Assim, recomendo que mantenha o bebê acordado até as 9h30 antes de pô-lo novamente na cama para o sono da manhã.

Estou pensando em experimentar a técnica para deitar, mas acho que minha estatura é baixa demais para alcançar o fundo do berço do meu bebê. Devo abaixar as grades do berço mesmo que você não recomende? Nunca me deparei com esse problema antes, todavia creio que você deve fazer uma tentativa primeiro e ver como se sai. Se realmente constatar que sua altura é um problema, enfie a mão entre as grades, fique de pé em cima de um colchão colocado sobre o chão, para não haver chance de cair, ou, então, corte as pernas do berço para que possa alcançar o seu bebê.

Na primeira noite de adoção do seu método, nosso bebê, Jack, protestou durante cinquenta minutos no horário de dormir e depois dormiu até as 6 horas. Na segunda noite, adormeceu em oito minutos, acordando quarenta e seis minutos depois e levando vinte minutos para se reacomodar. Isso significa que estamos regredindo? De jeito nenhum, muito pelo contrário. O fato de Jack ter acordado na segunda noite após quarenta e seis minutos de sono é um sinal de que seu corpo está começando a entrar nos ciclos de sono adequados. Na terceira noite, ele talvez acorde por um ou dois minutos a cada duas horas, o que, mais uma vez, é um passo realmente positivo, pois significa que ele está entrando no padrão de ciclos de sono correto.

Vou passar um tempo com minha irmã para que ela me ajude a ensinar meu bebê de 9 meses a dormir a noite inteira. Há algo que devo fazer para preparar o bebê? Se você for ficar na casa de sua irmã, leve junto o berço portátil do bebê, para que seu filho sinta-se seguro e protegido no ambiente em que vai dormir. Antes de ir para lá, durante dois dias, use o berço portátil para todas as dormidas do bebê, diurnas e noturnas. Outro benefício é que, quando você chegar em casa, seu filho poderá continuar dormindo no berço portátil, e isso a ajudará a ser coerente com seu método de acomodação. Quando ele estiver dormindo bem e aderindo aos horários de sono segundo minha rotina, você poderá voltar para o berço usual dele. Entretanto será preciso esperar o primeiro sono do dia para fazer essa transição.

Você sempre sugere que coloquemos nosso bebê para dormir no mesmo lugar onde vai acordar. O que fazer quando se precisa sair, e seu bebê está dormindo? Você o acordaria e o transferiria para o carrinho. Em determinadas circunstâncias, será preciso deslocar um bebê adormecido. Por exemplo, recentemente estive com Grace. Nós a colocamos para dormir o sono da tarde e, quando chegou a hora de sair para a reunião do grupo de mães, a tiramos adormecida do berço e a pusemos no carrinho. Ao chegarmos ao local da reunião, não conseguimos entrar com o carrinho e, assim, tivemos que deslocar Grace mais uma vez ainda dormindo. E, quando ela acordou, estava no meio de um grupo de mães. É aceitável deslocar um bebê dessa forma porque não pedimos a Grace que se reacomodasse ao acordar num lugar diferente daquele onde havia pegado no sono. Também não a deixamos sozinha, e, quando despertou, a mãe estava com ela, tranquilizando-a.

Estou no terceiro dia do seu método profundo com meu bebê de 14 meses e estou vibrando de alegria por ele ter dormido onze horas seguidas a noite passada, o que nunca tinha acontecido. Mas hoje ele está muito apegado comigo. Isso é motivo de preocupação? Essa é uma fase normal que acredito que aconteça por duas razões. A primeira é que, se o bebê não está acostumado a dormir muito durante a noite e agora está dormindo onze horas seguidas, acredite ou não, ele está se sentindo muito cansado. Tenho certeza de que já ouviu dizer que, quanto mais você dorme, de mais sono necessita. A segunda razão pode ser que seu bebê esteja acostumado a muito contato físico durante a noite e, agora que isso acabou, talvez se sinta um pouco inseguro. Não se preocupe, que isso passará logo porque você também começou a dormir melhor à noite, o que não será por poucos dias, tendo mais disposição durante o dia para dar ao bebê ainda mais contato e atenção.

Antes de começar com seu programa, meu bebê estava despertando duas vezes à noite, permanecendo acordado durante

duas horas de cada vez. Na segundo noite da sua rotina, ele acordou a cada duas horas e levou dois minutos e meio para voltar a dormir de cada vez. Isso é normal? Sim, é normal. Parece que seu bebê nunca dormiu os ciclos de sono adequados. Agora que ele está aprendendo as habilidades de se autoacomodar, também está começando a dormir em ciclos de sono. Você vai perceber nas próximas noites que o tempo que ele fica acordado entre ciclos de sono vai diminuir.

Meu bebê adormece numa posição encolhida. O que devo fazer? Durante o dia, deixe-o nessa posição, mas, no momento em que vir que ele acordou, mesmo que seja depois de apenas vinte minutos de sono, erga-o e elogie-o por ter dormido. Se ele adormecer nessa posição à noite, vá até ele depois de dez minutos e estenda suas perninhas sem mexer muito nele, para garantir a segurança dele e para que não acorde sentindo-se desconfortável. Talvez ele desperte quando você movimentá-lo, mas é melhor que acorde e se reacomode nesse momento do que logo depois de você ter ido para a cama.

Meu filho tem 1 ano e adormece sem turbulências. Dorme a noite inteira, mas de dia dorme apenas quarenta minutos, se dormir. Você sabe o que devo fazer? Já me deparei com situações como essa algumas vezes e, na maioria dos casos, descobri que deve haver uma diferença entre o ambiente em que o bebê dorme de dia e aquele em que ele dorme à noite. Por exemplo, um bebê era colocado no seu saco de dormir à noite, mas não durante o dia, dormindo melhor à noite do que de dia. A solução foi o colocarmos no seu saco de dormir de dia, e o problema acabou.

O que devo fazer se meu filho de 1 ano e meio passou a dormir a noite inteira durante três semanas depois de adotarmos um dos seus métodos e, de repente, começou a acordar chorando durante a noite? Devemos deixá-lo chorar sozinho até que volte a dormir ou ir até ele e confortá-lo? Se seu bebê usualmente dorme bem a noite toda e, inesperadamente, acorda, sugiro que entre no quarto e pegue-o no colo. Tire-o do quarto e conforte-o. Se achar que ele pode estar com algum problema, como dor de ouvido ou febre, dê-lhe os medicamentos usuais, mantenha-o acordado por ao menos vinte minutos enquanto o remédio faz efeito e depois o ponha de volta na cama, deixando que se acomode por contra própria. Se ele estiver com febre, siga meu conselho sobre doenças em bebês no capítulo 12.

Ponho meu filho de 1 ano e meio na cama às 19 horas, mas não consigo que durma além das 6 horas. Será que isso se deve ao sono da manhã, visto que ele tira apenas um cochilo na hora do almoço? Devo tentar colocá-lo na cama mais tarde? Não. Sugiro que ponha a criança mais cedo para dormir, digamos às 18h30. Talvez seu filho esteja acordando mais cedo devido ao cansaço e, se conseguir dormir mais, poderá dormir por mais tempo.

Será que a claridade está acordando o meu bebê? Nunca achei que fosse necessário usar persianas *blackout* nem que se devesse escurecer sempre o quarto onde o bebê dorme. Não acredito que a claridade esteja afetando seu filho.

Como agir quando estou tentando fazer com que meu bebê se reacomode de manhã cedo, e ele fica gritando durante horas? Você sempre deve tentar aguentar mais tempo ouvindo o bebê gritar do que o tempo que o bebê leva gritando com você. Porém, às vezes, a coisa prolonga-se tanto que você não consegue mais suportar. Nesse caso, espere até que o bebê faça uma pausa na gritaria, entre no quarto durante esse intervalo e pegue-o no colo. Nunca ceda enquanto seu bebê estiver gritando com você.

10

QUEBRAS DA ROTINA

Com a vida agitada que levamos hoje em dia, surgem várias ocasiões em que você precisa alterar a rotina do seu filho para abrir espaço para acontecimentos como volta ao trabalho, o horário de verão, feriados e viagens. A melhor maneira de tratar essas questões é planejar com antecedência. Este capítulo ajuda você a se ajustar às diferentes situações que poderá encontrar nos primeiros anos do bebê.

VISITAS

Se você tem parentes ou amigos que costumam aparecer bem na hora de o bebê dormir, explique a eles a importância do horário das 19 horas. Peça que venham mais cedo ou no fim de semana se quiserem ver seu bebê ou seu filho mais velho. Ou, se eles já estão a caminho da sua casa, peça que cheguem depois das 20 horas, quando o bebê já estará profundamente adormecido e não será perturbado. Isso se aplica também a pais que chegam em casa depois de um dia de trabalho às 18h59 – é melhor que entrem em casa sorrateiramente alguns minutos mais tarde.

Se você tem hóspedes, é bom explicar a eles como funcionam as coisas na sua casa com seu bebê ou filho mais velho no horário de dormir à noite. Já ouvi falar de um bebê cuja refeição da noite fora abolida há semanas, até que, numa noite, uma avó que estava de visita ouviu o bebê agitar-se e deu-lhe uma mamadeira, pensando que estava fazendo um favor a todos. Converse com seus visitantes, explicando a eles que, se ouvirem o bebê fazer barulhos à noite, não precisam ficar apreensivos. Se tudo o mais falhar, e você se vir na situação de ajudar o bebê a dormir, talvez precise apenas corrigir alguns problemas de sono quando tiver a casa de volta para vocês.

VIAJANDO COM UM BEBÊ OU COM UMA CRIANÇA DE 1 ou 2 ANOS

Para viajar levando um bebê ou uma criança de 1 ou 2 anos, é preciso planejar tudo com bastante antecedência. Quando meus clientes entram em contato comigo para falar das suas preocupações com uma viagem, a primeira coisa que sempre lhes digo é que devem colocar seu filho numa boa rotina semanas antes da viagem. Depois de muitos anos dando consultas sobre o sono de bebês, observei claramente que as crianças adeptas de uma rotina adaptam-se mais rapidamente e com mais facilidade a qualquer ambiente novo. Isso se aplica igualmente a crianças que atravessam fusos horários ou ficam dentro do mesmo.

É importante que seu bebê sinta-se seguro e protegido onde quer que o coloquem para dormir, por isso recomendo que leve sempre com você o berço portátil. Se não dispuser de um, peça emprestado, ou, então, alugue um uma semana antes da viagem para poder testá-lo. Acredite em mim, vale a pena. A última coisa de que precisa é não encontrar berços disponíveis no hotel, ou o berço oferecido ser muito baixo, e o bebê conseguir pular para fora dele. Aconselho você a pôr o bebê no berço para viagem duas noites antes da partida, para que ele se acostume, o que irá reduzir o impacto do novo ambiente.

Viagens de carro

Se for percorrer de carro uma distância longa, é mais tranquilo partir no horário de dormir do bebê. O plano mais fácil é sair às 18h30, logo depois da última refeição dele para a noite, pois, assim, ele dormirá satisfeito a maior parte do caminho. É conveniente que o motorista tire uma soneca antes de pegar a estrada, e as jornadas longas devem ser interrompidas para fazer uma pausa para passar a noite. Isso não será problema se seu bebê estiver familiarizado com o berço portátil. Outra alternativa para facilitar uma viagem com bebês pequenos é partir logo pela manhã e dirigir a manhã toda e nas dormidas do meio-dia. Se seu bebê ainda estiver recebendo a mamada do sonho, não se preocupe em fazer uma parada exatamente no horário programado, pode ser num horário aproximado. É muito mais importante encontrar um local seguro para fazer uma pausa do que ficar olhando o relógio.

Quando viajar de carro, leve uma mala ou bolsa pequena à qual possa ter acesso com facilidade. Assim não vai precisar parar o carro para procurar algo no porta-malas. Lembre-se de que alguns bebês enjoam em viagens longas, portanto esteja preparada. Viajar de carro geralmente é mais fácil do que de avião, trem ou ônibus, porque você pode levar muito mais acessórios de que o bebê precisa para se manter satisfeito.

Cadeirinha para bebê

Você vai precisar de uma cadeirinha de segurança para bebê sempre que colocá-lo no carro, por mais curta que seja a jornada. Sob nenhuma circunstância, coloque um cinto de segurança em torno de você e do bebê, pois, se acontecer um acidente, o peso do seu corpo empurrado contra o bebê e o cinto de segurança poderá matá-lo, mesmo que seja apenas uma pequena batida.

Se adquirir uma cadeirinha de segunda mão, tente descobrir o seu histórico – caso pareça danificada ou tenha sido envolvida em algum acidente, não a use. Cadeirinhas para bebê devem ser compradas de acordo com o peso dele, e não com a idade.

Verifique se o peso do seu bebê está conforme ao da recomendação do fabricante da cadeirinha que pretende comprar. Pesquisas recentes têm demonstrado que a posição mais segura para um bebê de até 12 meses viajar de carro é usar uma cadeirinha voltada para a traseira do carro. Se não souber instalá-la, peça a um profissional que o faça. É claro que as chances de se envolver num acidente são relativamente pequenas, mas, se acontecer, a possibilidade de sofrer ferimentos é grande.

Viagem de avião

Viajar de avião pode ser um desafio e precisa de muito mais planejamento. Antes da viagem, telefone para a companhia aérea para saber se eles dispõem de assentos equipados com cestos de vime para bebês pequenos, mas esteja preparada para o caso de não haver. As linhas aéreas muitas vezes precisam alterar planos no último minuto, e, portanto, não fique desapontada se, por algum motivo, não houver um cesto disponível. Por causa do ar-condicionado muito frio dos aviões, procure manter o bebê muito bem aquecido durante o voo.

No que diz respeito a rotinas para bebês, geralmente recomendo dar ao bebê uma mamadeira de leite duas horas antes de o avião decolar ou pousar, de forma que ele tenha fome suficiente para mamar no peito ou tomar uma mamadeira durante o voo (os ouvidos de um bebê que mamou ficarão mais confortáveis durante a decolagem ou o pouso). Por exemplo, se seu voo estiver marcado para as 16 horas, alimente o bebê às 14 horas em vez de no horário usual das 15 horas, assim, quando oferecer leite ao bebê após a decolagem, ele aceitará.

Se o bebê for ainda muito pequeno, despache o carrinho dele com a bagagem, pois carregar o bebê num porta-bebê ou numa mochila deixa suas mãos livres para organizar-se na hora do embarque e de colocar a bagagem leve na cabine do avião. Mas, se viajar com uma criança de 1 ou 2 anos, provavelmente vai precisar de um carrinho de bebê, para evitar que ele fique correndo por todo o aeroporto ou para que ele possa tirar uma soneca no caso de o voo atrasar.

Se o bebê estiver tomando mamadeira, é melhor levar a água e o leite em pó separadamente, pois nem sempre é possível manter o leite preparado a uma temperatura fresca dentro do avião, mesmo pedindo para a atendente de voo colocá-lo na geladeira. Já vi mamadeiras fora da geladeira por longos períodos enquanto elas serviam a comida. Também é aconselhável levar leite em pó e outros alimentos adicionais, porque o voo pode atrasar, e o bebê pode se desgastar mais do que o usual se estiver se sentindo um pouco estranho a bordo. Caso esteja amamentando, leve alimentos e garrafas de água extras para você mesma.

Quando chegar ao destino

Seja qual for o meio de transporte, quando chegar ao seu destino final, mantenha o bebê acordado por um tempo um pouco mais longo na primeira noite se ele tiver dormido bem durante a viagem. É importante continuar seguindo a rotina normal da hora de dormir, de forma que o bebê reconheça todos os sinais de que está na hora de ir para a cama. Se estiver hospedada na casa de amigos ou parentes, peça a eles que não exagerem nas atenções ao bebê nas primeiras duas noites, porque isso vai deixá-lo muito agitado. Na primeira manhã, coloque o bebê direto na sua rotina normal no horário local se atravessou fusos horários, independente da frequência e de quão cedo ele acordou na noite anterior ou nessa manhã. Se seu filho estiver acordando muito mais vezes durante a noite, procure acomodá-lo, dando a ele um pouco de água e um abraço, mas, se após algumas noites isso começar a se tornar habitual, tente deixá-lo sozinho por dez minutos antes de voltar ao quarto.

Uma vez que tudo esteja ajustado e o bebê esteja satisfeito com a rotina novamente, você poderá modificar a rotina para desfrutar mais do passeio. O segredo para alterar minhas rotinas é evitar fazer isso dois dias seguidos, a fim de que seu filho não fique muito cansado. Se sentir que as coisas se acertaram sem problemas, tente por dois dias seguidos. E lembre-se de que seu filho não precisa ficar no berço nos horários de dormir, apenas num lugar confortável, mas tente dar a ele um consolo em todos os horários de sono. Se o bebê estiver tirando sonecas curtas em vez de sonos completos nas férias, não se preocupe, coloque-o na cama à noite um pouco mais cedo.

É comum os pais descobrirem que seu bebê dorme muito melhor longe de casa se estiver num clima mais quente, já que o calor ajuda-o a dormir. Se pretende dar uma saída noturna para jantar, incentive o bebê a tirar um cochilo extra no final da tarde, pois assim ele ficará mais tranquilo enquanto você tenta comer.

Por último, caso seu filho saia totalmente fora da rotina, não fique muito apreensiva. Para acertar as coisas, bastarão alguns dias sem interrupções quando voltar para casa.

Dicas

- Se precisar esterilizar algo, leve com você alguns tabletes de solução esterilizadora e compre um baldinho barato que possa ser deixado para trás na volta.
- É aconselhável pôr o bebê para dormir no berço portátil por duas noites seguidas antes de viajar, para que ele se acostume a dormir no seu novo berço. Isso reduzirá o impacto do novo ambiente.

Mudança de residência

Uma mudança de casa não precisa causar uma grande ruptura nos padrões de sono do seu filho. O essencial é fazer com que ele se sinta o mais seguro e protegido possível, e a maneira mais fácil de conseguir isso é mantê-lo bem alimentado e numa boa rotina de sono. Bebês gostam de saber o que vai acontecer e quando.

É importante que seu filho deite na mesma cama na nova casa, assim, se você sabe que não vai conseguir instalar o berço usual na casa nova no dia do primeiro sono da criança, recomendo que coloque o bebê num berço portátil e que ele durma nele nos quatro dias anteriores à mudança. É interessante também levar seu filho para dar uma volta pela nova casa e explicar a ele onde fica o quarto de cada um dos membros da família e em qual ele irá dormir.

Certifique-se de que a rotina do seu filho seja a mesma na hora de dormir e, se for você que normalmente lhe dá a última refeição do dia, faça isso, mesmo que existam outras pessoas que possam ajudar. As coisas serão mais fáceis se você der ao bebê a atenção que costuma lhe dar. Lembre-se de que, se o horário de ir para a cama funcionar bem, você terá horas ininterruptas para desembalar sua mudança.

Se o bebê sempre dormiu bem e, de repente, acorda à noite, não há problema em entrar no quarto e confortá-lo. Entretanto, se ele não estiver dormindo bem desde o início, e você precisar ensiná-lo a dormir, não recomendo essa prática. Em vez disso, entre no quarto, tire o bebê da cama e do quarto dele para confortá-lo ou dar-lhe um medicamento caso esteja doente. Depois de dez minutos, se não houver um problema óbvio, coloque-o de volta na cama para que volte a dormir por conta própria. Caso decida dar algum medicamento ao seu filho, mantenha-o acordado por vinte minutos até o remédio começar a fazer efeito, antes de colocá-lo na cama.

O motivo para adotar esse procedimento é que, se você entrar no quarto e der uma conferida no bebê e depois sair, estará pedindo que ele se reacomode depois de vê-la, o que fará com que fique muito emotivo e talvez não se acomode. Se você tirá-lo da cama e depois colocá-lo de volta, estará pedindo que ele se acomode, e não que se reacomode.

É possível que seu filho queira desafiar as normas e limites na nova casa, por isso é importante que lhe envie mensagens claras de que as regras continuam as mesmas. Isso o fará sentir-se mais seguro. Mas, se, por exemplo, depois de pôr seu filho na cama na primeira noite, ele ficar muito abalado e apresentar um choro emocional, vá até o quarto, pegue-o no colo e leve-o para seu quarto para acalmá-lo e confortá-lo antes de devolvê-lo ao berço. Quando fizer isso, não aconselho entrar no quarto e depois sair, pois isso é controle do choro e faz com que a criança fique ainda mais contrariada.

Caso esteja se mudando para um país cujo fuso horário é muito diferente, siga as minhas diretrizes para viajar com o bebê. Mudar-se para o exterior é mais fácil do que sair de férias, pois não precisa ajustar os hábitos do bebê quando volta para casa.

O refugo da mamadeira e o retorno ao trabalho

Se você estiver lendo este livro desde o início da vida do seu bebê, provavelmente já esteja se preparando e preparando seu bebê para o dia do seu retorno ao trabalho simplesmente aderindo às rotinas. Mesmo que não tenha certeza de que vai voltar a trabalhar, há algumas coisas que você deveria estar fazendo desde as primeiras semanas. É mais fácil preparar um bebê para essa transição do que abandonar a ideia e um dia ter que enfrentar a realidade e tentar preparar uma criança mais velha.

Se for voltar ao trabalho, esteja preparada para o refugo da mamadeira. Anualmente, recebo centenas de telefonemas e *e-mails* de pais que precisam voltar ao trabalho, e o bebê deles está refugando a mamadeira ou, então, recusando-se a tomar sua mamadeira oferecida por outra pessoa que não seja a mãe ou o pai. Se você sempre amamentou seu bebê, não espere que ele aceite a mamadeira, pois 99% das crianças que sempre mamaram no peito vão recusar categoricamente a mamadeira.

Não creio que esses bebês estejam tentando assumir o controle, mas sim que se sentem tão seguros da forma como as coisas estão que essa súbita mudança assusta-os. Bebês são criaturas de hábito, que gostam que as coisas sejam feitas do mesmo jeito todos os dias e no horário de sempre. Por isso uma criança é capaz de assistir ao mesmo DVD repetidas vezes, porque lhe agrada saber o que vai acontecer depois e quando. Portanto, se você sabe que vai retornar ao trabalho ou mesmo que exista uma mínima chance de isso acontecer, tente inserir a mamadeira nas primeiras duas semanas e continue dando-a ao menos uma vez por dia. Caso seu bebê já tome mamadeira, procure habituá-lo a recebê-la de outras pessoas algumas semanas antes de retornar ao trabalho.

Se você precisa voltar a trabalhar agora, e esse aviso chegou tarde demais, nem tudo está perdido. Algumas técnicas para introduzir a mamadeira funcionam melhor do que outras. Alguns pais que me contataram tinham tentado todo tipo de abordagem para fazer com que o filho aceitasse a mamadeira, inclusive fazer o bebê passar fome, não lhe oferecendo nem o peito nem alimentos sólidos até que aceitasse a mamadeira. Discordo totalmente desse método, pois o bebê acabará muito cansado, faminto e até mesmo desidratado. Além disso, a tendência é que não se chegue a lugar nenhum. Eu mesma experimentei esse método onze anos atrás com um bebezinho chamado Tom, simplesmente porque não conhecia outro método melhor e estava fazendo o que aprendera num livro. Passei um dia inteiro tentando dar uma mamadeira a Tom e não estava conseguindo nada, quando minha irmã, Suzanne, assumiu a tarefa. Dentro de poucos minutos, ele estava tomando a mamadeira. A diferença foi a atitude confiante de Suzanne, dizendo a Tom que ele ia aceitar a mamadeira nem que ela tivesse que ficar lá a noite inteira, uma abordagem totalmente diferente da minha aproximação "suave". A partir daquele dia, passei a aplicar essa técnica e somente uma vez demorou mais de uma hora para um bebê aceitar a mamadeira.

Minha recomendação para dar ao bebê a primeira mamadeira é inicialmente aderir a minha rotina de 24 horas para a faixa etária dele por ao menos uma semana antes de tentar. Depois, comece a dizer a seu filho que, dentro de tantos dias, você começará a alimentá-lo com mamadeira – ficará surpresa com quanto o bebê compreende. (Se pensar a respeito, um cachorrinho de 10 semanas consegue saber o que a palavra "caminhar" significa, portanto não duvido nem por um segundo que um bebê de cerca de 6 meses entenda quando você fala com ele sobre dar-lhe uma mamadeira.)

O melhor momento para começar a dar mamadeira é na primeira refeição da manhã, às 7 horas. Esteja pronta para o que pode ser um longo e difícil confronto com a criança. Sente-se numa posição confortável com o bebê no colo, olhe diretamente nos olhos dele e diga-lhe: "Sei que você não quer tomar esta mamadeira, mas precisa". Explique as razões por trás disso. Se estiver indo para o hospital, diga isso a ele; se estiver voltando ao trabalho, fale isso para ele. Depois o avise de que está preparada para ficar ali uma semana, se for preciso, mas que não vai desistir até que ele beba um pouco do leite da mamadeira.

A seguir, coloque a mamadeira na boca do bebê conversando com ele o tempo todo, assegurando-lhe que tudo está bem. Ele pode chorar e ficar contrariado, com medo da mamadeira, sentindo o bico na boca. Você precisa estar confiante e tranquila e também continuar dizendo a ele que tudo está bem e que ele precisa tomar a mamadeira. Não a retire da boca do bebê. Todo esse procedimento pode ser um tanto tedioso e cansativo. Para aliviar a tensão, cante alguma canção ao bebê para passar o tempo e fazê-lo sentir-se melhor. Você vai ficar surpresa como ele logo começará a mamar. Ou talvez tenha que ficar sentada ali durante horas, embora, desde que aprendi a não retirar a mamadeira, nunca precisei ficar esperando que o bebê tomasse a mamadeira por mais de trinta e cinco minutos. Se ficar tentando por mais de uma hora, troque o conteúdo da mamadeira por leite fresco.

Assim que o bebê começar a sugar, elogie-o e deixe que saiba quanto ele está lhe agradando por estar sugando. Quando ele parar de sugar, retire a mamadeira. Tente de novo alguns segundos depois do mesmo jeito. Se ele ingerir apenas um pouco, algo como 25 mililitros, está tudo bem. Caso ele não queira mais, desista e continue com a rotina diária. Se o bebê já estiver comendo alimentos sólidos e já passou do horário de ele se alimentar, dê-lhe alimento agora. Caso já tenha passado o horário de ir dormir, coloque-o na cama. Se ainda não estiver na hora para alimentos sólidos nem para dormir, espere até o horário correto e siga a rotina. No próximo horário da refeição de leite, dê a ele mais uma mamadeira, agindo da mesma maneira que da primeira vez.

Muitas mães que amamentam e assumem o desafio de dar mamadeira para o bebê porque, por exemplo, têm que voltar para o trabalho gostariam de continuar a amamentar pela manhã e à noite, mas ficam com medo de que o bebê recuse novamente a mamadeira. Infelizmente, só você pode tomar essa difícil decisão. Contudo, se você não estiver totalmente convicta dos seus planos, faz sentido retirar leite do peito para manter a produção de leite até ter certeza.

Se seu bebê estiver prestes a frequentar uma creche, peça à equipe de lá que siga sua rotina. Certifique-se de que eles entenderam como você acomoda seu bebê em casa, não fique apreensiva se fizerem as coisas de forma muito diferente, pois seu bebê não vai demorar para aprender que existe um conjunto de limites em casa e um outro na creche. É mais fácil ele se adaptar à creche se for lá com mais frequência. Assim, se você levar o bebê numa segunda-feira e depois só levá-lo novamente na quinta-feira, vai demorar muito mais para ele se habituar do que se fosse à creche três dias seguidos. Caso você opte por contratar alguém para ficar na sua casa cuidando de seus filhos, peça a ele ou a ela que siga sua rotina.

HORÁRIO DE VERÃO

Os pais de crianças mais velhas geralmente gostam do horário de verão porque lhes permite passar mais tempo ao ar livre à noite. Mas, para crianças menores, há um lado negativo, já que a mudança de horários interfere no relógio biológico dos pequenos e, consequentemente, nos hábitos de sono. Os adultos adaptam-se muito facilmente ao novo horário de acordar e de dormir, principalmente se estiverem com alguma privação de sono, mas, para crianças menores e bebês, isso pode ser mais difícil.

Durante a vigência do horário de verão, se você quiser manter o mesmo cronograma de sono e tirar o bebê da cama às 7 horas da manhã, precisará colocar o bebê para dormir ainda com a luz do dia. Isso preocupa os pais e pode ser um pouco perturbador para o bebê, mas nunca achei que fosse um problema. Na minha experiência, o horário de verão não faz diferença para um bebê que já foi ensinado a dormir sozinho. Pude comprovar também que crianças que adotam uma rotina adaptam-se com mais rapidez e têm facilidade a qualquer mudança de horário (isso se aplica igualmente a crianças que viajam, atravessando fusos horários, e é um dos motivos para eu sempre aconselhar as pessoas a estabelecerem uma boa rotina algumas semanas antes de uma viagem).

Entretanto, o outro lado da moeda é que crianças ou bebês que costumam acordar cedo agora talvez despertem os pais às 6 horas em vez de às 5 horas, o que pode ser bastante útil.

GUIA PARA FAZER A TRANSIÇÃO PARA O HORÁRIO DE VERÃO

Considero mais fácil ajustar os horários já nos dias que precedem a troca para o horário de verão, já que isso minimiza o impacto sobre as crianças. Mas, como cada bebê ou criança é diferente, o guia para o horário de verão a seguir deve ser usado apenas como uma referência e talvez precise ser adaptado à dinâmica do bebê e da família. A tabela seguinte usa a rotina para bebês a partir de 10 semanas de idade até a inclusão de alimentos sólidos como um exemplo para explicar o processo.

Na sexta-feira de manhã, acorde o bebê no horário normal das 7 horas e siga a rotina diária usual até as 14h40. Nesse ponto, se ele ainda estiver dormindo, acorde-o para o que seria a refeição das 15 horas. No restante do dia, aplique a rotina 20 minutos mais cedo do que o normal. Isso deve contribuir para colocar seu bebê na cama às 18h40 em vez de às 7 horas.

No sábado, desperte-o às 6h40 e alimente-o, dando continuidade ao restante da rotina sempre fazendo tudo 20 minutos mais cedo. Às 14h20, acorde-o, se necessário, para que ele receba a refeição que era das 15 horas. Agora, você já antecipou a rotina em 40 minutos no decorrer de dois dias. Daí em diante, siga sua rotina normal, com tudo acontecendo sempre 40 minutos mais cedo, de forma que possa pôr o bebê na cama às 18h20 em vez de às 19 horas.

No domingo, quando o relógio for adiantado, acorde o bebê no novo horário das 7 horas (6 horas no horário antigo) e siga a rotina normal, usando os novos horários.

EXEMPLO PARA FAZER A TRANSIÇÃO PARA O HORÁRIO DE VERÃO: DESDE 10 SEMANAS DE IDADE ATÉ A INTRODUÇÃO DA ROTINA DOS SÓLIDOS

	Quinta-feira	**Sexta-feira**	**Sábado**	**Domingo**
Alimentação	7h	7h	6h40	7h (6h no horário antigo)
Sono	9h	9h	8h40	9h (8h no horário antigo)

	Quinta-feira	Sexta-feira	Sábado	Domingo
Alimentação	11h	11h	10h40	11h (10h no horário antigo)
Sono	13h	13h	12h40	13h (12h no horário antigo)
Alimentação	15h	14h40	14h20	15h (14h no horário antigo)
Soneca	16h30	16h10	15h50	16h30 (antes 15h30)
Banho	17h15	16h55	16h35	17h15 (antes 16h15)
Alimentação	18h30	18h10	17h50	18h30 (antes 17h30)
Hora de dormir	19h	18h40	18h20	19h (antes 18h)
Mamada do sonho	22h30	22h10	21h50	22h30 (antes 21h30)

Quando terminar o horário de verão, o processo funciona quase exatamente da mesma forma, só que ao contrário. Na quinta-feira antes de o relógio retroceder, dê ao bebê a última refeição do dia dez minutos depois do usual e depois o ponha na cama às 19h10.

Na sexta-feira de manhã, tire o bebê do berço quando ele despertar, mas, se ele passar do horário, deixe-o dormir até as 7h20. Se ele acordar antes das 7h20, tente não o alimentar até desse horário. E não se preocupe por não o ter alimentado mais cedo, porque as coisas entrarão nos eixos com o passar dos dias. Siga sua rotina normal, mas, desta vez, 20 minutos mais tarde do que o usual, de forma que às 9h20 o bebê esteja na e a próxima refeição aconteça às 11h20. Na última refeição do dia, alimente-o

30 minutos mais tarde do que o habitual e coloque-o para dormir às 19h40.

No sábado, se o bebê não acordar sozinho, deixe-o dormir até as 7h40 para acordá-lo e alimentá-lo. Se ele estiver desperto, tente não o alimentar até as 7h40. Não se preocupe caso ele não aguente esperar até esse horário, tranquilize-se e vá tentando ajustar os horários de alimentação no decorrer do dia. Depois, é o caso de seguir a rotina 40 minutos mais tarde do que o usual o dia inteiro até a última refeição, que deve ser dada 50 minutos mais tarde do que o habitual. Coloque-o na cama às 20 horas na noite da troca de horário, o que deve lhe permitir dormir até o "novo" horário das 7 horas da manhã seguinte, quando o horário de verão tiver terminado. Se ele acordar antes desse horário, tente não o alimentar até as 7 horas.

A transição pode levar alguns dias, mas continue aplicando o princípio de adaptar a criança em vez de esperar que ela enfrente todas as mudanças repentinamente. Dentro de uma semana, tudo estará ajustado.

Além disso, as mudanças do horário de verão também são um marco útil para você verificar ou trocar as baterias do alarme de incêndio, verificar a data de validade de todos os medicamentos e testar a bateria do monitor do bebê e de outros alarmes. Enquanto estiver no horário de verão, você pode também dar uma olhada nas tiras do cinto de segurança da cadeirinha do bebê para carro, verificando se estão na posição correta para o tamanho dele.

EXEMPLO PARA FAZER A TRANSIÇÃO DO HORÁRIO DE VERÃO PARA O HORÁRIO NORMAL: DE 10 SEMANAS ATÉ A INTRODUÇÃO DA ROTINA DOS SÓLIDOS

	Quinta-feira	**Sexta-feira**	**Sábado**	**Domingo**
Alimentação	7h	7h20	7h40	7h (8h no horário de verão)
Sono	9h	9h20	9h40	9h (10h antes)

	Quinta-feira	Sexta-feira	Sábado	Domingo
Alimentação	11h	11h20	11h40	11h (12h no horário de verão)
Sono	13h	13h20	13h40	13h (14h antes)
Alimentação	15h	15h20	15h40	15h (16h antes)
Soneca	16h30	16h50	17h10	16h30 (17h30 antes)
Banho	17h15	17h35	17h55	17h15 (18h15 antes)
Alimentação	18h40	19h	19h20	18h30 (19h30 antes)
Hora de dormir	19h10	19h40	20h	19h (20h antes)
Mamada do sonho	22h40	23h	23h20	22h30 (23h30 antes)

PERGUNTAS COMUNS

As pessoas sugeriram que déssemos para nosso bebê de 6 meses algo para ajudá-lo a dormir durante um voo de 14 horas. Qual é a sua opinião? Não aconselho medicar um bebê para ajudá-lo a dormir durante um voo longo. Você vai descobrir que, de qualquer forma, o bebê vai dormir muito no avião graças ao ar-condicionado da cabine. Se der um remédio, este pode provocar uma reação, e você estará muito longe de qualquer ajuda profissional.

Estamos pensando em tirar a chupeta do nosso bebê de 4 meses, mas também mudaremos de residência dentro de seis semanas. Quando seria a melhor oportunidade para abandonar a chupeta? Sugiro que faça isso agora. Se seu bebê está se acomodando sozinho para dormir e seguindo uma boa rotina, a mudança será muito mais fácil para todos.

Se colocar meu bebê numa creche, será que a forma que eles o acomodam para dormir vai afetar o sono dele em casa? Sempre achei que os bebês aprendem bem depressa que existe um conjunto de regras na creche e outro em casa, portanto nunca acreditei que isso causasse problemas. É comum ver bebês que dormem um sono diurno na creche e dois sonos em casa sem qualquer dificuldade.

11

SITUAÇÕES ESPECIAIS

Neste capítulo, trato das deficiências e doenças crônicas mais comuns capazes de afetar sua capacidade de seguir meus conselhos à risca, incluindo a aplicação das técnicas para que o bebê durma corretamente. Entre essas enfermidades estão asma, síndrome de Down, eczema, hiperatividade e apneia do sono. Você também pode ter problemas em seguir minhas diretrizes se estiver morando em um local muito apinhado ou se tiver enteados com você. Incluídos aqui estão também alguns problemas com que você só irá preocupar-se daqui a alguns anos, como pesadelos, terror noturno, sonambulismo e sonilóquio (fala durante o sono), mas para os quais deve estar preparada quando ocorrerem.

BEBÊS COM DEFICIÊNCIAS OU DOENÇAS CRÔNICAS

Se seu filho tem uma deficiência ou um problema de saúde de longo prazo, vai requerer muita atenção e tempo da sua parte. Acredito que é igualmente importante para esses bebês beneficiarem-se de limites claros, estabelecendo-se uma boa rotina, hábitos de sono saudáveis e rituais na hora de dormir, como acontece com bebês sem esses problemas. É claro que é muito mais difícil ser firme com uma criança indisposta ou que sofra de alguma forma, e é natural que os pais preocupem-se. Mas um tratamento diferenciado com elas pode resultar em hábitos muito ruins. Logo de início, descubra se você deve tratar seu bebê de forma diferente quanto aos horários de sono, e a melhor pessoa a quem perguntar isso é o pediatra dele. Se o médico concordar, pratique bons hábitos de sono desde o primeiro dia e aplique minhas técnicas de autoacomodação de acordo com a idade e o estágio de desenvolvimento do bebê.

Asma

Bebês que sofrem de asma têm um sono fragmentado, principalmente se seus sintomas não são bem controlados. Eles tendem a acordar à noite com episódios de tosse, chiado no peito e respiração ofegante. Muitos pais ficam preocupados demais para deixar um bebê com asma protestar por qualquer fragmento de tempo, com medo de que isso possa desencadear um ataque. Compreendo, mas sinto que todas as crianças precisam aprender a se acomodar para dormir sozinhas.

O fundamental é que a asma do bebê seja controlada com medicamentos adequados, e ele esteja "estável" antes que você comece a pensar em mudar seus hábitos de sono. Em casos como esse, converse com o pediatra para saber se o bebê está saudável o suficiente para tanto.

A asma é uma enfermidade que não pode ser curada no sentido tradicional, mas pode ser controlada com eficácia. Enquanto a maioria dos bebês supera a asma com o crescimento, outros aprendem a administrar sua condição, fazendo tudo o que as outras crianças fazem, como correr, nadar e brincar. Seja como for, pode ter certeza de que as crianças que têm asma, na sua maioria, vão crescer e tornar-se adultos saudáveis.

Embora não haja cura, há formas que podem ajudar a evitar ataques de asma. Mantenha o quarto do bebê isento de poeira o máximo possível para impedir que ele inale ácaros. Os ácaros da poeira sobrevivem e vicejam em partículas minúsculas da pele humana. Entre as medidas que você pode tomar para manter os ácaros a distância está retirar carpetes do quarto do bebê e cobrir pisos de madeira com tapetes que possam ser limpos regularmente. Toda a roupa de cama do bebê deve ser 100% algodão ou fibra de bambu e precisa ser lavada uma vez por semana à temperatura mais alta possível. Com frequência, retire todos os bichinhos de pelúcia do quarto e lave-os na máquina. Deixe que o bebê passe a maior parte do tempo possível ao ar livre. Se o clima estiver frio, envolva o bebê em mantas. No calor, coloque protetor solar nele e também faça com que use um chapéu. A asma é mais comum em casas onde há fogões a gás, por isso use um ventilador quando estiver cozinhando. Evite também aproximar o bebê de fogueiras ou de fogões a lenha, pois, embora o calorzinho seja convidativo, a fumaça irrita o sistema respiratório do bebê.

Dica – Para ter mais informações sobre como evitar ataques de asma, consulte a página 251.

Síndrome de Down

Bebês portadores da síndrome de Down tendem a ter os problemas usuais na hora de se acomodar para dormir e também acordam durante a noite. Se seu filho é saudável em todos os outros aspectos, aplique minha técnica de acomodação de acordo com o estágio de desenvolvimento dele. Quando trabalho com um bebê de 12 meses portador da síndrome de Down, geralmente uso a técnica para uma criança de 6 meses.

Essas crianças são também particularmente propensas à Síndrome da Apneia Obstrutiva do Sono (SAOS). Os bebês que sofrem dessa síndrome são frequentemente perturbados durante o sono quando as vias aéreas superiores são obstruídas, impedindo a respiração. Não surpreendentemente, eles acordam precisando respirar. Isso pode acontecer centenas de vezes durante a noite, resultando em inquietação, ronco alto, tosse e ruídos de sufocamento. A causa do problema deve ser investigada por um especialista em ouvido, nariz e garganta ou por uma unidade especializada em sono. O tratamento, que pode implicar a remoção das amígdalas e adenoides, é um procedimento relativamente simples.

Eczema

Os bebês com eczema encontram dificuldades reais para dormir à noite. É muito importante ensinar um bebê portador dessa condição a se autoacomodar, porque a tensão da insônia pode agravar profundamente o problema. Esses bebês encontram dificuldade para se acomodar quando acordam à noite com a pele quente e coçando, de maneira que o processo de passar de um ciclo de sono para o próximo é mais complicado do que seria para um bebê que não tem eczema. Ajudar o bebê a passar de um ciclo de sono para o próximo pode parecer uma boa ideia no momento, mas, a longo prazo, pode causar problemas de sono que, a uma determinada altura, precisarão ser corrigidos; portanto, quanto mais cedo atacar essas questões, melhor para o bebê.

Se seu filho sofre de asma ou de eczema, você vai precisar limitar o contato dele com os ácaros da poeira e outros alergênicos. A seguir, algumas dicas essenciais.

- Faça o revestimento do piso do quarto do bebê com madeira em vez de carpete.
- Use roupas de cama, sacos de dormir e pijamas confeccionados em algodão ou bambu, evitando fibras sintéticas.
- Use sabão em pó ou líquido não biológico e evite amaciante de roupas. Toda a roupa do bebê e de cama deve ser lavada à temperatura de 60°C para matar os ácaros. A roupa de cama deve ser aspirada regularmente com aspirador de pó.
- Mantenha as cortinas do quarto do bebê o mais limpas possível.
- Não permita a entrada de animais domésticos no quarto;
- Coloque os bichinhos de pelúcia e consolos do bebê na geladeira em noites alternadas.
- Não deixe que o bebê portador de eczema fique muito quente à noite, pois isso fará com que a irritação de pele aumente. Não encoste o berço ou a cama do bebê no aquecedor, para evitar calor excessivo, mas também não permita que ele fique com muito frio.
- O bebê que sofre de eczema precisa usar um creme e um óleo de banho receitados por um médico. Nunca use sais nem géis de banho comuns.

Uma vez que tenha feito todo o possível para controlar o eczema, adote minhas diretrizes para a idade do bebê para ensiná-lo a se acomodar.

Síndrome da cabeça chata (plagiocefalia)

A cabeça achatada (plagiocefalia deformacional ou posicional) é comum em recém-nascidos. *Esses bebês têm a cabeça torta ou assimétrica, uma característica de nascença chamada plagiocefalia deformacional, causada pela posição do bebê durante a gravidez ou pelo movimento dos ossos do crânio durante o parto.* O formato assimétrico geralmente é resolvido sozinho em seis semanas, mas, às vezes, a cabeça da criança não volta ao formato normal, e, nesse caso, o bebê pode ter desenvolvido um ponto achatado na parte de trás ou na lateral da cabeça. Essa condição é conhecida por plagiocefalia deformacional.

Já a plagiocefalia posicional ocorre durante as primeiras semanas ou meses de vida. Se um bebê fica deitado na mesma posição por longos períodos de tempo, a cabeça pode se achatar em uma determinada área devido à estrutura óssea fina e flexível da cabeça dos bebês. Há insinuações de que isso está se tornando mais comum porque agora os bebês são deitados de costas para dormir com o objetivo de reduzir o risco da síndrome da morte súbita. Se for esse o caso, há medidas que devem ser tomadas para prevenir a síndrome da cabeça chata. Uma delas é variar a posição da cabeça da criança enquanto ela está adormecida ou acordada. É essencial monitorar o formato da cabeça do bebê, e, se você sentir que existe um problema, consulte o pediatra antes que ele tenha 4 meses, pois, quanto mais idade tiver, mais longo e menos eficaz será o tratamento.

Mesmo com o aumento no número de bebês com a síndrome da cabeça achatada, a Organização Mundial da Saúde continua assegurando que deitar o bebê de costas para dormir é mais seguro, já que ele fica menos exposto à síndrome da morte súbita.

- **Posição para dormir.** Sempre ponha o bebê para dormir deitado de costas, mas alterne a posição da cabeça entre o lado direito e o esquerdo para igualar seu formato.
- **Berço.** Alterne as extremidades do berço onde o bebê dorme ou mude regularmente o berço de posição dentro do quarto para que ele olhe para diferentes objetos do cômodo.
- **Consolo.** Se você está seguindo meus conselhos sobre o uso de cueiros (páginas 78 a 80) em um bebê de menos de 6 meses e tem um dos meus consolos aprovados quanto à segurança (páginas 82 a 84), uma tática que pode ser útil é alternar o lado onde coloca o consolo do bebê a cada dormida, de forma que ele olhe para os dois lados.
- **Deitar de bruços.** Essa posição ajuda a fazer com que o bebê erga a cabeça, dessa forma reduzindo os efeitos da

síndrome da cabeça achatada. Você deve deitar a criança de lado se ela for incapaz de manter a cabeça erguida.

- **Transporte do bebê.** Se você costuma usar uma faixa para carregar o bebê (porta-bebê), tente segurá-lo ereto. Outra alternativa é transportá-lo sobre seu braço deitado de bruços, de forma que não haja pressão sobre a cabecinha dele.

Caso você esteja apreensiva em relação ao formato da cabeça do bebê ou ele só consiga virar a cabeça para um lado quando deitado de costas, consulte um pediatra. Com frequência, a cabeça achatada endireita-se espontaneamente, sem necessidade de nenhum tratamento, à medida que o bebê cresce, e, o mais importante, é capaz de se sentar ereto. Mas, se precisar de tratamento, o bebê deve recebê-lo antes de completar seu primeiro aniversário, enquanto a cabeça ainda está mole. Os dois tipos de tratamento disponíveis são reposicionamento (ou contraposicionamento) e o uso de um capacete corretivo. O reposicionamento ou contraposicionamento funciona bem até que o bebê esteja suficientemente forte para dispensar a técnica (geralmente com 4 a 5 meses). Após essa idade, o capacete é o tratamento preferencial para atenuar uma plagiocefalia grave.

Reposicionamento (ou contraposicionamento)

Este procedimento consiste em apoiar o peso da cabeça do bebê numa região que não seja a parte achatada durante 90% do tempo. Alternar a posição da cabeça de um lado para o outro e para o meio enquanto ele estiver deitado de costas também é útil. Deitar o bebê de bruços e de lado quando estiver acordado ajuda da mesma forma. Para aprender o reposicionamento do bebê, consulte um fisioterapeuta pediátrico.

Capacete corretivo

Para saber se seu bebê necessita de um capacete corretivo, consulte um pediatra, pois ele será capaz de avaliar essa necessidade. Se o reposicionamento não funcionar, a recomendação é o uso de capacetes de remodelagem craniana para casos mais graves.

A função desse capacete é retirar a pressão em torno do crânio, auxiliando a cabeça a crescer no formato correto. Próprio para bebês com menos de 1 ano, o capacete é leve e revestido de espuma para o conforto do bebê. De uso contínuo dos 2 aos 6 meses, precisa ser reajustado quinzenalmente e só deve ser retirado uma hora ao dia, geralmente na hora do banho.

Crianças hiperativas

Se seu bebê ou filho de 2 ou 3 anos tem problemas de sono há muito tempo, a probabilidade é que esteja extremamente exausto, porque, quanto menos uma criança dorme, mais hiperativa fica. Crianças ativas (geralmente, meninos) tendem também a dormir menos que as crianças tranquilas. Uma criança diagnosticada como hiperativa ou como portadora do Transtorno do Déficit de Atenção com Hiperatividade (TDAH) encontra grande dificuldade para desacelerar suficientemente o ritmo para dormir. Se você tiver um filho que se encaixa nesse transtorno, minhas rotinas ajudarão, pois ele se beneficiará dos limites impostos, que devem ser absolutamente constantes noite após noite.

Para pais que acham difícil estabelecer limites, ter uma criança que precisa de diretrizes rigorosas pode resultar em embates. Nesse caso, o importante é permanecer calma e confiante. Fale com seu filho sempre numa voz firme e serena, tentando manter toda a família calma ao menos uma hora antes de o bebê ir para a cama. Coloque música clássica como pano de fundo e desligue a televisão nesse momento.

Tente descobrir um grupo de apoio formado por pais que têm filhos com o mesmo problema e frequente-o.

Apneia do sono

A apneia do sono é um distúrbio da respiração relativamente raro conhecido também como Síndrome da Apneia Obstrutiva do Sono (SAOS). A palavra apneia vem do grego e significa falta de respiração, descrevendo uma condição na qual um bloqueio na garganta obstrui as vias respiratórias e afeta a forma como o portador respira e dorme. A síndrome geralmente é causada pelo alargamento das adenoides (glândulas situadas na garganta atrás do nariz) e amígdalas. Quando os músculos relaxam à noite, as glândulas aumentadas podem impedir temporariamente a passagem do ar para os pulmões.

Como você pode imaginar, essa é uma experiência muito assustadora para uma criança, mas é tratável. O sintoma mais óbvio é o ronco alto, muitas vezes acompanhado de pausas na respiração de alguns segundos, enquanto a criança está dormindo. Entre os sintomas que podem ser notados numa criança adormecida estão incluídos ruídos de engasgamento e sufocamento durante a noite, sono muito agitado e sudorese. Quando acordado, seu filho pode se comportar de forma emocional e irritadiça, sempre mostrando sinais de cansaço.

Tenha em mente que nem toda criança que ronca tem esse problema de saúde. Cerca de 10% das crianças roncam, mas nem todas elas têm apneia do sono. As crianças afetadas com essa síndrome geralmente estão entre os 3 e os 6 anos de idade, justamente porque as amígdalas e as adenoides estão muito alargadas em relação às vias aéreas de crianças que não têm esse problema.

Se desconfiar de que seu filho possa estar sofrendo de apneia do sono, comece conversando com seu médico. Se ele achar que for este o caso, você será encaminhada para um otorrinolaringologista, que pode decidir que as adenoides e/ou as amígdalas da criança devem ser extraídas. Na maioria dos casos, uma cirurgia relativamente simples resolve o problema. Às vezes, o excesso de peso ou alergias podem ser a causa da apneia.

AGITAÇÃO DURANTE O SONO EM CRIANÇAS

Frequentemente, recebo *e-mails* e telefonemas de um pai ou de uma mãe dos quais eu não tinha notícias há anos, contando-me que seu bebê, que, até pouco tempo, dormia perfeitamente bem, começou a se agitar durante a noite sem interromper o sono. Os fatores comuns em todos os casos de agitação durante o sono com os quais me deparei são cansaço em excesso e bexiga cheia. Tente assegurar-se de que seu filho vá para a cama mais cedo e faça com que esvazie a bexiga todas as noites 30 minutos antes se deitar e, mais uma vez, um minuto antes de ir para a cama. É também uma boa ideia restringir a quantidade de líquidos uma hora antes de a criança dormir, como parte da rotina.

Pesadelos

A maioria das crianças tem pesadelos em algum estágio. Normalmente os pesadelos ocorrem nos dois terços da noite finais, depois da meia-noite e antes das 7 horas, além de serem mais comuns em famílias com histórico de pesadelos. Geralmente não estão relacionados a problemas emocionais, desaparecendo sem qualquer ajuda. Se seu filho está tendo pesadelos, a primeira coisa a fazer é impedi-lo de assistir à televisão, pois isso frequentemente constitui um gatilho. Algumas vezes, os pesadelos podem indicar um comportamento aprendido para chamar a atenção. É o caso da criança que teve um pesadelo numa determinada noite e obteve tanta atenção que decidiu fingir que teve outro. Proibir a criança de assistir à televisão e explicar-lhe que isso está lhe provocando pesadelos pode levá-la a parar de fingir.

Às vezes, as crianças acordam à noite gritando e repetindo coisas como "vá embora" ou "não", como se estivessem lembrando algo que aconteceu durante o dia. Nesse caso, acorde a criança delicadamente para tranquilizá-la o melhor possível. Se ela conseguir se lembrar do sonho, dê-lhe bastante carinho até ela voltar a dormir. Mas não sugira ideias ou cenas dizendo coisas como "Você viu um monstro assustador?" ou "Foi o homem mau de novo?" Agindo assim, os pais, ao tentar tranquilizar os filhos, pioram as coisas.

É preciso assegurar às crianças que, embora seus medos pareçam reais, seus sonhos não o são. Você pode tentar fazer a criança entender a diferença, e sua confiança na capacidade dela de conviver com os pesadelos vai ajudá-la enormemente. Se não conseguir proibir a televisão de todo, tente selecionar a que a criança está assistindo, consultando livros ou a internet, evitando, dessa forma, coisas que aumentam os medos das crianças.

Terrores noturnos

Embora testemunhar um ataque de terror noturno possa ser uma cena assustadora para os pais, a criança que sofre desse distúrbio não está consciente do que está acontecendo e não se lembra de nada no dia seguinte. Ela pode soltar gritos lancinantes e mostrar-se de olhos arregalados e ansiosos com as pupilas dilatadas, provavelmente com suor escorrendo pela testa. Se você for até ela e confortá-la, perceberá que o coração está disparado. Você pode até ter a sensação de que um espírito do mal está tentando sair da criança. Pode ter a impressão de que seu filho está acordado, mas ele está dormindo. Uma crise de terror noturno é capaz de durar poucos segundos ou até 15 minutos. Não é aconselhável tentar despertar a criança enquanto ela está tendo um ataque, porém você pode sentar ao lado dela e observá-la até passar o episódio.

O terror noturno é mais comum em meninos e em crianças de 2 ou 3 anos, podendo afetar as em idade pré-escolar. Segundo minha experiência, essas crises acontecem em crianças muito cansadas que estão fora da minha rotina devido aos feriados escolares, às visitas de parentes ou amigos ou, ainda, a alguma perturbação.

As crises de terror noturno ocorrem sempre no terço inicial do sono, quando a criança não está sonhando, portanto antes da meia-noite e normalmente no mesmo estágio do sono todas as noites. Aconselho os pais a ficar ao lado da criança e observar o momento exato em que ela pega no sono, depois marcar o horário em que o ataque de terror noturno acontece. Na noite seguinte, os pais devem acordar a criança antes do horário de o terror noturno manifestar-se. Por exemplo, se ela foi para a cama às 19 horas, adormeceu às 19h21, e o terror noturno começou às 22h14, você saberá que o ataque de terror noturno começou duas horas e 53 minutos depois que a criança pegou no sono. Na noite seguinte, fique sentada ao lado da criança até que ela pegue no sono e depois a acorde duas horas e 40 minutos mais tarde. Se você fizer isso quatro noites seguidas, geralmente o padrão do terror noturno será quebrado, e ele desaparecerá. Ao acordar seu filho, faça-o lentamente, conversando com ele, até perceber que ele está completamente acordado. A criança não saberá dos terrores noturnos, portanto desconhecerá o motivo pelo qual você a está acordando. Então, você pode contar uma boa historinha, tão boa que não possa ser deixada para a manhã seguinte. Os terrores noturnos não afetam o sono da criança.

Sonambulismo

O sonambulismo ocorre quando o centro de movimento do cérebro permanece ativo durante o sono. Em crianças é mais comum em meninos e frequentemente tem origem genética. Geralmente, as crianças portadoras de sonambulismo têm entre 6 e 16 anos. Os episódios acontecem no terço inicial do sono, antes da meia-noite. Os sonâmbulos podem vagar pela casa por até

30 minutos e fazer coisas como se vestir, abrir a geladeira e até abrir a porta da frente. Por isso é importante tomar medidas para garantir a segurança do ambiente como, por exemplo, trancar a porta da frente de forma que a criança sonâmbula não consiga abri-la.

A maioria das crianças sonâmbulas não tem consciência do que está fazendo e não vai lembrar-se de nada na manhã seguinte, por isso é um comportamento mais preocupante para os pais. Evite acordar a criança enquanto ela estiver sofrendo um episódio desses porque vai assustá-la. Simplesmente, conduza-a de volta para a cama e assegure-se de que esteja segura. Como o sonambulismo tem sido relacionado com excesso de cansaço, manter uma rotina para ir dormir ajuda a minimizar o problema. Colocar seu filho na cama no mesmo horário todas as noites impede que ele fique muito cansado. A maioria dos casos de sonambulismo resolve-se por contra própria, embora haja muitos adultos que vagam pela casa à noite vestidos nos seus pijamas e com um olhar vidrado.

Sonilóquio

O sonilóquio (ou a fala durante o sono) acomete crianças de 3 a 10 anos, também na primeira parte da noite (antes da meia-noite). Não tente manter uma conversa com uma delas, pois tendem a conversar consigo mesmas, e, se você lhe fizer uma pergunta, vai receber respostas monossilábicas. No geral, as crianças dizem coisas como "é meu" ou "desça" como se tivessem repetindo algo que aconteceu com elas durante o dia. Como costuma acontecer com o sonambulismo, as crianças que falam durante a noite não se lembram do incidente e tendem a superar o problema à medida que crescem.

Distúrbios do sono e sedativos

Não aconselho administrar sedativos a um bebê nem a uma criança, a menos que haja uma ótima razão médica para tanto. Dar sedativos a uma criança porque tem problemas para dormir não resolve nada, apenas adia o problema para um estágio posterior. Até lá, você poderá ter em mãos um problema ainda maior ou até um vício. As chances de uma criança ou bebê viciarem-se são mínimas, mas os pais podem se viciar em medicá-los para esconder problemas.

As crianças só podem tomar sedativos mediante prescrição médica, e, se prescritas da maneira correta, essas drogas podem ser bastante seguras. Esteja atenta, porém, às diferentes reações das crianças aos sedativos. Uma criança pode pegar no sono imediatamente, enquanto outra pode se mostrar entorpecida ou mesmo hiperativa, se a dose do medicamento for demasiada ou deficitária.

Se seu médico prescreveu sedativos para um voo de longa duração, não espere até estar a 30 mil pés de altura para testar os efeitos do medicamento sobre a criança, pois esse não será um bom momento para que a criança mostre-se hiperativa ou, o que é pior, tenha uma reação alérgica. De qualquer forma, normalmente as crianças pegam no sono no avião por causa dos baixos níveis de oxigênio.

VARIEDADES DE FAMÍLIA

Nem todas as famílias têm a média de 2,4 filhos. Tenho ajudado muitos pais a adaptarem minhas rotinas de acordo com as circunstâncias e necessidades familiares. As situações mais comuns por mim encontradas são pessoas morando em acomodações apertadas e famílias adotivas. A seguir, algumas dicas.

Morando em acomodações apertadas

No caso de famílias que têm um único quarto, torna-se muito difícil solucionar os problemas de sono dos bebês, porque eles não conseguem deixar de ver e ouvir o que acontece a sua volta depois que são postos na cama, permanecendo acordados até que seus pais deitem, tarde da noite. Se essa for sua situação, terá que adaptar minhas rotinas às suas circunstâncias.

Se suas acomodações são apertadas, é possível que use o berço do bebê como um lugar seguro para ele brincar durante o dia. O problema é que pode encontrar dificuldades para associar o berço dele ao seu local para dormir à noite. Torna-se preciso estabelecer um ritual de sono muito óbvio, assim como ter um objeto que só seja dado ao bebê na hora de dormir. Procure estabelecer as diferenças entre os horários do sono o mais claramente possível, adotando práticas como reduzir a iluminação à noite, estabelecer uma rotina para a hora de ir dormir à noite e um bom ritual antes das dormidas diurnas e noturnas. Se você mora num lugar muito apertado, adquira uma tela de papel de arroz no estilo japonês, instalando-a um braço de distância do berço para bloquear a visão do bebê quando ele for dormir. Isso cria uma distinção entre o tempo acordado e o tempo adormecido.

Como sua linguagem corporal influi muito no comportamento do bebê, não olhe diretamente para ele quando estiver no berço e evite movimentos bruscos no quarto, falando baixo e até mesmo sussurrando enquanto ele dorme. Desligue a televisão quando o bebê estiver pegando no sono, uma vez que ele pode usá-la como uma ajuda para dormir e depois precisar dela quando estiver passando de um ciclo de sono para o próximo.

Manter-se firme nas rotinas na hora de ir dormir é fundamental. Sei que isso é difícil em ambientes apertados, e você se sentirá tentada a deixar as coisas correrem soltas devido as dificuldades. Mas, se for perseverante, ficará espantada com os resultados e desfrutará dos efeitos da sua labuta nos anos vindouros.

Famílias adotivas e o cuidado com os filhos dos outros

As famílias adotivas estão cada vez mais comuns. Para que os arranjos caminhem bem, é necessário estabelecer uma boa comunicação entre todos os pais envolvidos. Nem sempre isso é possível, mas vale a pena tentar, para facilitar a vida de todos.

Certamente é bom que as crianças que vêm para sua casa passar a noite sigam suas regras e limites, mas isso pode ser mais difícil se os pais naturais dessas crianças sentirem-se culpados por causa do pouco tempo que ele ou ela passa com os filhos. Os pais precisam sair dessa situação e compreender que, sejam quais forem as decisões tomadas agora, elas serão as raízes do que vai acontecer nos anos seguintes. Um exemplo: se você tem hoje um bebê de 18 meses obediente às suas rotinas e limites, mas permite que, quando seus enteados de 4 e 6 anos, que a visitam a cada 15 dias, flexibilizem regras, chegará um ponto no qual seu filho menor vai perceber as diferenças, começando a se ressentir das normas. Aí então, pode-se tornar muito complicado tentar mudar os hábitos mais indulgentes que se enraizaram. Para evitar esse problema, a resposta é estabelecer as rotinas desde o primeiro dia e ajudar seus enteados a criar vínculos com você mais rapidamente, porque vão se sentir muito mais seguros se souberem onde se situam. O mais importante, como acontece em qualquer família, é manter uma família unida. Se um dos parceiros estabelece um conjunto de regras diferente e não apoia o outro, vocês estão pedindo para arranjar encrenca. Entre em acordo sobre um regime e se atenha a ele.

Quando são formadas novas famílias, tanto as crianças como os adultos envolvidos precisam se ajustar a coisas como mudança de residência, novos pais adotivos e novas crianças com quem devem estabelecer vínculos de confiança, assim como novas rotinas e novas escolas. É preciso manter os hábitos e rotinas de seus filhos e enteados o máximo possível, e isso inclui os limites no horário de dormir. Se crianças mais velhas hospedarem-se na sua casa, procure envolvê-las no estabelecimento de suas novas regras. Enteados mais velhos vão se adaptar rapidamente a ter um conjunto de regras na sua casa e outro na casa deles. Se as crianças que vierem para sua casa forem menores, converse com os pais delas sobre as normas e limites que têm na outra casa. Ouvir muito, conversar e ser sincera e paciente ajudam também.

PERGUNTAS COMUNS

Se meu bebê tiver a síndrome da cabeça achatada e necessitar usar um capacete corretivo, será que precisarei raspar a cabeça dele? Não, não é preciso raspar a cabeça. Já observei alguns bebês usando capacetes corretivos e constatei que estes costumam incomodar mais os pais do que os bebês.

Caso meu filho esteja tendo um episódio de terror noturno, devo tentar acordá-lo? Não, pois essa atitude vai agitá-lo ainda mais e prolongará a crise.

Meu médico diz que meu bebê tem asma. O que pode ser feito para prevenir crises? Alguns bebês só têm crises de asma quando estão resfriados ou com uma infecção do trato respiratório superior. Esse tipo de ataque é difícil de prevenir. Já outras crianças têm problemas quando entram em contato com alergênicos como pelo de gato ou ácaros da poeira, que desencadeiam um ataque. Para ajudar a prevenir ataques, mantenha o quarto da criança o mais livre possível de poeira. Se você tiver um animal de estimação peludo, seria melhor dá-lo a um amigo para que cuide dele, para ver se as crises de seu filho diminuem.

12

PROBLEMAS COMUNS DE SAÚDE

A seguir, os problemas mais comuns de saúde que afetam os bebês. Se depois de ler as informações contidas neste capítulo você ainda estiver apreensivo sobre a saúde do seu bebê, consulte um pediatra.

DOENÇAS DA INFÂNCIA

Infelizmente, as doenças infantis são inevitáveis e afetarão você e seu bebê em algum momento durante os dois primeiros anos. Isso é perfeitamente normal, pois, desde que começam a andar até uns 2 ou 3 anos, as crianças parecem contrair uma doença própria da infância após outra. Os bebês nascem com um sistema imunológico bem desenvolvido que pode produzir uma série de anticorpos necessários, mas isso dura apenas um ano. Por esse motivo é que as vacinas são aplicadas após o primeiro ano, e também porque seu filho contrai com mais frequência doenças próprias da infância a partir dessa idade.

Se o seu bebê adoecer, é muito importante acompanhar bem de perto. Monitore a temperatura dele e verifique se as roupas de cama estão úmidas devido ao suor, por ele estar com febre. Também é preciso examinar se as roupas de cama contêm vômito e observar as fraldas para ver se ele está com diarreia. A umidade nas fraldas pode ser um indício de desidratação, uma preocupação importante em certar doenças. Leia os conselhos sobre desidratação mais adiante neste capítulo. Quando o bebê estiver doente, tente se ater à rotina rigidamente. Mas, se notar que ele não está tomando leite suficiente como o usual, ofereça refeições de leite com maior frequência e também água, até que ele fique bem. Se tiver que modificar a rotina, não se preocupe, que você conseguirá voltar aos eixos quando ele estiver se sentindo melhor. Você vai perceber que crianças adoentadas dormem mais do que o normal. Não há problema em deixar de acordá-lo nos horários de refeição estipulados, contudo não permita que um bebê adoentado durma mais de quatro horas entre as refeições.

É essencial que você durma um pouco enquanto o bebê estiver doente, pois, do contrário, não terá energia para cuidar dele. Se achar difícil dormir porque fica acordando para conferir como ele está, por que não acampar no quarto dele? Você dormirá melhor se estiver mais perto dele. Não é aconselhável levar a criança para seu quarto, onde ela poderá ficar com ainda mais calor e superaquecer. Além disso, é mais fácil o bebê acostumar-se a dormir no seu quarto do que fazê-lo voltar a dormir no quarto dele.

Resfriado comum

Uma das coisas mais complicadas para pais de primeira viagem é ver seu bebê sofrendo com o primeiro resfriado. Ele vai ficar incomodado e fungando e, provavelmente, vai ter problemas para se alimentar, mas há coisas que você pode fazer para facilitar as coisas para ele. Os bebês pegam mais resfriados porque seu sistema imunológico é menos desenvolvido do que o dos adultos – um bebê normal pega no mínimo seis resfriados nos primeiros dois anos de vida.

O resfriado é uma infecção do trato respiratório superior provocada por muitos vírus diferentes. É facilmente disseminado. Resfriados são altamente contagiosos, transmitidos por pessoas resfriadas que espirram e tossem, espalhando os vírus no ar, que são inalados por outras pessoas. Pode-se pegar um resfriado também pelo contato das mãos, por isso você deve lavá-las depois de assoar o nariz e limpar o do bebê.

Um bebê resfriado tem febre de 37,5°C, tosse, olhos vermelhos, dor de garganta e coriza. Alguns bebês ficam muito irritados e perdem o apetite. Para eles, é difícil mamar porque não conseguem respirar pelo nariz obstruído enquanto sugam a mamadeira ou o peito. Limpe o nariz do bebê antes de alimentá-lo. Alguns remédios para congestão nasal estão disponíveis no mercado para ajudar o bebê a respirar à noite.

Se seu bebê vem dormindo a noite inteira, provavelmente começará a acordar quando estiver resfriado. Caso isso aconteça, vá até ele e conforte-o, mas não tente alimentá-lo. Se o bebê estiver com febre, talvez você precise alimentá-lo com pequenas porções à noite. Todavia, uma vez que o resfriado tenha passado, volte a aplicar o método de acomodação durante a noite.

Geralmente, o resfriado começa a desaparecer depois de dez dias, mas, às vezes, pode durar até catorze dias. A amamentação é uma das melhores formas para proteger a saúde do bebê, visto que seu bebê adquire os anticorpos e, consequentemente, a imunidade natural da mãe. Bebês que são amamentados também pegam resfriados, mas os sintomas são usualmente mais brandos.

Se você perceber que um amigo ou parente parece estar resfriado, peça a ele que lave bem as mãos antes de segurar o bebê ou as coisas dele. Caso seu parceiro seja fumante, tente fazer com que abandone o vício e evite levar seu bebê a locais onde houver fumantes. Bebês e crianças maiores que convivem com fumantes têm maior propensão a pegar resfriados, e seus resfriados duram mais tempo.

Se seu filho tem menos de 3 meses, você deve entrar em contato com seu médico aos primeiros sinais de resfriado ou de qualquer doença apenas por precaução. Mas, caso ele tenha mais de 3 meses, procure um médico se o resfriado não melhorar após dez dias ou durar mais de catorze dias ou, ainda, se a febre ultrapassar os 39°C. O médico deve ser procurado se seu bebê estiver com dor de ouvido, problemas respiratórios, chiado no peito, tosse persistente ou secreção nasal verde e espessa.

Quando o bebê estiver resfriado, há pouco a fazer, a não ser ter paciência e fazer o possível para deixá-lo mais confortável. Não medique a criança sem consultar um médico. Se o bebê apresentar congestão nasal, eleve a parte da cabeceira do colchão para que ele durma inclinado, a fim de ajudar a aliviar o corrimento nasal. Não use travesseiros para elevar a cabeça da criança, pois esse procedimento aumenta o risco de síndrome da morte súbita. Limpe o nariz do bebê constantemente para ajudá-lo a respirar melhor e aplique vaselina nas narinas para aliviar a irritação. Nunca enfie cotonetes no nariz do bebê para tentar desobstruí-lo, pois isso não vai ajudá-lo de jeito nenhum. Se seu filho tiver problemas para mamar no peito por causa do nariz entupido, peça ao seu médico que receite uma solução salina para aplicar em cada narina quinze minutos antes da amamentação. Use um vaporizador de ar frio para umedecer o ar.

Infecções no ouvido

É comum os bebês contraírem uma infecção no ouvido depois de ter tido um resfriado. Isso acontece porque há um pequeno conduto que se estende entre o ouvido e a garganta que possibilita que a infecção passe através dele muito rapidamente. A maioria das crianças que está começando a frequentar a escola já teve uma infecção no ouvido. Alguns bebês contraem esse tipo de infecção toda vez em que lhes nasce um dente. A infecção no ouvido não tem relação com a dentição, mas talvez o sistema imunológico do bebê não esteja funcionando muito bem nessa ocasião. Se você achar que seu filho está com essa infecção, leve-o ao médico.

A infecção no ouvido é causada por bactérias ou vírus na parte externa, média ou interna do ouvido. O tipo mais comum em crianças pequenas é a otite média. Otite é a palavra que designa uma inflamação no ouvido, e média se refere à parte do ouvido infectada, nesse caso, a parte média. A infecção no ouvido é usualmente tratada com antibióticos em conjunto com analgésicos como paracetamol, que também ajudam a reduzir a febre que a acompanha. Para aliviar a dor, pode-se segurar um pedaço de pano aquecido debaixo da orelha da criança, deixando a cabeça dela de lado.

O bebê com infecção de ouvido sentirá dor e, portanto, chorará muito e puxará a orelha. Ele poderá acordar frequentemente à noite, recusar a comida, a mamadeira ou o peito. Outros sintomas são febre alta e problemas de audição.

Repetidas crises de infecção no ouvido podem levar a uma condição denominada otite média serosa, na qual um pouco de um fluido pegajoso fica preso no ouvido médio, o que pode afetar a audição do bebê. Se você perceber que a audição dele não voltou ao normal algumas semanas após a infecção, consulte um pediatra, pois isso pode ser uma indicação de otite média serosa. Na maioria dos casos, o problema pode ser resolvido com um descongestionante que ajuda a limpar o fluido, mas, outras vezes, pode ser necessária uma pequena cirurgia para remover o fluido e secar o ouvido.

Amigdalite

A amigdalite é um problema que só ocorre depois dos 2 anos. Acredito que isso se deva ao fato de que as amígdalas do bebê são muito pequenas para serem visualizadas à procura de uma infecção.

Os bebês ficam com a garganta vermelha e dolorida quando têm um resfriado, mas isso não é amigdalite. Há casos em que é preciso remover as amígdalas e as adenoides geralmente por uma razão diferente, como no caso de hipertrofia das amígdalas, que provoca problemas respiratórios à noite (apneia do sono).

Laringite estridulosa

A laringite estridulosa é uma infecção viral contagiosa comum na infância que afeta a laringe e a traqueia e é reconhecida por um súbito ataque de uma tosse que parece um latido em crianças pequenas. Em bebês e crianças, a inflamação pode atingir a traqueia, dificultando a respiração.

Você saberá que seu filho está com laringite estridulosa quando ele acordar durante a noite ou o dia com um súbito ataque de tosse que soa como um latido de cão. Geralmente a laringite estridulosa surge pela primeira vez no meio da noite (você pode ter observado que seu filho apresentava sintomas semelhantes a de um resfriado comum quando o colocou na cama). É preciso atendê-lo imediatamente, porque provavelmente ficará muito assustado com o som que ele mesmo emitiu. É melhor tratar o bebê imediatamente, principalmente se estiver chorando, o que agrava os sintomas.

Uma vez constatados os sintomas, chame um médico, mesmo que seja no meio da noite. Ele vai lhe fazer perguntas para tentar determinar o nível de gravidade da doença e poderá instruí-la a tratar o bebê com remédios caseiros ou a levá-lo para o pronto-socorro mais próximo. Se seu filho já teve laringite estridulosa, ainda assim é conveniente chamar o médico por precaução, principalmente se ele estiver com uma febre de 39°C ou mais. Às vezes, os pais ficam tão preocupados que não aguentam esperar pela chegada do médico nem pelo retorno de seu telefonema e acham mais seguro entrar no carro e partir para o pronto-socorro mais próximo. Em muitos casos, porém, a criança melhora significativamente a caminho do hospital. Se o bebê não melhorar no hospital, o médico poderá receitar esteroides (também chamados de corticosteroides) orais ou inalados.

Caso a criança esteja com respiração ruidosa, dificuldade para respirar ou babando, isso pode ser sinal de uma infecção bacteriana mais grave, a epiglotite. A vacina Hib (vacina tetravalente (DTP+Hib), que imuniza contra difteria, tétano, coqueluche e meningite e outras infecções causadas pelo *Haemophilus influenzae* tipo B), aplicada a bebês aos 2, 4 e 12 meses, praticamente tornou a epiglotite inexistente, mas é melhor se precaver quando se trata de uma criança pequena. Assim, entre em contato com seu médico ou visite o pronto-socorro mais próximo imediatamente, se houver suspeita dessa doença.

A laringite estridulosa é provocada por um vírus, portanto os antibióticos não resolvem. Para tratá-la em casa é preciso transmitir calma e segurança ao bebê. Se ele estiver chorando, tente fazê-lo parar, porque o choro piora as coisas. Caso esteja respirando ruidosamente ou com dificuldade, sente-o ereto no seu colo para ajudá-lo a respirar. Se tiver febre, siga minhas diretrizes para abaixá-la e também dê a ele muito líquido frio. É aconselhável sair com a criança e dar uma caminhada ao ar livre, sempre a mantendo numa posição ereta.

Antigamente, aconselhava-se levar a criança para tomar um banho de vapor para soltar o muco e facilitar a respiração, mas não há evidências de que isso funcione. Como houve casos de crianças que se queimaram com o vapor, esse procedimento não é mais recomendável.

Outra ajuda é colocar um umidificador no quarto do bebê. É muito importante também o incentivar a tomar mais líquidos, oferecendo refeições extras de leite para um bebê pequeno ou mais água para um bebê maior. Uma sopa quentinha pode agradar a um bebê maior (que já aprendeu a andar) sem apetite.

A laringite estridulosa costuma durar de quatro a seis dias, atingindo seu pico na segunda ou terceira noite.

Febres

A febre é uma indicação do organismo de que o bebê está lutando contra uma infecção. A infecção normalmente é causada por um vírus ou bactéria e nem sempre é indício de doença grave. Além disso, o nível da temperatura pode não indicar o grau de gravidade da doença do bebê. Você tem muito mais condições para julgar o grau de gravidade da doença prestando atenção no comportamento dele. Por exemplo, já vi um bebê com catapora com uma febre muita alta, enquanto um bebê com meningite apresentava uma não tão alta a ponto de causar apreensão. Foi somente quando esse bebê com meningite recusou-se a beber líquidos e ficou mole e sonolento que nós nos preocupamos e o levamos para o hospital, quando descobrimos que ele estava muito doente.

A temperatura normal de uma criança é entre 36,5°C e 37°C. Se estiver acima de 37°C, é sinal de que ela está com febre. Use um termômetro para verificar a temperatura. Termômetros de mercúrio ou digitais devem ser usados nas axilas do bebê. Para aferir a temperatura, segure o bebê no colo, posicionando o termômetro bem debaixo da axila e mantendo o braço dele estendido junto ao corpo durante três minutos ou, então, até o aparelho do tipo digital sinalizar que vai parar. **Nunca coloque o termômetro na boca nem no ânus do bebê.**

Existem também as tiras com termômetro com visor de cristal líquido, que podem ser posicionadas na testa e servir como um guia, mas não são muito precisas.

Nos últimos anos, surgiu no mercado o termômetro infravermelho de medição instantânea. Esse termômetro é mais fácil de usar e de resposta mais rápida, mas você precisa ter uma bateria de reserva em casa. É o que a maioria dos médicos está usando. Para usá-lo, posicione delicadamente a ponta dentro da orelha do bebê, conforme as instruções, e pressione o botão para obter um resultado instantâneo. É recomendável trocar a tampa depois de cada uso, para garantir a precisão da leitura e a higiene.

Se seu filho estiver com menos de 3 meses e tiver febre de 37,5°C ou mais, leve-o ao médico, a menos que tenha sido vacinado recentemente (veja as reações à vacinação na página 279). Bebês de 3 a 6 meses com febre de 39°C ou mais alta também devem ser levados a um médico, a não ser que a febre esteja relacionada com a vacinação. Caso seu filho de mais de 3 meses esteja com uma febre entre 37,5°C e 39°C, essa febre é considerada branda e pode ser tratada em casa, a não ser que surjam outros sintomas preocupantes.

Para tratar a febre do bebê, dispa-o e refresque seu corpo usando uma esponja com água morna. **Nunca ponha o bebê**

dentro da aguá fria, pois isso provocará calafrios, que elevam a temperatura. Também não ponha um ventilador diretamente voltado para o bebê quando ele estiver com febre. Vista na criança uma roupa leve, como uma fralda e uma camiseta sem mangas, e depois confira novamente a temperatura. Se a febre continuar elevada, dê ao bebê paracetamol, prestando atenção nas instruções da embalagem. Ofereça quantidades pequenas de água, leite extraído do peito ou mamadeira. Procure fazer com que ele beba ao menos as mesmas quantidades usuais e não se preocupe se ele não quiser se alimentar. Trate-o com bastante carinho, dando-lhe muitos abraços e muita atenção.

Convulsão febril (espasmos febris)

As convulsões febris ocorrem em 3 a 4% das crianças mais velhas e em bebês, entre 1 e 6 anos e muito raramente antes dos 9 meses. As convulsões são causadas pelo rápido aumento da temperatura corporal do bebê e geralmente acontecem quando a temperatura salta para mais de 39°C. Essa febre alta acontece quando a criança está com uma infecção viral, tal como uma infecção respiratória.

Por mais assustador que pareça, não entre em pânico se seu filho tiver uma crise convulsiva provocada pela febre. Durante uma convulsão, o bebê pode ficar inconsciente, sofrer alterações na respiração e não se dar conta daquilo que o rodeia. Ele pode ficar rígido ou mole, fazer movimentos bruscos e revirar os olhos. Esses ataques costumam durar entre um e três minutos e, muito raramente, prolongam-se por até quinze minutos. Se essa for a primeira crise do bebê e estiver durando mais de cinco minutos ou se ele parar e começar de novo, chame uma ambulância. Se depois do episódio ele ficar respirando com dificuldade, chame uma ambulância.

Durante uma crise, não tente controlar o bebê nem colocar nada na boca dele. Fique ao lado dele, colocando-o de lado ou deitado de bruços, com a cabeça de lado. Afrouxe as roupas em torno da área do pescoço. Uma vez que a convulsão tenha passado, leve a criança ao seu médico ou a um hospital infantil para ser examinada. A alta temperatura geralmente está relacionada a uma infecção viral, mas é preciso que o médico certifique-se da causa da súbita febre alta e das crises de convulsão. Às vezes, é necessário fazer exame de sangue para ajudar o médico a determinar a causa.

Depois que a criança teve sua primeira crise convulsiva febril, a possibilidade de ter outra dentro de um ano é de 30%, e essa porcentagem vai se reduzindo à medida que ela cresce. Quando seu filho atingir 6 anos, a chance de outra crise é de uma em 10 mil. Geralmente as febres convulsivas são inofensivas, não causando danos cerebrais e epilepsia, nem males de longa duração. Se seu filho já teve uma convulsão febril, é de grande importância lembrar-se de tomar cuidados especiais ao controlar a próxima febre.

Diarreia e vômito

A diarreia e o vômito podem ocorrer tanto em crianças amamentadas no peito como naquelas que tomam mamadeira, embora seja menos comum em bebês amamentados no peito. A causa mais comum desses sintomas em crianças é uma infecção viral, como a gastroenterite. A maioria das crianças apresenta episódios ocasionais de vômito ou diarreia, e, nesses casos, não há com que se preocupar. Mas, se os episódios repetirem-se, há chances de seu filho ficar desidratado muito rapidamente. Quanto menor for seu bebê, mais grave é a desidratação (veja mais sobre desidratação no próximo capítulo).

Se seu bebê tiver menos de 6 meses e não conseguir reter o leite no estômago, leve-o ao médico. Caso o vômito apresente uma cor esverdeada (o que indica presença de bílis) ou sinais de sangue, deverá ser examinado por um médico. Outros sintomas que exigem uma consulta médica são a presença de sangue ou muco nas fezes e o fato de o bebê dormir mais do que o normal, ter dificuldade para acordar, mostrar-se com olhos opacos e fundos ou boca e língua secas ou passar seis ou mais horas sem urinar.

Se estiver amamentando um bebê de menos de 6 meses, continue a fazê-lo, porém em quantidades menores e mais frequentes. O leite materno contém proteínas antibacterianas e virais, e a mãe também produz anticorpos contra qualquer micro-organismo específico que seja transferido através do leite materno. Caso o bebê tenha mais de 6 meses, faça com que beba água fervida e resfriada com a maior frequência possível.

Se seu bebê tem menos de 6 meses e está sendo alimentado com mamadeira, então é melhor conversar com um profissional de saúde para saber o que fazer. Caso o bebê tenha mais de 6 meses, interrompa a alimentação com mamadeira por doze a vinte e quatro horas. Costumo dar uma solução oral reidratante. É preciso perguntar ao farmacêutico qual a solução reidratante mais adequada para a idade do seu bebê. Essas soluções contêm as proporções certas de açúcar, sal e água que permitem que o intestino inflamado do bebê comece a absorver água novamente, mas precisam ser preparadas com a quantidade certa de água fervida e resfriada. Quando o vômito e a diarreia melhorarem, ou após vinte e quatro horas, comece dar meia mamadeira por doze a vinte e quatro horas e, depois, uma mamadeira completa. Se os sintomas voltarem, consulte seu médico.

Bebês mais velhos e crianças que já aprenderam a andar devem ingerir líquidos somente durante vinte e quatro horas. No segundo dia, reintroduza alimentos sólidos à base de amido, como massas, arroz, batata e pão. Evite alimentos gordurosos por vários dias, pois podem agravar a diarreia.

Desidratação

As principais causas da desidratação em bebês são temperaturas muito altas, febre alta, diarreia e vômito, mas outras podem ser o motivo da desidratação.

Estes são os sinais indicativos de que seu bebê está ficando desidratado.

- O bebê passa mais de seis horas sem molhar as fraldas. É comum as fraldas parecerem secas, embora estejam molhadas. Na dúvida, pese uma fralda não usada e uma usada e compare o peso das duas.
- A urina do bebê tem um odor muito forte.
- O bebê está esperando uma refeição e pega no sono depois de apenas umas poucas sugadas no peito ou não ingere mais que 30 mililitros de leite da mamadeira.
- A moleira (a parte mole no alto do crânio onde os ossos ainda não se fundiram) está afundada.
- O bebê mostra-se muito sonolento e letárgico.
- Os lábios estão rachados.

Se o bebê parecer desidratado, a primeira coisa a fazer é dar mais líquidos para ele. Diminua o intervalo entre as refeições de leite e retome a rotina quando a desidratação passar. Ofereça água fervida e resfriada mesmo que esteja amamentando. O bebê talvez beba apenas 2 ou 3 mililitros de cada vez, mas continue tentando (não mais de 30 mililitros de água entre refeições de leite). Outra medida é colocar a água na boca do bebê com uma seringa ou uma colher de chá. Se ele conseguir ingerir mais líquidos e voltar a molhar a fralda, então você já tomou as medidas necessárias.

Porém, caso tenha que se esforçar muito para fazer o bebê ingerir mais líquidos e as fraldas continuem secas, contate um médico. E, se seu bebê mostrar-se muito fraco e apático, leve-o para um hospital imediatamente.

Dica – No verão, ofereça ao bebê que mama no peito ou toma mamadeira água fervida e resfriada entre as mamadas, para evitar uma desidratação.

Erupções cutâneas

A pele de um bebê bem novinho é muito delicada, portanto as erupções cutâneas são comuns à maioria deles. Algumas dessas erupções devem-se ao calor ou suor, outras são provocadas por uma irritação moderada da pele causada por tecidos e detergentes, e outras, ainda, devem-se a doenças virais brandas. Já vi todos os tipos de erupções das quais não consegui determinar a causa. Se seu bebê tiver apenas uma erupção e não apresentar outros sintomas de doença, então não haverá nada com que se preocupar. Em caso de dúvida, entre em contato com seu médico.

Existem poucas erupções cutâneas às quais você precisa estar alerta, como catapora, sarampo e rubéola. Entretanto essas doenças são muito raras em bebês e apresentam-se juntamente com outros sintomas como febre. A tão temida erupção da meningite tem uma aparência avermelhada assustadora, parecendo pontos ou machucados. Para verificar se é meningite, faça o teste do copo, que consiste em pressionar o fundo de um copo contra a erupção e olhar através do vidro. Se a erupção mantiver a mesma cor e não desaparecer, então é mais preocupante e pode ser meningite. Nesse caso, leve seu bebê direto para o hospital.

O aparecimento de uma erupção num bebê alerta, que se alimenta normalmente, não é indicação de algo sério. É fundamental consultar um médico se o bebê estiver indisposto ou com febre, não estiver se alimentando adequadamente ou mostrar-se irritável e letárgico e também se a erupção permanecer por mais de dois dias.

Dermatite seborreica

A dermatite seborreica é uma enfermidade da pele que se desenvolve no couro cabeludo dos bebês. Surge geralmente nas primeiras semanas de vida e caracteriza-se por apresentar manchas amareladas, gordurosas e escamosas. É uma forma de dermatite que se acredita ser resultado de alterações hormonais que estimulam a secreção das glândulas sebáceas da pele. A crosta láctea parece não provocar coceira ou qualquer aflição no seu bebê e não é contagiosa.

A dermatite seborreica branda muitas vezes não precisa de tratamento, mas há medidas que podem ser tomadas para atenuá-la e removê-la delicadamente. Esfregue um pouco de azeite de oliva no couro cabeludo do bebê antes de pô-lo na cama e depois lave o cabelo dele na manhã seguinte com um xampu suave. Enquanto estiver lavando a cabeça do bebê, massageie suavemente o couro cabeludo usando uma escova de dentes macia, removendo parte das escamas. Usualmente não há necessidade de outros tratamentos, e a dermatite seborreica desaparece à medida que o bebê cresce. Em raras ocasiões, o médico talvez decida tratar a dermatite seborreica com um creme de hidrocortisona fraco, possivelmente junto com um xampu especial suave. Casos muito graves devem ser encaminhados a um dermatologista. Se notar que a dermatite seborreica está se espalhando pelo rosto e corpo do bebê, consulte seu médico.

Raramente a dermatite seborreica infecciona. Se infeccionar, a pele ficará avermelhada e surgirão pequenas bolhas que vão começar a verter água. Isso é causado por uma bactéria, e a infecção é conhecida pelo nome de "impetigo". Caso note a infecção, leve seu bebê ao médico. Casos muito graves exigem o exame de dermatologista. Se perceber que o bebê começa a apresentar eczema no rosto e no corpo, consulte seu médico.

LEVANDO SEU BEBÊ AO MÉDICO

Encontrar um bom pediatra em quem possa confiar é uma prioridade para quem tem crianças pequenas. O médico que você vinha consultando há anos antes de ter um bebê pode ser fantástico para você, mas não tão bom para uma mãe nem para seu bebê.

Antes de levar seu filho ao médico, prepare-se para o que possa acontecer. Cuidar de uma criança doente em casa é uma coisa, mas enfrentar uma sala de espera movimentada pode parecer o pior dos cenários. Uma vez fui a um consultório médico levando uma criança de 3 anos muito desagradável que puxou minha cabeça para a frente e vomitou no meu rosto. E eu havia trazido roupas limpas para ela e não para mim!

O lado mais difícil de levar uma criança ao médico é mantê-la ocupada. É por isso que a maioria dos pediatras agora mantém uma brinquedoteca na sala de espera e brinquedos no consultório. Não se preocupe se seu bebê, que se mostrava realmente doente em casa, agora está brincando contente no consultório – o médico está acostumado a ver isso. É bastante comum que um bebê sinta-se melhor quando muda de cenário, mas, se houver algo errado, o médico encontrará.

Permita que a criança leve dois de seus brinquedos favoritos para o consultório. Isso não apenas a manterá ocupada, como também facilitará a relação com o pediatra, dando confiança à criança. Muitos bebês já brincaram em casa com o conjunto de brinquedos médicos oferecido pelo médico. Esses brinquedos têm grande valor, pois apresentam às crianças os instrumentos que o médico e a enfermeira usam, e, assim, elas sabem o que as espera. Crianças maiores, de 2 ou 3 anos, gostam de saber o que vai acontecer com antecedência para se sentirem seguras e protegidas.

Cada vez que levar uma criança ao médico ou for vacinar o bebê num hospital, lembre-se de trazer com você o diário do bebê. Nem sempre o médico vai querer ver, mas tenha-o com você por precaução. Anote por escrito as perguntas que precisa fazer ao médico, uma vez que você poderá esquecer o que ia tratar com ele se ficar muito ocupada tentando controlar o bebê e, quando chegar em casa, terá sido tarde demais. Seu médico não vai se incomodar caso você entregue a ele uma lista de perguntas.

Estas são possíveis perguntas que o médico fará.

- Seu bebê está se alimentando normalmente ou está querendo mais ou menos alimentos?
- O bebê está com febre? Se estiver, o paracetamol está ajudando a baixá-la?
- Seu bebê está alerta e brincando como de costume?
- O bebê molhou a fralda dentro das últimas seis a doze horas?
- O bebê teve vômito ou diarreia?

Depois, ele pode pedir mais informações sobre a doença e os sintomas específicos. Se o problema for vômito, por exemplo, você ajudará o pediatra e poupará tempo se já tiver preparado as respostas a estas perguntas:

- Quando começaram os episódios de vômito?
- Quantas vezes o bebê vomitou nas últimas vinte e quatro horas?
- Que cor é o vômito? Há vestígios de sangue nele?
- O vômito está associado a diarreia ou febre?

Caso a criança esteja com uma erupção cutânea, o médico vai perguntar isto.

- Há quanto tempo apareceu a erupção?
- Onde é a erupção?
- Onde começou e para onde se espalhou?
- Seu filho está coçando a erupção?
- A criança esteve em contato com alguém com uma erupção parecida?

Não se preocupe se não souber todas as respostas – isso não vai fazer de você uma mãe relapsa. Lembre-se de que você não precisa esperar que o pediatra faça perguntas. Informe a ele qualquer detalhe que considerar importante, por mais trivial e pequeno que possa parecer.

Vista na criança roupas adequadas que permitam fácil acesso ao abdome, peito e costas. Os bebês podem ser examinados com relativa facilidade, mas muitos não gostam que examinem seus ouvidos. Para que isso seja feito de forma adequada e evite ferimentos, a criança precisa ser segurada com firmeza, o que não agrada a muitas delas. Peça a seu médico que lhe mostre a forma correta de segurar o bebê e depois pratique em casa. Assim você adquire confiança, e seu bebê acostuma-se com a prática, tornando menos estressante o exame médico.

VACINAÇÃO

Algumas doenças infantis potencialmente ameaçadoras da vida são evitáveis por meio da vacinação, o que é importante, já que o sistema imunológico das crianças é menos desenvolvido, tornando-as mais propensas a infecções que os adultos. As mães transmitem certa imunidade aos filhos, mas ela acaba desaparecendo com o tempo.

As doenças infantis são muito mais graves em bebês do que em adultos. Um exemplo é a coqueluche, muito mais perigosa em bebês do que em adultos, podendo ser fatal para os primeiros. Outro exemplo disso é o sarampo: um em cada 25 bebês com a doença acaba pegando pneumonia, e cerca de um em cada 5 mil desenvolve uma inflamação no cérebro que pode resultar em danos cerebrais e até na morte. As estatísticas da vacinação mostram que ela é segura, pois, se um número suficiente de pessoas for imunizado contra doenças como coqueluche e sarampo, essas enfermidades tendem a desaparecer na população em geral, como aconteceu com a varíola.

Vacinas recomendadas

Os cronogramas de vacinação e as próprias vacinas são constantemente revistos. A tabela a seguir é apenas um guia. Para obter mais informações, consulte o médico da família.

As vacinas são consideradas muito seguras, porém podem causar alguns efeitos colaterais de menor importância. Efeitos colaterais de maior vulto são extremamente raros, e, segundo as autoridades, o risco da doença é muito maior que eventuais efeitos colaterais.

CRONOGRAMA DAS VACINAS RECOMENDADAS (DE 0 A 4 ANOS)

Idade	Imunização	Vacinas aplicadas
2 meses	Difteria, tétano, coqueluche, pólio e *Haemophilus influenzae* tipo B Pneumonia pneumocócica	DTP/IPV/Hib e vacina pneumocócica conjugada (PVC) DTP (difteria, tétano e coqueluche acelular (tríplice bacteriana) *Haemophilus influenzae* tipo B
3 meses	Difteria, tétano, coqueluche, pólio e *Haemophilus influenzae* tipo B Meningite meningocócica grupo C	DTP/IPV/Hib MenC (meningite meningocócica)
4 meses	Difteria, tétano, coqueluche, pólio e *Haemophilus influenzae* tipo B Meningite meningocócica grupo C Pneumonia pneumocócica	DTaP/IPV/Hib MenC (meningite meningocócica) e PVC (vacina pneumocócica conjugada)
Em torno dos 12 meses	*Haemophilus influenzae* tipo B e meningite C	Hib/MenC
Em torno dos 13 meses	Sarampo, caxumba e rubéola Pneumonia pneumocócica	MMR e PCV (MMR (sarampo, caxumba e rubéola))
3 anos e 4 meses (ou logo após)	Difteria, tétano, coqueluche e pólio Sarampo, caxumba e rubéola	DTP/IPV ou DTaP/IPV e MMR

Fonte – Routine Immunization Programme, A Quick Guide to Childhood Immunization, Department of Health Leaflet © Crown. Reproduzido com permissão.

Efeitos colaterais de menor importância

- Dores localizadas, vermelhidão e edema no local da injeção. Às vezes, pode aparecer um pequeno caroço duro, mas isso não constitui motivo de preocupação.
- Febre baixa.
- Comportamento inquieto e chorinhos que podem persistir por vinte e quatro a quarenta e oito horas.
- Entorpecimento.
- No caso da vacina contra pólio, seu bebê pode apresentar diarreia.
- De cinco a doze dias após a vacinação contra sarampo, caxumba e rubéola, podem surgir os seguintes efeitos colaterais: perda de consciência, erupção cutânea tênue não infecciosa, congestão nasal, coriza e edema nos olhos.

O que fazer?

- Dê doses adicionais de líquidos e de refeições de leite.
- Se a criança estiver quente, não a vista com muita roupa, mantendo-a fresca.
- Dê paracetamol, caso o bebê tenha febre baixa.

Se os sintomas adversos causados pela imunização forem graves e persistentes, ou se você estiver apreensiva em relação ao seu filho, entre em contato com um médico ou com o hospital.

PERGUNTAS COMUNS

Como saber se meu filho está doente? A melhor forma de saber isso não é pelo choro dele, mas pelo comportamento.Toda criança adoentada ou gravemente doente vai ter uma aparência e um comportamento diferentes e também emitirá sons estranhos. Entre os sintomas que devem ser observados estão palidez, letargia ou diminuição do ritmo de atividade, o fato de o bebê segurar ou esfregar a orelha ou a barriga, ritmo de respiração estranho, mais rápido e irregular que o normal. O choro será muito mais agudo, e ele pode choramingar e gemer. Se você tocar o bebê e sentir que ele está quente, verifique se é febre usando um termômetro, pois o choro pode aumentar a temperatura da pele, mas não a do corpo. Por outro lado, a criança pode estar sentindo frio ligeiramente úmido quando doente.

O que fazer se a temperatura da criança estiver abaixo de 36,5°C? Se ela estiver agindo normalmente, é provável que o termômetro esteja impreciso. Para testar isso, meça sua própria temperatura. Se o bebê estiver frio ou mole, procure ajuda médica imediatamente.

Por que as crianças que se matriculam na escola precisam apresentar o cartão de vacinas? Para provar que estão imunizadas contra doenças infantis. Se houver falhas ou esquecimento de uma ou mais doses, os pais serão encorajados a providenciar a vacinação completa.

O que provoca a otite média? Quando uma criança está com frio, infecção na garganta ou alergia nasal, a tuba auditiva situada entre o ouvido e a garganta pode ser obstruída, resultando no acúmulo de líquidos no ouvido médio. Se esse líquido for infectado por vírus ou bactéria, ocasionará edema do tímpano e dor de ouvido.

13

SÍNDROME DA MORTE SÚBITA (MORTE NO BERÇO)

A morte no berço, também conhecida como síndrome da morte súbita, é a morte inesperada de um bebê por causa desconhecida. Decidi dedicar um capítulo inteiro à morte no berço para tentar impedir que outras famílias experimentem o pesar que minha família sofreu quando perdi meu irmão para essa síndrome.

O número de mortes no berço está caindo, provavelmente devido à campanha Dormir de Costas, de 1991, que ensina os pais e os prestadores de cuidados a colocar sempre o bebê para dormir deitado de costas com o rosto e a cabeça descobertos e também a mantê-lo num ambiente sem fumaça de cigarro. As estatísticas fornecidas pela FSID – Foundation for the Study of Infant Deaths (Fundação para Estudos de Morte de Bebês) mostram que 300 bebês ainda morrem da síndrome da morte súbita todos os anos no Reino Unido. Acredito que esse número pode ser reduzido ainda mais se os pais seguirem as diretrizes estabelecidas na campanha Dormir de Costas, pois alguns estão ficando preocupados com bebês que vomitam quando estão deitados de costas ou sofrem da "síndrome da cabeça achatada".

Um bebê saudável que dorme deitado de costas corre muito menos risco de se sufocar ou vomitar que um bebê deitado de bruços. Além disso, somente 2 a 3% dos bebês desenvolvem a "síndrome da cabeça achatada". Preocupa-me o fato de que a ocorrência da síndrome da morte súbita volte a se elevar novamente porque vejo pais usando pouca roupa de cama, apreensivos com o superaquecimento dos seus bebês, e, com isso, acabam deixando-os dormir com frio. Os bebês que sentem frio durante o sono aprendem a se virar de lado ou a deitar de bruços para se aquecer. Se seu bebê estiver num saco para dormir seguro e coberto com um número suficiente de cobertores, dormirá bem de costas. O risco de superaquecimento é mínimo. Pesquisas sobre a morte no berço mostram que o importante para prevenir o superaquecimento é assegurar-se de que a cabeça e o rosto do bebê estejam descobertos durante o sono.

A morte no berço é a causa de morte mais comum em bebês com idade entre 1 mês e 1 ano, e a maioria dos bebês que morrem desse mal tem menos de 6 meses. O índice de mortalidade é maior no inverno que no verão. Até hoje, a causa da síndrome da morte súbita continua uma incógnita, e não há como prever o número de bebês que serão afetados.

Os bebês e as crianças pequenas passam grande parte do tempo dormindo, por isso você precisa estar atenta ao fato de que algumas acomodações para dormir não são seguras e podem elevar o risco da síndrome ou provocar acidentes de sono fatais. As pesquisas descobriram algumas formas importantes para reduzir o risco da morte no berço e criar um ambiente seguro para o sono dos bebês e de crianças pequenas. Este capítulo fornece informações para ajudar a criar tais ambientes para um bebê ou criança pequena.

ASSOCIAÇÃO DO FUMO COM A MORTE NO BERÇO

O hábito de fumar prejudica os bebês antes e depois do seu nascimento. Os pais que fumam durante a gravidez e após o nascimento do bebê aumentam o risco de morte súbita para seus filhos. Se a mãe fuma, o risco é dobrado, e, se o pai fuma, o risco é dobrado mais uma vez. Mesmo que os pais fumem ao ar livre, longe do bebê, ainda assim há possibilidade de aumentar o risco. E, se o bebê dormir com pais fumantes, o risco da morte súbita aumenta mais uma vez. As razões para isso não são claras, mas sabemos que não ser fumante ou fumar menos reduz o risco para o bebê. Não permita que ninguém fume perto do bebê nem na sua casa, no seu carro ou em qualquer lugar onde o bebê costume passar um tempo.

SONO SEGURO

Colocar o bebê para dormir deitado de costas diminui o risco da morte súbita. A probabilidade de morte súbita torna-se maior quando eles dormem de bruços ou de lado. Bebês saudáveis postos para dormir deitados de costas têm menos probabilidade de se engasgar ou vomitar que aqueles que dormem de bruços.

Babás e funcionários de creches, além de outras pessoas que cuidam do seu bebê, talvez não saibam que dormir de bruços ou de lado aumenta o risco da morte súbita. Cabe a você explicar isso a eles antes de deixar o bebê aos cuidados deles.

Bebês mais velhos que costumam se mover no berço devem ser colocados na cama deitados de costas, mas se deve permitir que eles encontrem sua própria posição de dormir. Lembre-se de que o risco para bebês acima de 6 meses é muito baixo.

Certifique-se de que o rosto e a cabeça do bebê permaneçam descobertos enquanto ele estiver dormindo. Uma boa solução para isso é colocar os pés dele na base do berço, de forma que ele não consiga escorregar para debaixo das cobertas. Prenda as roupas de cama firmemente para que não se soltem. Nunca ponha edredons, travesseiros ou amortecedores no berço ou debaixo do lençol que cobre o colchão. Acredita-se que todos eles aumentam o risco de morte súbita. Você pode decidir usar um saco de dormir seguro para ajudar a manter as roupas de cama do bebê no lugar, mas deve ser usado com as roupas de cama, e não como uma alternativa a elas. Se for usar o saco de dormir, certifique-se de que ele tem uma abertura no pescoço bem ajustada e aberturas para os braços, como recomendo.

Levar um bebê para a cama de um adulto pode ser inseguro, já que ele pode ficar preso debaixo da roupa de cama ou dos travesseiros. Além disso, pode ficar preso entre a cama e a parede, cair da cama ou um adulto pode rolar sobre ele, se estiver em um sono muito profundo ou ter ingerido drogas ou álcool.

Dicas

- Certifique-se de que a cabeça do bebê permanecerá descoberta durante o sono.
- Não coloque seu filho para dormir em um colchão de água.
- Brincar deitado de bruços é seguro e bom para crianças quando estão acordadas e na presença de um adulto, mas nunca ponha seu bebê deitado de bruços para dormir.
- Coloque o bebê para dormir deitado de costas.
- Prenda a roupa de cama sob o colchão bem firmemente.
- Use um colchão firme, limpo e bem ajustado para o bebê. Para saber se o colchão é firme, pressione a superfície dele com força. Se ficar uma marca da sua mão, a superfície está macia demais para um bebê dormir.
- Compre um berço com grades por toda a volta cuja base para os pés também tenha aberturas, pois, quanto mais circulação de ar, menor é o risco da morte no berço.
- Nunca use um protetor de colchão feito de material plástico nem de PVC, porque esse tipo de material impede a circulação de ar e provoca sudorese na criança.
- Jamais utilize um saco de dormir feito de material elástico como jérsei, por exemplo.
- Nunca use um saco de dormir com zíper lateral.
- Jamais use um saco de dormir para bebê com presilhas ou botões nos ombros.
- Nunca enfie o saco de dormir do bebê debaixo do colchão do berço.
- Antes de comprar um saco de dormir para bebês, certifique-se de que é bem ajustado ao pescoço e nas aberturas para os braços. Também verifique se a cabeça do bebê não escorrega dentro do saco.

Lugares seguros para dormir

Berços

Berços novos ou de segunda mão devem ter um certificado de qualidade. Se for usar um berço velho ou de segunda mão, fique atenta a estes detalhes.

- Examinar se o berço tem partes bambas ou quebradas que o tornam mais instável.
- Verificar a distância entre as barras do berço, que devem estar separadas entre si por no mínimo 5 centímetros e no máximo 8,5 centímetros, impedindo que o bebê fique preso entre elas.
- Certificar-se de não existem puxadores, colunas de canto ou parafusos salientes nos quais as roupas do bebê possam se prender, principalmente nas regiões próximas ao pescoço.
- Verificar se há excesso de espaço entre o colchão (mais de 2,5 cm) e as laterais do berço.
- Observar se as laterais não são muito baixas, possibilitando que crianças muito ágeis escalem-nas.
- Averiguar a existência de ferrolhos pontiagudos ou buracos na madeira que possam machucar dedos curiosos.
- Verificar se a pintura antiga contém chumbo, que pode ser venenoso.
- As extremidades inteiriças diminuem a circulação de ar no berço. Recomendo berços com grades por toda a volta.

Os bebês podem ficar presos num berço de balanço inclinado. Se o berço do bebê é do tipo balanço com um pino de segurança, certifique-se de que esse pino esteja bem firme no lugar sempre que deixar o bebê sozinho, garantindo, assim, que o berço não se mexa na sua ausência.

Berços portáteis para transporte

Use sempre um colchão firme fornecido com o berço e não coloque acolchoamento adicional por baixo ou por cima, pois a criança pode ficar presa com o rosto voltado para baixo nas lacunas entre o colchão e as laterais do berço.

Não recomendo um berço portátil que venha com um colchão inflável. Se a válvula vazar e deixar escapar ar, formando uma superfície macia demais, isso aumentará o risco de acidentes durante o sono.

Riscos durante o sono

O trecho a seguir apresenta coisas perigosas que devem ser evitadas sempre que colocar seu filho para dormir, tanto durante a noite como durante qualquer sono ou soneca diurnos. Faça uma boa inspeção no seu lar e nos lugares onde seu filho fica aos cuidados de outras pessoas, como creches e casas de parentes e amigos.

Roupas de cama seguras

Uma cama de adulto não supervisionada pode ser insegura para bebês ou crianças maiores porque eles podem ficar presos debaixo das cobertas ou dos travesseiros, ou imprensados entre a parede e a cama, e também podem cair da cama. Deixar uma criança sozinha numa cama de adulto ou beliche aumenta o risco de acidentes.

Nunca ponha o bebê ou uma criança mais velha para dormir em superfícies fofas, porque eles podem cobrir o rosto. Se você pegar no sono junto com seu bebê num sofá, haverá um alto risco de acidente enquanto estiverem dormindo. Os bebês não devem dormir com travesseiros e almofadas, pois são muito fofos e podem cobrir a cabeça da criança. Jamais coloque seu bebê ou criança mais velha num colchão de água.

Cordões e fios pendentes

Mantenha o bebê afastado de qualquer tipo de cordões pendentes como os de persianas, cortinas ou aparelhos elétricos, porque eles podem se enrolar em volta do pescoço dele. Também mantenha móbiles pendentes fora do alcance das mãozinhas curiosas e da boquinha ávidas dele.

Aquecedores e aparelhos elétricos domésticos

Mantenha aquecedores e aparelhos elétricos domésticos longe do berço para evitar superaquecimento, queimaduras e choques elétricos. Não use cobertores elétricos e garrafas de água quente perto da criança. Lembre-se de que seu filho não pode escapar de uma cama ou berço para se refrescar nem sabe como retirar as roupas de cama. Um bebê superaquecido corre risco de ser acometido da síndrome da morte súbita.

PERGUNTAS COMUNS

É seguro posicionar meu recém-nascido deitado de bruços para dormir? O que acontece se ele vomitar? É seguro deitar bebês saudáveis de costas para dormir. Essa posição para dormir oferece menos probabilidades de o bebê sufocar-se ou vomitar do que quando deitado de bruços. Alguns bebês portadores de enfermidades raras talvez precisem dormir de lado ou de bruços.

Os bebês podem ser colocados de bruços para brincar? Sim, brincar de bruços é seguro e muito bom para bebês quando estão acordados, e há um adulto presente. Brincar de bruços ajuda no desenvolvimento dos músculos dos braços, pescoço e costas, além de preparar a criança para engatinhar.

Dormir de lado é seguro? Dormir de lado pode aumentar o risco da morte no berço, possivelmente porque um bebê pequeno pode rolar sobre o abdome, enquanto um bebê adormecido de costas não consegue fazer isso até que tenha 5 ou 6 meses, quando o risco de síndrome da morte súbita é muito menor.

A alimentação com mamadeira eleva o risco da síndrome da morte súbita? Não há indicativos consistentes de que o uso de mamadeira aumente o risco da morte súbita nem de que a amamentação reduza esse risco.

Se meu bebê dormir no meu quarto, isso reduzirá o risco de morte súbita? Há pesquisas que indicam que, se o bebê dormir no mesmo quarto dos pais, mas não na mesma cama, nos primeiros 6 ou 12 meses de vida, ele estará mais protegido. Isso acontece porque os pais vão poder vê-lo e verificar se ele está seguro. Esse efeito protetor não se aplica se o bebê dormir num quarto com outras crianças, visto que uma criança não saberá detectar se ele está ou não seguro.

Há problemas se eu pegar no sono no sofá junto com meu bebê? Algumas pesquisas sobre a morte súbita têm mostrado que o fato de um adulto dormir num sofá junto com um bebê pode ser perigoso, porque a criança pode, acidentalmente, ficar imprensada entre as almofadas ou contra as costas do sofá. Ponha o bebê na cama dele antes de começar a cochilar ou se perceber que está ficando sonolenta.

O compartilhamento da cama aumenta o risco da morte súbita? Não se houver as seguintes condições:

- se você deitar na cama junto com o bebê para afagá-lo ou dar-lhe de mamar;
- quando o bebê tiver mais de 4 meses;
- se você e seu parceiro não forem fumantes.

Se seu parceiro é fumante, dormir com o bebê nos primeiros quatro meses pode elevar o risco de morte súbita. Outras circunstâncias que podem aumentar esse risco ocorrem quando você ou seu parceiro tiverem consumido bebidas alcoólicas ou drogas, já que isso faz com que durmam profundamente.

Caso você vá dormir junto com seu bebê, certifique-se de que a roupa de cama não vai cobrir a cabeça dele e mantenha os travesseiros longe dele. Use cobertores leves em vez de acolchoados e coloque o bebê numa posição em que ele não corra o risco de cair da cama ou ficar imprensado.

Não sei bem como vestir meu bebê para ir dormir. O que você sugere? Uma dica útil de como vestir seu filho é vesti-lo como você se veste – confortável e levemente aquecido, mas não quente. Inversamente, alguns pais vestem seu filho com menos roupa com a preocupação de que ele possa ficar muito quente. Normalmente, os bebês se refrescam pela cabeça, particularmente no rosto, portanto garanta que o rosto e a cabeça permaneçam descobertos. Tire chapéus e toucas do bebê assim que entrar em ambientes fechados ou num carro, ônibus ou trem aquecido, mesmo que isso implique acordar a criança, pois os bebês regulam a temperatura do corpo por meio da cabeça.

Moramos numa região muito fria. Como vestir o bebê para dormir? Pesquisas atuais sugerem que, se o bebê estiver com muito frio ou muito calor, o risco de morte súbita aumenta. Para prevenir isso, use seu bom senso, dependendo do lugar onde mora e se é verão ou inverno. Vista o bebê para que ele se sinta aquecido, e não com frio ou calor. Outra alternativa é usar um sistema de aquecimento com termômetro, para que seja possível ajustar a temperatura do quarto.

O uso de chupeta reduz o risco de morte súbita? Algumas pesquisas indicam um aparente decréscimo de morte súbita com o uso da chupeta, porém os indícios não são impressionantes, e os outros efeitos do uso da chupeta superam essa possível vantagem. Outro efeito colateral da chupeta é que os bebês que a usam estão mais propensos a contrair uma infecção no ouvido, que pode causar febre alta e a necessidade de uso de antibióticos (ambos com efeitos colaterais próprios).

O que faremos agora que nosso bebê começou a rolar sobre o abdome? A maioria das mortes súbitas ocorre em bebês com menos de 6 meses que são colocados para dormir de costas e não conseguem rolar sobre o abdome até os 5 ou 6 meses de idade, quando a maior parte do risco já passou. Tente não permitir que o bebê durma de bruços antes que tenha 6 meses de idade. Você deve colocá-lo dentro de um saco de dormir, pois isso retarda a ação de o bebê rolar sobre o abdome.

Bebês mais velhos que conseguem se virar e fazer um movimento circular no berço devem ser colocados de costas para dormir, o que permite que eles encontrem sua própria posição. O risco de morte súbita em bebês com mais de 6 meses é extremamente baixo.

Procure reduzir o perigo de outras formas: assegure-se de que o colchão está firme e bem ajustado e não prenda as cobertas se o bebê estiver deitado de bruços. Certifique-se de que o rosto e a cabeça permanecerão descobertos durante o sono e mantenha o bebê longe da fumaça de cigarros. Quando ele estiver acordado e deitado de bruços, precisa ser supervisionado, para que possa fortalecer os músculos da parte superior do corpo.

Minha avó diz que devo colocar uma touca no meu bebê de 5 meses para que ele durma melhor. Qual é a sua opinião? Já ouvi isso algumas vezes e acredito que seja um costume antigo e muito perigoso. Não se deve colocar uma touca no bebê para dormir, pois isso eleva o risco de morte súbita. Se o bebê estiver com muito calor e precisar ser refrescado, precisará perder esse calor por meio da cabeça. Caso você saia para o ar livre com o tempo frio, poderá usar uma touca e tirá-la quando entrar em casa.

MENSAGEM DOS PAIS

Cheguei a um ponto em que disse a meu marido que não íamos ter mais filhos porque Kayla era terrível para dormir, e a minha privação de sono estava me deixando enlouquecida. Desde que a colocamos na sua rotina, há cerca de dez dias, Kayla já teve duas boas horas de sono durante o dia e uma soneca de 45 minutos à tarde, ela não usa mais chupeta e se reacomoda sozinha! Definitivamente, vou colocar um próximo irmãozinho nas suas rotinas desde o início. Sim, há uma luz no fim do túnel agora e eu posso planejar um irmãozinho ou irmãzinha para Kayla!

Joanne
Sydney, Austrália

Phoenix entrou nas suas rotinas com cerca de 7 meses. Ele tinha começado a cochilar durante o dia e estava tendo dificuldades em pegar no sono. Phoenix teve que aprender a se acomodar e a se reacomodar sozinho sem usar chupeta nem precisar ser alimentado. Em poucos dias, ele começou a dormir a noite inteira e durante o dia. Obrigada! Você me transformou numa mãe confiante que está na expectativa de ter outros filhos e novos desafios.

Veronica
Austrália

Meu filho tem quase 12 semanas e tem seguido sua rotina desde que tinha 4 semanas. Antes disso, ele chorava muito. Adoro seu livro, mas eu tinha perguntas para as quais não achava respostas e depois encontrei seu site na web. Ainda me restam algumas questões a serem esclarecidas, mas as informações que recebi de todos na área de conselhos *on-line* foram incríveis. Vejo melhoras impressionantes e estou desfrutando muito da companhia dele agora que está satisfeito.

Holly
Melbourne, Austrália

Havia dois anos, eu estava lutando contra circunstâncias difíceis. Nenhuma vez durante minha gravidez alguém se referiu à dificuldade em fazer uma criança dormir, sem falar em conseguir que ela permaneça adormecida. Assim, foi um choque para mim quando minha filha começou a cochilar e acordar a cada vinte minutos, dia e noite. Eu vinha embalando-a a cada dormida, e, em algumas noites, meu marido e eu gastávamos cinco horas para conseguir que ela caísse no sono por aqueles vinte minutos. Felizmente, alguém me recomendou você, e eu acabei conseguindo uma conversa individual. Quando meu filho, agora com 14 meses, Julian nasceu, determinei que não iria cometer os mesmos erros. Coloquei meu filho nas suas rotinas desde o primeiro dia e agora tenho esse notável garotinho que adora rir e brincar e já está dormindo a noite inteira. O que mais posso querer?

Helen Steven, Emily e Julian
Austrália

Escrevo esta breve nota para agradecer pelo seu livro. Ele fez maravilhas para minha filha, Sarah, que nós vínhamos embalando para dormir e alimentando a noite inteira por cerca de três meses. Eu sempre tinha algo a que atribuir a culpa – dentição, frio etc. Mas agora sei que isso se devia principalmente aos ciclos de sono dela e ao fato de ela não conseguir se acomodar para dormir. Depois de cinco dias aplicando a técnica de deitar para dormir, ela pegou no sono imediatamente. A noite passada, chorou um pouco por cerca de um minuto e logo caiu no sono. Não tenho palavras para lhe agradecer. Meu marido e eu estamos começando a nos sentir humanos de novo.

Katherine
Austrália

Quero tão somente lhe agradecer. Uma amiga deu-me um artigo seu sobre o cochilo, e coloquei meu bebê na sua rotina no dia seguinte. Passadas três semanas, ele segue dormindo a noite inteira e ainda tira dois cochilos de duas horas todos os dias. O pai dele e eu estamos maravilhados em ver como a sua rotina mudou nossa vida para sempre.

Kim
Sydney

Após uma noite de aplicação do "*método profundo*", nosso menininho, Connor, de 14 meses, dormiu a noite mais longa da sua vida, nove horas ininterruptas. Vínhamos tentando controlar o choro por quatro semanas antes de desistir, mas, com seu método, não houve lágrimas, e os resultados foram rápidos. No terceiro dia, ele dormiu doze horas ininterruptas sem protestar. Não tenho palavras para lhe agradecer.

Sara
Los Angeles, Califórnia

Três médicos disseram aos meus pais que eu tinha cólicas e que, um dia, eu me livraria disso, até que minha mãe leu seu artigo sobre "cólicas", e elas desapareceram no dia seguinte. Obrigada, Tizzie, por ajudá-los a me curar. Espero que nos encontremos algum dia.

Samanta (agora com 3 meses)
Perth, Austrália.

Estava apavorada com a ideia de começar a nova rotina. Entretanto, logo na primeira noite, tive uma grande surpresa: depois de ter alimentado e banhado Jack, coloquei-o no berço acordado, apaguei a luz e, depois de cerca de dez minutos revirando-se na cama e balbuciando para si mesmo, ele pegou no sono. Quando começou a chorar, pus a mão nas costas dele para que percebesse que eu estava lá, então, no momento em que parou, retirei a mão, e ele dormiu a noite inteira das 19 horas até as 6h40. Seu horário para acordar varia de 6 horas a 6h40.

Kay
Londres, Reino Unido

Eu queria muito agradecer a você. Seu livro é a resposta às minhas preces! Ninguém alerta as mães sobre a importância de ensinar o bebê a se acomodar para dormir. Agora tenho uma criança que se acomoda para dormir sozinha sem fazer nenhum alvoroço, reacomoda-se para voltar ao sono quando acorda e dorme mais de quarenta minutos, durante o dia, e a noite inteira. É assim que deve ser. Agora posso desfrutar do meu longamente esperado e lindo bebê. Muito obrigada.

Sarah
Reino Unido

APÊNDICE

Primeiros alimentos (em ordem alfabética)

Abacate: a partir dos 6 meses, esmagado.

Abacaxi: a partir dos 12 meses, para comer com a mão.

Abóbora-moranga: a partir dos 8 meses, cozida e oferecida em forma de purê.

Abóbora-menina: a partir dos 4 meses, descascada, cozida e transformada em purê.

Abobrinha: a partir dos 4 meses, cozida e em forma de purê.

Aipo: a partir dos 18 meses, para ser comido com a mão.

Alface: a partir dos 12 meses, oferecida crua.

Alho: a partir dos 9 meses, em porções muito pequenas.

Alho-poró: a partir dos 8 meses.

Ameixa: a partir dos 12 meses, para comer com a mão.

Ameixa seca: a partir dos 9 meses.

Arroz: a partir dos 7 meses.

Aspargo: a partir dos 7 meses, para comer com a mão.

Aveia: a partir dos 6 meses, no cereal do café da manhã.

Banana: a partir dos 6 meses, crua e em forma de purê, mas tome cuidado com a prisão de ventre.

Batata: a partir dos quatro meses, cozida e em forma de purê.

Batata-baroa: a partir dos 8 meses, cozida e amassada.

Batata-doce: a partir dos 5 meses, cozida e oferecida como purê.

Berinjela: a partir dos 9 meses, numa refeição.

Beterraba: a partir dos 9 meses, numa refeição.

Brócolis: a partir dos 6 meses, cozido e oferecido na forma de purê.

Broto de feijão: a partir dos 12 meses, para comer com a mão.

Carne bovina: a partir dos 9 meses, refogada.

Carneiro: a partir dos 6 meses, refogado.

Cebola: a partir dos 8 meses. Retire a casca, corte em quadradinhos e refogue.

Cenoura: a partir dos 4 meses, cozida e oferecida na forma de purê.

Cereal infantil à base de arroz: a partir dos 4 meses.

Cereal infantil à base de trigo: a partir dos 7 meses. Esteja atenta a possíveis reações alérgicas.

Clara de ovo: a partir dos 12 meses. Esteja atenta a possíveis reações.

Cogumelo: a partir dos 9 meses, refogado.

Couve-de-bruxelas: a partir dos 8 meses. Cuidado, que pode provocar perturbações gástricas.

Couve-flor: a partir dos 6 meses, cozida e oferecida na forma de purê.

Creme inglês: a partir dos 2 anos e meio. Como contém ovos, devem-se observar reações.

Cuscuz: a partir dos 7 meses.

Damasco: a partir dos 6 meses, sem caroço, cozido e oferecido como purê, ou cru a partir dos 8 meses.

Ervilha: a partir dos 6 meses, cozida e em forma de purê.

Espinafre: a partir de 7 meses, cozido.

Feijão-verde: a partir dos 5 meses, cozido e oferecido em forma de purê.

Fígado: a partir dos 9 meses, em pequenas porções (para minha surpresa, muitos bebês gostam!).

Figo: a partir dos 9 meses.

Frango: a partir dos 6 meses. Ofereça como purê, refogado.

Frutas: a partir dos 12 meses, menos as que estão relacionadas individualmente nesta lista.

Frutas secas: uva-passa com ou sem semente, groselha: a partir dos 8 meses.

Frutas vermelhas: a partir dos 10 meses. Cuidado com os morangos, porque podem provocar reações alérgicas.

Gema de ovo: desde que cozida, pode ser oferecida a partir dos 9 meses. Esteja atenta a possíveis reações.

***Grapefruit* (toranja):** a partir dos 5 anos. Pode provocar reação alérgica.

Iogurte: a partir dos 7 meses. Esteja atenta a reações alérgicas.

***Kiwi*:** a partir dos 5 anos. Pode provocar reação alérgica.

Leguminosas (ervilha, feijão e grão-de-bico): a partir dos 8 meses. Pode gerar a formação de gases e, para alguns bebês, pode ser de difícil digestão.

Leite: a partir dos 12 meses em pequenas quantidades acrescidas à comida. Esteja atenta a reações alérgicas. Como bebida, só a partir dos 14 meses.

Lentilha: a partir dos 6 meses.

Maçã: a partir dos 4 meses, descascada, com o miolo extraído, cozida e oferecida na forma de purê.

Manga: a partir dos 6 meses, crua, esmagada ou em forma de purê.

Manteiga: a partir dos 6 meses. Cozinhe em pequenas porções.

Marisco: a partir dos 8 meses. Esteja atenta a reações alérgicas.

Massas: a partir do momento em que o bebê comece a comer com a mão, mas não antes dos 8 meses.

Mel: a partir dos 12 meses (veja nota na página 134).

Melão: a partir dos 6 meses, para comer com a mão.

Milho na espiga: não recomendado até que a criança tenha todos os dentes, portanto em torno dos 2 anos.

Milho verde: a partir dos 8 meses, cozido e oferecido como purê. Se encontrar alguns grãos na fralda, não se surpreenda.

Nabo: a partir dos 5 meses, cozido e oferecido na forma de purê.

Nozes: nunca ofereça nozes inteiras a uma criança de menos de 5 anos (veja nota na página 138). A proibição inclui cremes para passar no pão e manteiga de amendoim.

Óleo vegetal: a partir dos 8 meses, para cozinhar.

Pão: a partir dos 10 meses. A princípio, tente uma pequena quantidade de trigo nos cereais do café da manhã. O motivo por que aconselho a não oferecer pão é que o bebê pode transformá-lo numa bola dentro da boca e engasgar-se.

Peixe: a partir dos 6 meses. Esteja atenta a possíveis reações.

Pepino: a partir dos 10 meses, para ser comido com a mão.

Pera: a partir dos 4 meses, cozida e oferecida em forma de purê.

Pêssego: a partir dos 6 meses, cozido e em forma de purê.

Pimentão: a partir dos 7 meses, refogado.

Queijo: a partir dos 6 meses. A princípio, oferecido em pequenas porções, observando a reação da criança.

Repolho: a partir dos 8 meses.

Ruibarbo: a partir dos 8 meses, cozido e esmagado.

Tomate: a partir dos 8 meses, cru, descascado e sem sementes, ou, então, cozido e oferecido nas refeições.

Uvas: a partir dos 5 anos.